权威·前沿·原创

皮书系列为
"十二五""十三五""十四五"时期国家重点出版物出版专项规划项目

BLUE BOOK

智 库 成 果 出 版 与 传 播 平 台

广州蓝皮书
BLUE BOOK OF GUANGZHOU

广州市社会科学院／研创

广州创新型城市发展报告（2023）
ANNUAL REPORT ON INNOVATION CITY DEVELOPMENT OF GUANGZHOU (2023)

粤港澳大湾区视角下的广州科技创新与合作

主　　编／张跃国
执 行 主 编／张赛飞
执行副主编／杨　莹

社会科学文献出版社
SOCIAL SCIENCES ACADEMIC PRESS (CHINA)

图书在版编目(CIP)数据

广州创新型城市发展报告.2023：粤港澳大湾区视角下的广州科技创新与合作/张跃国主编；张赛飞执行主编.--北京：社会科学文献出版社，2023.7
（广州蓝皮书）
ISBN 978-7-5228-1944-0

Ⅰ.①广… Ⅱ.①张… ②张… Ⅲ.①城市建设-研究报告-广州-2023 Ⅳ.①F299.276.51

中国国家版本馆CIP数据核字（2023）第106219号

广州蓝皮书
广州创新型城市发展报告（2023）
——粤港澳大湾区视角下的广州科技创新与合作

主　　编/张跃国
执行主编/张赛飞
执行副主编/杨　莹

出 版 人/王利民
组稿编辑/丁　凡
责任编辑/王玉霞
文稿编辑/吴尚昀
责任印制/王京美

出　　版/社会科学文献出版社·城市和绿色发展分社（010）59367143
　　　　　地址：北京市北三环中路甲29号院华龙大厦　邮编：100029
　　　　　网址：www.ssap.com.cn
发　　行/社会科学文献出版社（010）59367028
印　　装/天津千鹤文化传播有限公司

规　　格/开　本：787mm×1092mm　1/16
　　　　　印　张：21　字　数：315千字
版　　次/2023年7月第1版　2023年7月第1次印刷
书　　号/ISBN 978-7-5228-1944-0
定　　价/128.00元

读者服务电话：4008918866

▲ 版权所有 翻印必究

《广州创新型城市发展报告（2023）》编辑委员会

主　　　编　张跃国

执 行 主 编　张赛飞

执行副主编　杨　莹

编　　　委　（以姓氏笔画为序）

　　　　　　丁旭光　丁焕峰　王玉印　王世华　卢　卉
　　　　　　龙启超　白国强　成　刚　朱　罡　朱海陵
　　　　　　花婷婷　杜家元　杨代友　李冬蓓　李　妍
　　　　　　李国强　吴　乐　张光荣　张　强　欧江波
　　　　　　罗健华　周德利　郑　彦　郭艳华　董志强
　　　　　　曾雪玲　潘启亮　潘　鹏　魏东原　魏伟新

编　　　辑　杨　莹　钱　程　沈勇涛

主要编撰者简介

张跃国 广州市社会科学院党组书记、院长,广州大学客座教授。研究专长为城市发展战略、创新发展、传统文化。曾任中共广州市委政研室副主任,多次主持或参与中共广州市委全会和党代会报告起草、广州市五年发展规划纲要研究编制、广州经济形势分析与预测研究、广州城市发展战略研究、广州对标世界银行评估标准全面优化营商环境研究、广州南沙新区发展战略研究和规划编制以及市委、市政府多项重大政策文件制定起草。

张赛飞 工学硕士,广州市社会科学院科技创新研究所所长,副研究员,广州市重大行政决策论证专家。主要从事科技发展战略及其政策研究。主持完成"广州市'十二五'科学技术发展规划""广州科研机构集聚发展战略及对策研究""广州科技竞争力评估报告"等课题,完成的多份研究报告获省市领导肯定性批示。出版《全球技术动向与广州技术发展》《科技创新与经济发展实证研究》《区域经济综合评价实证研究》等著作,获广州市哲学社会科学专著类、论文类、研究报告类一等奖。

杨 莹 管理学硕士,广州市社会科学院科技创新研究所助理研究员,研究方向为区域经济和科技创新。参与"全球技术发展态势与广州的选择""广州若干重大科技发展态势及其推进对策"等多项重大课题研究。发表学术论文 10 余篇，合著《全球技术动向与广州技术发展》，完成的多项研究成果获省市领导肯定性批示。参与编撰的《广州创新型城市发展报告（2019）》《广州创新型城市发展报告（2020）》分别荣获"优秀皮书奖"二等奖和一等奖。

摘　要

《广州创新型城市发展报告（2023）》是由广州市社会科学院主持编写的"广州蓝皮书"系列之一，以"粤港澳大湾区视角下的广州科技创新与合作"为主题，包括以下五个部分的内容。

第一部分总报告。基于区域科技创新中心的内涵，从资源集聚、创新策源、科技辐射三大层面构建了粤港澳大湾区科技创新中心指标体系，并进行了测算。深入分析了广州作为区域科技创新中心的主要特征及面临的主要压力，并从基础研究能力提升、关键核心技术攻关、未来产业布局、企业集聚与培育、协同创新发展等方面提出了对策建议。

第二部分大湾区篇。基于专利或论文数据，分析了粤港澳大湾区科技创新合作网络的主要特征，梳理了广州与香港的科技创新合作现状，剖析了广州和深圳推进协同创新的优势及潜力。

第三部分企业与产业篇。开展了广州高新技术企业问卷调查，展现了企业的创新动向及政策需求。聚焦前沿新材料产业、智能网联与新能源汽车产业以及生物医药与健康产业，分析了广州的发展现状，探讨了推进其高质量发展的主要策略。

第四部分科技与人才篇。研究了广州科技创新空间的发展趋势和主要特征，从新药和医疗器械两大视角洞察了广州生物医药研发领域的发展态势，总结了广州发展绿色低碳科技的主要基础，探讨了完善广州留学人员和海外人才政策的主要思路。

第五部分南沙篇。以重点领域和机构为研究对象，分析了南沙高端装备

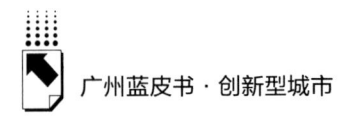

制造业产业链供应链的发展现状，提出了创新南沙国际化人才政策的主要思路，总结了华南技术转移中心推进科技成果转移转化的主要路径，探究了影响广州香港科大霍英东研究院创新发展的主要因素。

关键词： 科技创新 产业创新 企业发展 粤港澳大湾区 广州南沙

Abstract

Annual Report on Innovation City Development of Guangzhou (2023), one volume of the Guangzhou Blue Book Series complied by Guangzhou Academy of Social Sciences, is focused on Scientific and Technological Innovation and Cooperation of Guangzhou from the perspective of the Guangdong-Hong Kong-Macao Greater Bay Area. This book is composed of five parts.

Part 1 is the General Report. Firstly, based on the connotation of regional scientific and technological innovation center, it constructs and calculates the Scientific and Technological Innovation Center Index of the Guangdong-Hong Kong-Macao Greater Bay Area from three levels of resource agglomeration, original innovation and technological radiation. Secondly, it analyzes characteristics and main pressures faced by Guangzhou as a regional scientific and technological innovation center. Lastly, it proposes the countermeasures and suggestions from the aspects of improving basic research capabilities, tackling key core technologies, layout of future industries, enterprise agglomeration and cultivation, collaborative innovation development.

Part 2 is Greater Bay Area Reports. Based on patent or paper data, this part analyzes the main characteristics of the scientific and technological innovation cooperation network in the Guangdong-Hong Kong-Macao Greater Bay Area, sorts out the current situation of scientific and technological innovation cooperation between Guangzhou and Hong Kong, and analyzes the advantages and potential for promoting collaborative innovation between Guangzhou and Shenzhen.

Part 3 is Enterprise and Industry Reports. this part carries out a questionnaire survey which is showing innovation trends and policy needs of high-tech enterprises in Guangzhou, analyzes the current situation of Guangzhou and explores the main paths to promote high–quality development of frontier new materials industry, intelligent interconnection and new energy vehicle industry, biomedical and health industry.

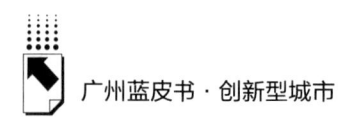

Part 4 is the Technology and Talent Reports. This part researches the trend and main characteristics of scientific and technological innovation space in Guangzhou, gains insights into the development trend of biomedical research and development in Guangzhou from two perspectives of new drugs and medical devices, and summarizes the main foundation of the green low-carbon technology development in Guangzhou, and explores the main ideas for improving policies for studying abroad and overseas talents.

Part 5 is Nansha Reports. This part takes priority fields and institutions as research objects, analyzes the current situation of the supply chain of high–end equipment manufacturing industry in Nansha, proposes the main ideas for innovating the international talent policy in Nansha, summarizes the main paths for promoting the transfer and transformation of scientific and technological achievements of South China Technology Commercialization Center, and explores the factors affecting innovation development of Guangzhou HKUST Fok Ying Tung Research Institute.

Keywords: Scientific and Technological Innovation; Industrial Innovation; Enterprise Development; Guangdong-Hong Kong-Macao Greater Bay Area; Guangzhou; Nansha

目 录

Ⅰ 总报告

B.1 充分发挥广州核心引擎作用 全面提升区域科技创新中心功能
 ………………… 广州市社会科学院科技创新研究所课题组 / 001
 一 区域科技创新中心与大湾区科技创新中心指数 ………… / 002
 二 区域科技创新中心视角下的广州特征 ………………… / 009
 三 广州作为区域科技创新中心面临的主要压力 …………… / 038
 四 广州提升区域科技创新中心功能的主要对策 …………… / 043

Ⅱ 大湾区篇

B.2 粤港澳大湾区科技创新网络研究
  ——基于高新技术企业专利合作数据
 ………………………… 余炜楷 张艺馨 王炜文 / 056
B.3 广州与香港科技创新合作现状与对策建议
 ………………… 广州恒成智道信息科技有限公司课题组 / 078
B.4 广深"双城"联动协同创新 共建国际科技创新中心
 ……………………………………………… 周锐波 / 102

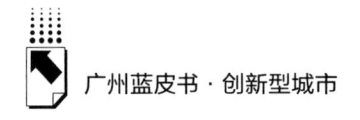

Ⅲ 企业与产业篇

B.5 广州高新技术企业创新调查报告 …… 张赛飞　刘晓丽　杨　莹 / 119

B.6 广州前沿新材料产业创新现状分析与对策研究
　………………………………………… 曾祥州　孟维伟 / 145

B.7 推进广州智能网联与新能源汽车产业高质量发展对策研究
　………………………………… 傅郭鑫　盛秀婷　孙　佳 / 159

B.8 广州生物医药与健康产业发展现状与对策建议
　………………………………………… 刘小倩　黄春萍 / 175

Ⅳ 科技与人才篇

B.9 "三生融合"视角下广州科技创新空间发展格局与趋势研究
　………………………………… 廖路思　张文涛　梁嵩翔 / 192

B.10 广州生物医药研发分析报告 ………… 王　炎　李星南 / 208

B.11 碳达峰碳中和背景下推动广州绿色低碳科技创新研究
　………………………………… 蔡国田　郑晓鹏　黄　莹 / 227

B.12 完善留学人员和海外人才政策　推进世界高水平人才强市建设
　……………………………………………………… 原泽知 / 245

Ⅴ 南沙篇

B.13 提升南沙先进制造业产业链供应链现代化水平研究
　——以高端装备制造业为例 …… 陈　刚　尚　进　艾婧琳 / 257

B.14 南沙国际化人才政策的创新思路研究
　——基于前海和横琴的经验借鉴
　………………………………… 欧江波　周圣强　陈　璐 / 275

B.15 华南技术转移中心高质量发展若干建议
················ 沈勇涛　廖晓东　孙向林 / 288
B.16 广州香港科大霍英东研究院创新发展现状及对策研究
················ 尹靖华　孙向林　钱　程 / 300

皮书数据库阅读 **使用指南**

CONTENTS

I General Report

B.1　Fully Play the Core Engine Role of Guangzhou Comprehensively
　　　Enhance the Function of Regional Scientific and
　　　Technological Innovation Center
　　　　　　Institute of Technological Innovation of Guangzhou Academy of Social Sciences / 001
　　　　1. Regional Scientific and Technological Innovation Center and Scientific
　　　　　　and Technological Innovation Center Index of Greater Bay Area　　/ 002
　　　　2. Characteristics of Guangzhou from the Perspective of Regional
　　　　　　Scientific and Technological Innovatin Center　　/ 009
　　　　3. The Main Pressure Faced by Guangzhou as a Regional Scientific and
　　　　　　Technological Innovation Center　　/ 038
　　　　4. Main Measures for Guangzhou to Enhance the Function of Regional
　　　　　　Scientific and Technological Innovation Center　　/ 043

CONTENTS

II Greater Bay Area Reports

B.2 Research on the Scientific and Technological Innovation Network in the Guangdong-Hong Kong-Macao Greater Bay Area
—*Based on the Patent Cooperation Data of High tech Enterprises*
Yu Weikai, Zhang Yixin and Wang Weiwen / 056

B.3 Current Situation and Countermeasures of Scientific and Technological Innovation Cooperation between Guangzhou and Hong Kong
Guangzhou Hengcheng Intelligence Solutions Co., Ltd / 078

B.4 Guangzhou and Shenzhen Promote Collaborative Innovation, jointly Build an International Scientific and Technological Innovation Center
Zhou Ruibo / 102

III Enterprise and Industry Reports

B.5 Survey Report on the High-tech Enterprise Innovation of Guangzhou
Zhang Saifei, Liu Xiaoli and Yang Ying / 119

B.6 Analysis and Countermeasure Research on the Current Situation of Frontier New Materials Industry Innovation in Guangzhou
Zeng Xiangzhou, Meng Weiwei / 145

B.7 Research on the Strategies for Promoting High-Quality Development of Intelligent Interconnection and New Energy Vehicle Industry in Guangzhou
Fu Guoxin, Sheng Xiuting and Sun Jia / 159

B.8 Current Situation and Countermeasures of the Biomedical and Health Industry Development in Guangzhou *Liu Xiaoqian, Huang Chunping* / 175

广州蓝皮书·创新型城市

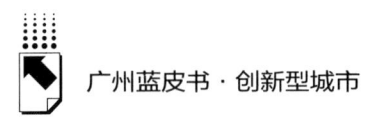

Ⅳ　Technology and Talent Reports

B.9　Research on the Development Pattern and Trend of Scientific and Technological Innovation Space in Guangzhou from the Perspective of "Production, Living, Ecology"
Liao Lusi, Zhang Wentao and Liang Songxiang / 192

B.10　Analysis Report on the Biomedical Research and Development of Guangzhou　　　　　　　　　　*Wang Yan, Li Xingnan* / 208

B.11　Research on promoting green low-carbon technology innovation in Guangzhou under the background of carbon peak and carbon neutrality
Cai Guotian, Zheng Xiaopeng and Huang Ying / 227

B.12　Improving Policies for Studying Abroad and Overseas Talents to Promote the Construction of a Strong City with High Level Talents in the World
Yuan Zezhi / 245

Ⅴ　Nansha Reports

B.13　Research on Improving the Modernization Level of Supply Chain of Advanced Manufacturing Industry in Nansha
—*Taking the High-end Equipment Manufacturing Industry as an Example*
Chen Gang, Shang Jin and Ai Jinglin / 257

B.14　Research on Innovative Ideas of International Talent Policy in Nansha
—*Based on the Experience of Qianhai and Hengqin*
Ou Jiangbo, Zhou Shengqiang and Chen Lu / 275

CONTENTS

B.15　Several Counter meansures for High Quality Development of South China Technology Commercialization

Shen Yongtao, Liao Xiaodong and Sun Xianglin / 288

B.16　Analysis and Countermeasure Research on the Current Situation of Guangzhou HKUST Fok Ying Tung Research Institute

Yin Jinghua, Sun Xianglin and Qian Cheng / 300

总报告

General Report

B.1
充分发挥广州核心引擎作用 全面提升区域科技创新中心功能

广州市社会科学院科技创新研究所课题组[*]

摘 要： 本研究首先对区域科技创新中心的概念进行了界定，从资源集聚、创新策源、科技辐射三大层面构建了粤港澳大湾区科技创新中心指标体系，并进行了测算。总体来看，2016~2021年，粤港澳大湾区科技创新态势良好，创新策源能力相对突出；广州和深圳科技创新大幅领先，"双中心"发展格局日益凸显。其次，深入分析了广州作为区域科技创新中心的主要特征。研究发现，广州资源集聚功能不断强化，国家级平台实现重大突破；科学策源功能相对突出，在基础研究领域扮演"领头羊"角色；科技辐

---

[*] 课题组成员：张赛飞，广州市社会科学院科技创新研究所所长、副研究员，研究方向为区域创新；杨莹，广州市社会科学院科技创新研究所助理研究员，研究方向为区域经济、科技创新；沈勇涛，广州市社会科学院科技创新研究所副研究员，研究方向为产业经济、科技创新；钱程，广州市社会科学院科技创新研究所助理研究员，研究方向为产业经济、科技创新；孙向林，暨南大学经济学院硕士研究生，研究方向为科技创新、能源经济。

射功能强劲，居大湾区"火车头"地位，是粤港澳大湾区科技创新的核心引擎，对其他城市发挥着较强的辐射与带动作用。最后，基于分析结果，探讨了广州作为区域科技创新中心面临的主要压力，并提出了相关对策建议。研究认为，广州在基础研究、产业发展、企业创新、城市合作等方面还有进一步提升的空间，未来要在基础研究能力提升、关键核心技术攻关、未来产业布局、企业集聚与培育、协同创新发展等方面不断发力，实现新的突破。

关键词： 区域科技创新中心　科技创新中心指数　粤港澳大湾区　广州

《粤港澳大湾区发展规划纲要》明确提出，要以香港、澳门、广州、深圳四大中心城市为区域发展的核心引擎，继续发挥比较优势，增强对周边区域发展的辐射带动作用。要充分发挥广州国家中心城市和综合性门户城市的引领作用，全面增强国际商贸中心、综合交通枢纽功能，培育提升科技教育文化中心功能，着力建设国际大都市。党的二十大报告指出，要统筹推进国际科技创新中心、区域科技创新中心建设。因此，研究粤港澳大湾区（以下简称"大湾区"）科技创新中心发展态势，探讨广州科技创新地位及作用，对促进广州更好地发挥区域科技创新中心功能、完善大湾区科技创新体系具有十分重要的意义。

一　区域科技创新中心与大湾区科技创新中心指数

（一）内涵

从本质来看，科技创新中心应包含科学中心、技术中心、创新中心三大核心内涵。其中，科学中心以新科学理论体系诞生为标志，重在基础研究理论和原始创新的突破；技术中心是新技术、新产品、新产业的创新源地，重在关键核心技术的形成及应用，以技术研发、产业变革为标志；创新中心涵盖了创新业态、创新模式、创新环境等围绕"创新"衍生的更广泛更丰富的内容。从空间来看，科技创新中心可分为全球科技创新中心和区域科技创新中心，以此来反映中心的不同层级和地位。

1. 全球科技创新中心的相关研究

2000年，美国著名科技类杂志《连线》首次提出全球科技创新中心的概念，其核心要素主要有：高校和科研机构培养人才和熟练员工以及创造新技术的能力；拥有能产出专业知识和技术、促进经济稳定且具有较大影响力的老牌企业和跨国企业；社会大众创办新企业的积极性；风险投资的可获得性。国内学者也对全球科技创新中心进行了深入研究。杜德斌（2015）将全球科技创新中心定义为科技创新资源密集、科技创新活动集中、科技创新实力雄厚、科技成果辐射范围广的城市或地区，其在全球价值链中发挥着价值增值功能，占据领导和支配地位。骆建文等（2015）认为，科技创新中心是指科技创新资源密集、科技创新实力雄厚、创新文化发达、创新氛围浓厚、科技辐射能力强，并能带动城市群发展的中心城市，是新知识、新技术、新产品的源头和生产中心。袁红英和石晓艳（2017）认为，全球科技创新中心是世界创新资源的聚集中心和创新活动的控制中心，是全球创新网络中的枢纽型节点城市。张士运等（2018）认为，全球科技创新中心是拥有高端创新资源、原始创新能力突出、辐射引领能力强、创新文化氛围浓厚、创新驱动效应明显、科技创新主导地位显著的城市或都市圈，是新思想、新知识、新技术、新产品、新业态和新模式的源泉。黄静静等（2018）认为，全球科技创新中心是全球创新网络中的重要节点和枢纽，以创新资源和创新产业的高端集聚和引领为重要标志。总体来看，学术界在全球科技创新中心内涵界定上已形成一定的共识：全球科技创新中心在全球范围内占据科技创新领域的领导和支配地位，创新资源集聚、科技创新能力突出、创新支撑辐射能力强劲是其重要特征。

2.区域科技创新中心内涵

近年来,有关区域科技创新中心的研究越来越受到学术界重视。张赤东等(2022)认为,区域科技创新中心要担负起促进产业结构升级、增长动能转换、地方经济发展的历史重任以及推动国家创新驱动发展战略实施的使命。王晓莉等(2022)认为,区域科技创新中心以具有全球影响力的创新型城市(群)为载体,是区域创新发展的增长极,是国家和全球创新网络的重要枢纽。马海涛和巨文忠(2022)认为,区域科技创新中心是我国在北京、上海、大湾区三大国际科技创新中心基础上的布局,主要是为了构建多层次的科技创新中心体系,与国际科技创新中心形成互补发展的创新格局。郏江杰等(2022)认为,区域科技创新中心主要以创新辐射效应强的城市或城市群为建设单元,能有效解决创新资源高度集聚引发的区域分化问题,是提升区域科技创新整体水平的重要平台。马海涛和陶晓丽(2022)指出,区域科技创新中心是区域对接国家和全球创新网络的枢纽,可以理解为区域创新系统的增长极核和权力中心,发挥了创新的极化效应和扩散效应,对所在地区产生支配和引领作用。

本研究认为,全球科技创新中心和区域科技创新中心虽然界定的中心层级和地位不同,但其核心内涵是一致的。相比较而言,全球科技创新中心创新资源集聚效应更强,科技创新策源能力更突出,科技创新辐射功能更显著,比区域科技创新中心的地位更高。而区域科技创新中心则是区域创新系统的增长极核,是对接全国、全球创新网络的核心枢纽,同样具有科技创新资源集聚、科技创新策源能力突出、科技创新辐射功能强劲等特征。具体来看,首先,科技创新资源的供给直接影响科技活动的进行及成效,只有形成强大的创新资源集聚效应,才会有提升科技创新策源能力、产出重大科技创新成果的可能性。其次,科技创新策源强调通过科学发现、技术创新产生新知识、新技术和新产品,科技创新策源能力是科技创新中心在科技创新发展中把握主动权并形成强大影响力与控制力的重要前提。最后,由于科技创新中心具备较强的科技创新策源能力,必将促进高校、科研机构、企业等创新主体通过多种形式的合作来推动先进技术、高附加值产品等向其他地区外溢和扩散，从而产生强大的扩散效应，并对其所处区域产生辐射和带动作用。因此，科技创新资源集聚是坚实基础，科技创新策源能力是关键核心，科技创新辐射是主要表现。综上所述，本研究将区域科技创新中心定义为在一定区域范围内，科技创新资源集聚、科技创新策源功能突出、科技创新辐射带动作用强劲，并占据科技创新发展领导和支配地位的城市或地区。

（二）大湾区科技创新中心指标体系的构建

1.指标体系

通过前文的文献梳理，基于对区域科技创新中心的理解，并综合考虑将香港纳入评价体系的数据可得性以及兼顾发展历程和发展现状的数据可得性，本研究用资源集聚、创新策源、科技辐射三个一级指标共12个二级指标构建大湾区科技创新中心指标体系（见表1），以衡量各城市在大湾区科技创新中的地位与作用，研判大湾区各城市科技创新态势。

表1　大湾区科技创新中心指标体系

一级指标	二级指标
资源集聚	实验室平台指数
	工程装置平台指数
	R&D 经费
	R&D 人员全时当量
创新策源	SCI 论文数
	发明专利授权量
	纳斯达克上市企业数
	独角兽企业数
科技辐射	SCI 论文合作数
	发明专利合作申请量
	发明专利转让数
	发明专利许可数

资料来源：笔者经研究构建而得。

2. 测算方法

根据信息熵的定义，熵值可以用来判断指标的离散程度。信息熵值越小，表明离散程度越深，包含的信息越多，该指标对综合评价的影响（即权重）越大。因此，可以采用熵权法计算各指标的权重，为多个指标的综合评价提供依据。计算步骤如下：首先对各年度的指标进行归一化处理，去除各指标的量纲影响；其次根据熵的定义，确定评价指标的熵，计算出各指标的信息冗余度，从而得到各指标的权重；最后计算出综合得分。由于澳门缺失 R&D 人员等关键数据，本研究仅对 2016~2021 年大湾区除澳门外十大城市的科技创新中心指数进行测算，得到大湾区十大城市科技创新中心指数（见图1）。

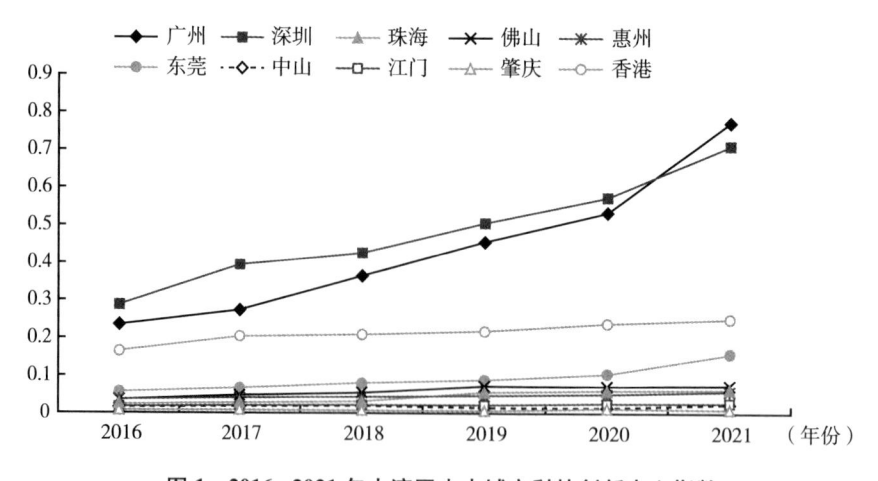

图1　2016~2021 年大湾区十大城市科技创新中心指数

（三）大湾区科技创新中心指数分析

1. 广深"双中心"格局日益凸显

如图 1 所示，广州和深圳科技创新中心指数居于前列。从十大城市科技创新中心指数占大湾区总指数①的比重来看，广州和深圳占比分别从 2016

---

① 大湾区总指数指大湾区十大城市科技创新中心指数之和。

年的26.67%、32.59%提高到2021年的36.03%、33.14%，广州和深圳的占比之和由2016年的59.26%提高到2021年的69.17%。从2016~2021年十大城市对大湾区总指数的增长贡献度①来看，广州达到42.57%，深圳为33.52%，两大城市对大湾区总指数的增长贡献度达到76.09%。从排名来看，香港、东莞、中山、江门和肇庆排名没有任何变化，广州和深圳的排名在2021年互换，佛山在2017年排名上升1位到第5，珠海在2019年排名上升1位到第6，惠州分别在2017年、2019年下降1位，2019~2021年均排名第7（见图2）。总体来看，2016年以来，大湾区十大城市科技创新中心指数位次相对稳定，广州和深圳始终位居前2，起到"双中心"作用，并且呈现日趋强化的态势。

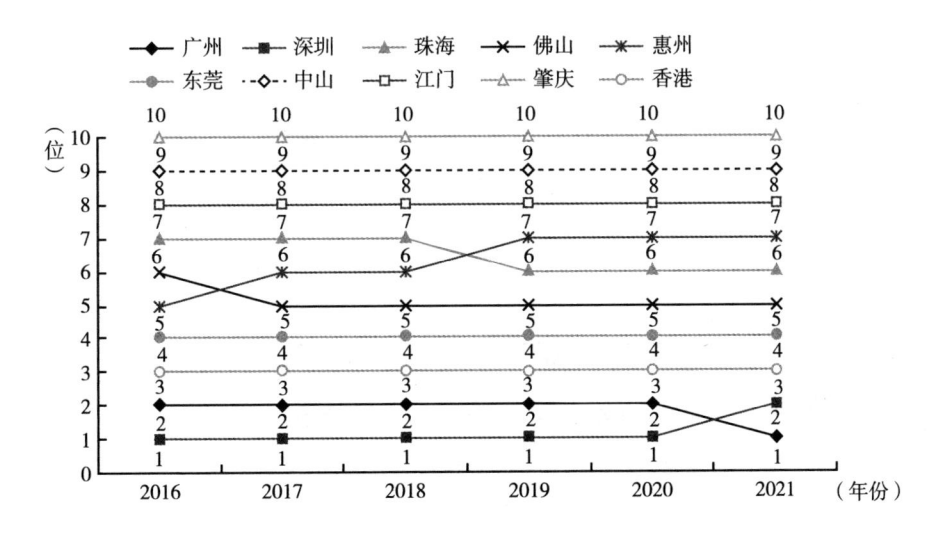

图2　2016~2021年大湾区十大城市科技创新中心指数排名

资料来源：笔者根据测算结果自行绘制而得。

2. 三大都市圈呈"两快一慢"的发展态势

根据2022年广东省自然资源厅印发的《广东省都市圈国土空间规划协调指引》，大湾区城市可划分为广州都市圈、深圳都市圈和珠西都市圈，其

---

① 增长贡献度=各城市科技创新中心指数增长量/大湾区总指数增长量×100%。

中广州都市圈包括广州、佛山、肇庆，深圳都市圈包括深圳、东莞、惠州，珠西都市圈包括珠海、中山、江门。从都市圈总指数①来看（见图3），大湾区三大都市圈呈现以下两个特点。一是三大都市圈的科技创新能力一直保持增长态势，广州都市圈的总指数从2016年的0.279增长到2021年的0.855，深圳都市圈从0.381增长到0.926，均出现了大幅提升；珠西都市圈的增幅虽然较小，但仍从0.056增长到0.113。二是三大都市圈的总指数发展速度不尽相同，广州都市圈与深圳都市圈的增速相近且较快，发展势头迅猛，深圳都市圈以微弱的优势领先于广州都市圈，而珠西都市圈的增速较慢，始终在低位徘徊，未来有较大的发展潜力。

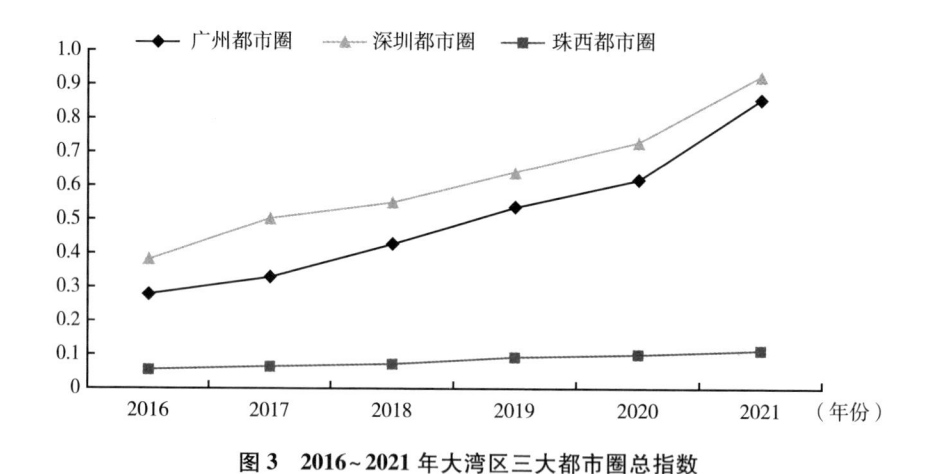

图3　2016~2021年大湾区三大都市圈总指数

资料来源：笔者根据测算结果自行绘制而得。

3. 大湾区科技创新态势良好

2016~2021年大湾区总指数及三大分指数②如图4所示。具体来看，大湾区总指数从2016年的0.882增长到2021年的2.144，年均增长率为19.44%，发展态势良好。创新策源分指数年均增长22.09%，并在2018年

---

① 都市圈总指数指同一都市圈的各城市科技创新中心指数之和。
② 大湾区三大分指数指大湾区十大城市分别在资源集聚、创新策源和科技辐射三大层面的指数之和。

超过资源集聚分指数，2021年在大湾区总指数中的占比达到40.43%，位居三大分指数之首。也就是说，从功能来看，大湾区的创新策源功能相对突出。

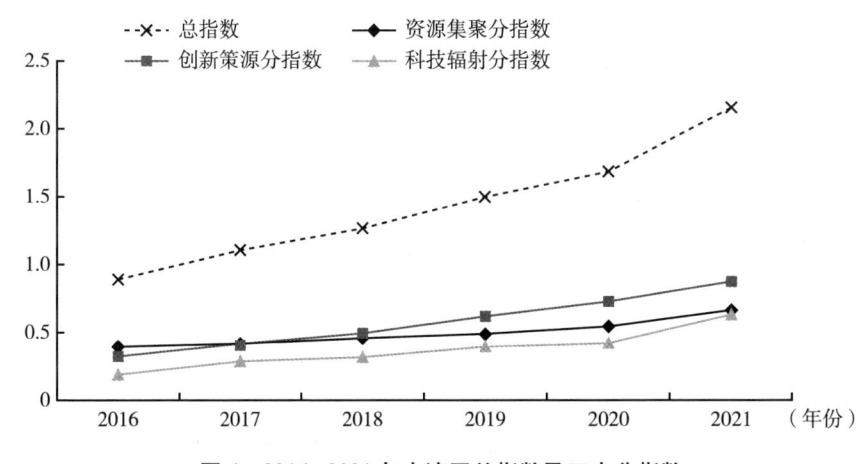

图4　2016~2021年大湾区总指数及三大分指数

资料来源：笔者根据测算结果自行绘制而得。

二　区域科技创新中心视角下的广州特征

2016~2021年，广州科技创新中心指数（以下简称"广州指数"）年均增长26.86%，2021年达到0.773（见图5），超越深圳居大湾区十大城市首位。从分指数来看，广州科技辐射与创新策源分指数增长较快，年均增长率分别为38.95%、31.51%。2021年科技辐射、创新策源及资源集聚分指数在广州指数中的占比分别为39.01%、35.54%、25.45%。总体来看，广州指数高速增长，科技辐射与创新策源功能相对突出。

（一）资源集聚功能不断强化，国家级平台实现重大突破

2016~2021年，广州资源集聚分指数位列大湾区十大城市的第一梯队（见图6），年均增长12.90%，总体保持稳步增长态势。2016~2017年，广

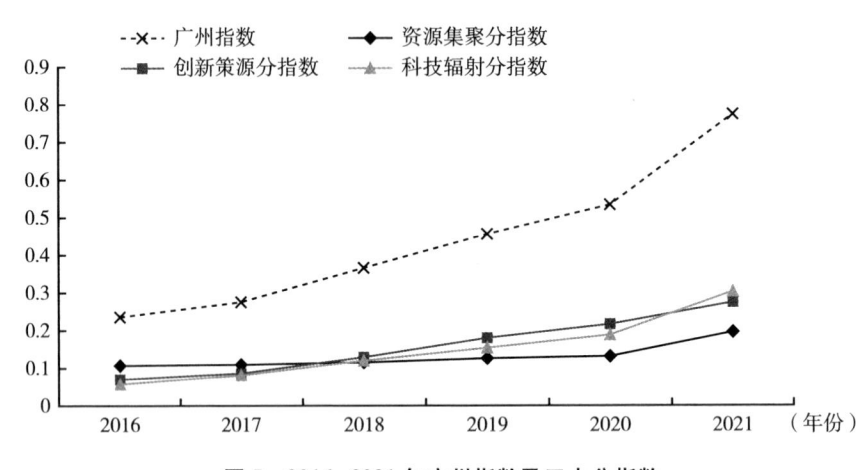

图5　2016~2021年广州指数及三大分指数

资料来源：笔者根据测算结果自行绘制而得。

州资源集聚分指数居大湾区十大城市首位，2018年被深圳超过，2021年又超过深圳回到首位。

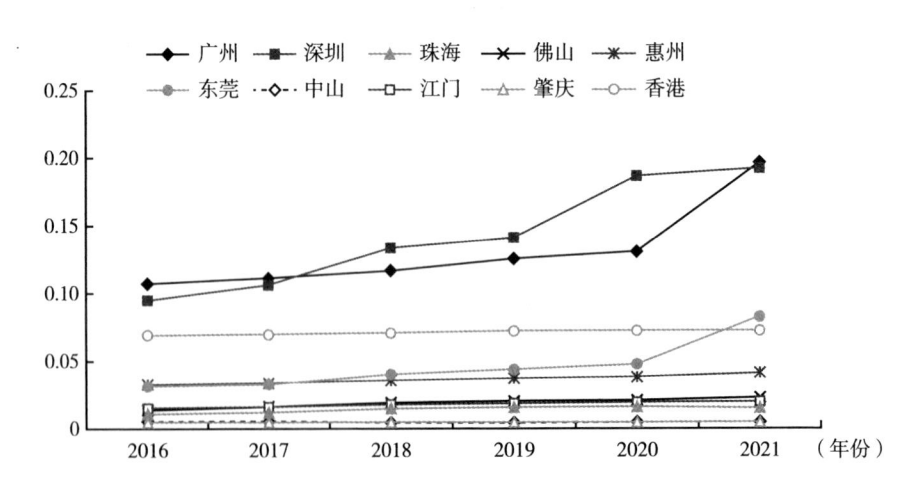

图6　2016~2021年大湾区十大城市资源集聚分指数

资料来源：笔者根据测算结果自行绘制而得。

1. 2021年实验室建设取得重大突破

2016~2021年，广州实验室平台指数从19增至31（见图7），总体保持较快增长态势。具体来看，2019年，新增精密电子制造技术与装备国家重点实验室；2021年，新增省部共建中医湿证国家重点实验室，广州实验室成为国家战略科技力量。截至2021年，广州有21家国家重点实验室，在大湾区的占比达42%，实验室平台指数位列大湾区之首。[①] 进一步来看，在生物医药领域，广州不仅拥有广州实验室，还集聚了华南肿瘤学国家重点实验室、眼科学国家重点实验室、省部共建器官衰竭防治国家重点实验室、省部共建中医湿证国家重点实验室等，形成了高端人才汇聚、国家资源汇集的平台体系，为打造国家原始创新策源地奠定了坚实基础。

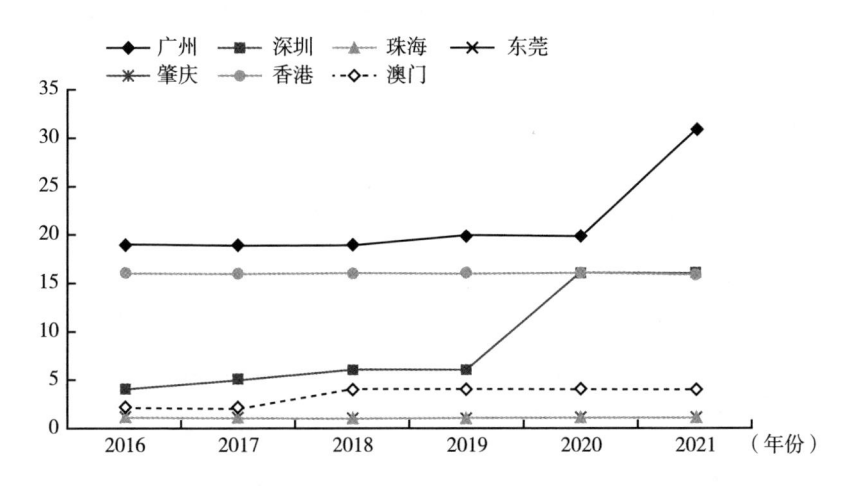

图7　2016~2021年大湾区七大城市实验室平台指数

资料来源：笔者根据测算结果自行绘制而得。
注：惠州、中山、江门、佛山的实验室平台指数为0，不在图中显示。

2. 人类细胞谱系和冷泉生态系统两大科学装置被列入国家规划

2016~2021年，广州工程装置平台指数从9增至29（见图8），总体保持较快增长态势，尤其在2021年，人类细胞谱系大科学研究设施和冷泉生态系

---

① 资料来源：2016~2020年广东省各地市国家重点实验室数据来源于《广东省地市主要科技统计指标》，课题组根据实际情况进行了修正；2021年广东省各地市国家重点实验室数据来源于《广东科技创新动态数据［2021］第12期》；香港相关实验室数据来源于香港科技创新署官网；澳门相关实验室数据来源于澳门科学技术发展基金官网。

统研究装置被纳入国家重大科技基础设施"十四五"规划，取得重大突破。具体来看，人类细胞谱系大科学研究设施通过人类细胞谱系鉴定解析与绘制重现，支撑突发新发呼吸系统疾病的机理探寻、高效诊断和医学治疗；冷泉生态系统研究装置致力于促进深海生物与基因资源的开发利用，突破可燃冰开采过程中的关键核心技术，建成后将成为全球首个面向可燃冰开采、深海化能生态系统以及冷泉生态环境科学研究的大科学装置。截至2021年，广州拥有2个被纳入国家规划的大科学装置和9家国家工程技术研究中心，分别占大湾区的22.22%、33.33%；其工程装置平台指数位列大湾区第2，仅落后于东莞。[①] 总体来看，近年来广州的工程装置平台加快发展，尤其是国家重大科技基础设施实现零的突破，将助力科技人才集聚、创新平台发展，有力支撑大湾区科技创新中心建设。

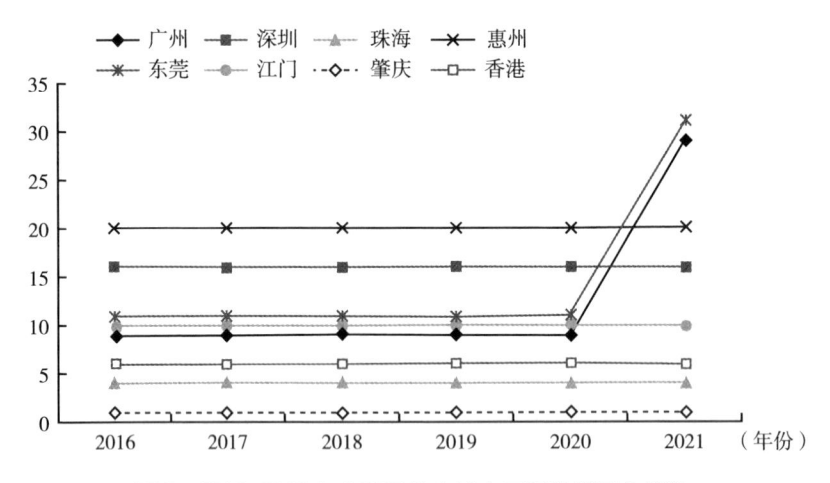

图8 2016~2021年大湾区八大城市工程装置平台指数

资料来源：笔者根据测算结果自行绘制而得。

注：澳门、佛山、中山的工程装置平台指数为0，不在图中显示。

[①] 资料来源：2016~2020年广东省各地市国家工程技术中心数据来源于《广东省地市主要科技统计指标》；2021年广东省各地市国家工程技术中心数据来源于《广东科技创新动态数据［2021］第12期》；香港国家工程技术中心数据来源于香港科技创新署官网；大科学装置数据由课题组通过研究整理而得。

3. R&D 经费稳步增长，R&D 投入与深圳有较大差距

2016~2021 年，广州 R&D 经费从 457.46 亿元增长到 881.72 亿元（见图 9），年均增长 14.02%；R&D 人员全时当量从 11.02 万人年增长至 15.24 万人年（见图 10），年均增长 6.69%。虽然 2021 年广州 R&D 经费、R&D 人员全时当量在大湾区十大城市中均处于第 2 位，但分别仅为同期深圳的 52.42%、44.85%。总体来看，与深圳相比还有较大差距。

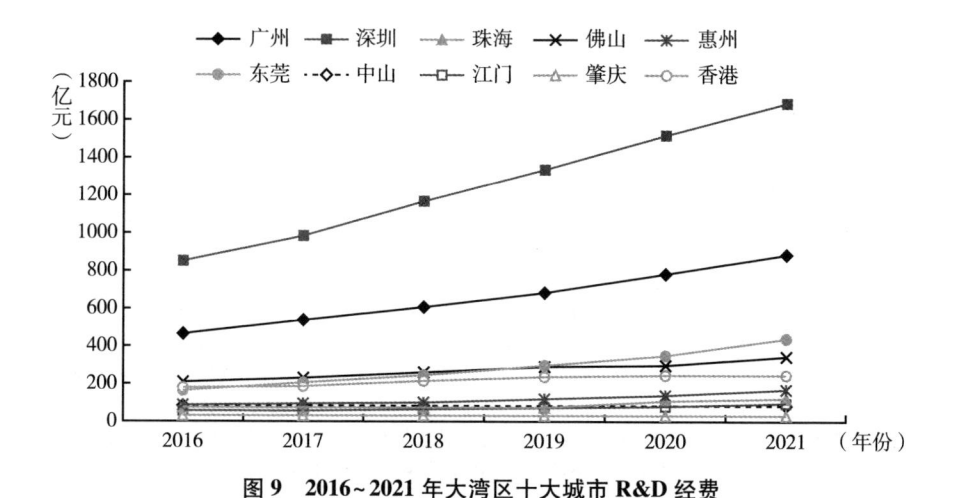

图 9　2016~2021 年大湾区十大城市 R&D 经费

资料来源：2016~2019 年广东省各地市 R&D 经费数据来源于《广东省地市主要科技统计指标》；2020 年广东省各地市 R&D 经费数据来源于《2021 广东科技统计数据》；2021 年广东省各地市 R&D 经费数据来源于《2021 年广东省科技经费投入公报》。2016~2021 年香港 R&D 经费数据来源于香港统计局官网历年公布的《香港统计年刊》。

（二）创新策源态势良好，科学策源功能相对突出

2016~2021 年，广州创新策源分指数年均增长 31.51%，发展势头十分强劲。具体来看，2018 年广州创新策源分指数超过香港，位列大湾区第 2（见图 11）。广州 SCI 论文数领先于深圳，但发明专利授权量、独角兽企业数和纳斯达克上市企业数则与深圳有一定差距。总体来看，广州和深圳虽然都是大湾区的创新策源引擎，但发挥着不同的作用，广州的科学策源功能相对完备，而深圳的技术策源功能相对突出。

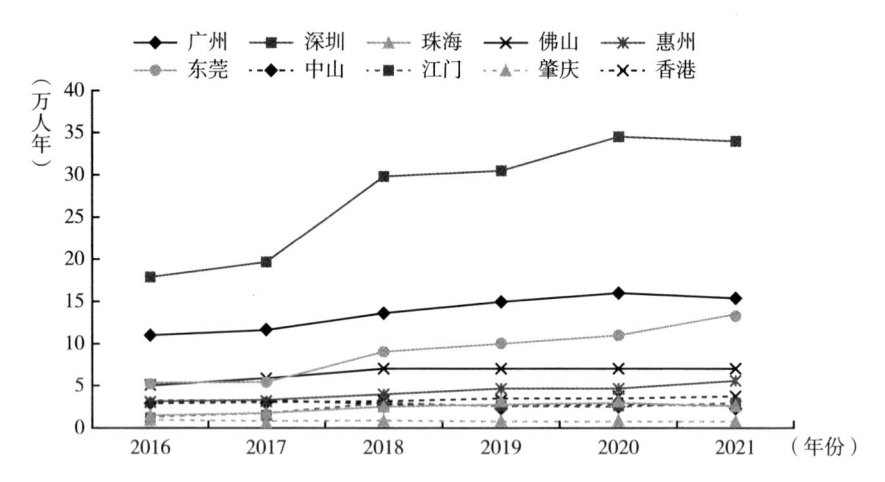

图 10 2016~2021 年大湾区十大城市 R&D 人员全时当量

资料来源：2016~2019 年广东省各地市 R&D 人员全时当量数据来源于《广东省地市主要科技统计指标》。2020 年珠海、佛山、东莞、中山 R&D 人员全时当量由课题组推算而得（2020 年各市规模以上工业企业 R&D 人员全时当量/2019 年各市规模以上工业企业 R&D 人员全时当量在全社会 R&D 人员全时当量中的比重），广东省其他城市 R&D 人员全时当量数据来源于各市 2021 年统计年鉴。2021 年珠海、佛山、中山 R&D 人员全时当量由课题组推算而得（2021 年各市规模以上工业企业 R&D 人员全时当量/2019 年各市规模以上工业企业 R&D 人员全时当量在全社会 R&D 人员全时当量中的比重），东莞 R&D 人员全时当量数据来源于统计报告，广东省其他城市 R&D 人员全时当量数据来源于各市 2022 年统计年鉴。2016~2021 年香港 R&D 人员全时当量数据来源于香港特别行政区政府统计处。

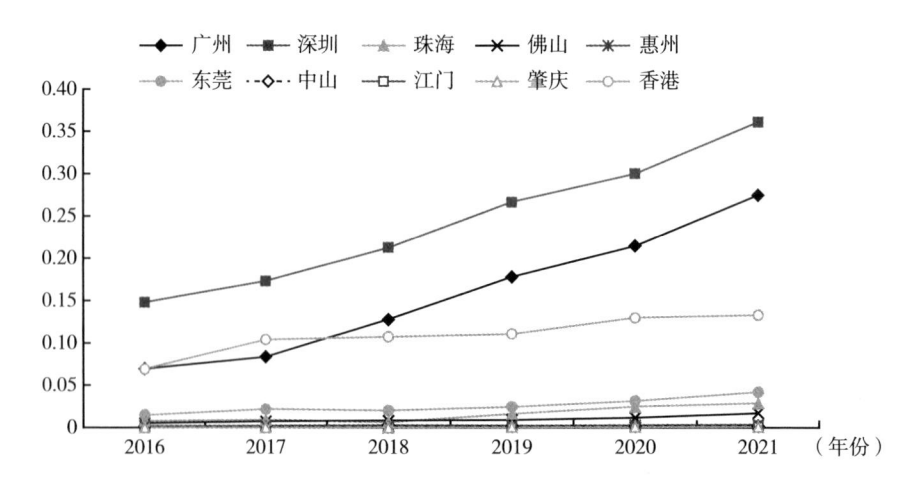

图 11 2016~2021 年大湾区十大城市创新策源分指数

资料来源：笔者根据测算结果自行绘制而得。

1. 2016年以来发表的SCI论文数稳步增长

2016~2019年，广州SCI论文数从20999篇增长至37106篇[①]，年均增长20.90%，呈现快速增长态势。2019~2022年，SCI论文数从37106篇增长至50672篇，年均增长10.95%（见图12）。总体来看，2016~2022年，广州发表的SCI论文数呈现稳步增长的趋势。

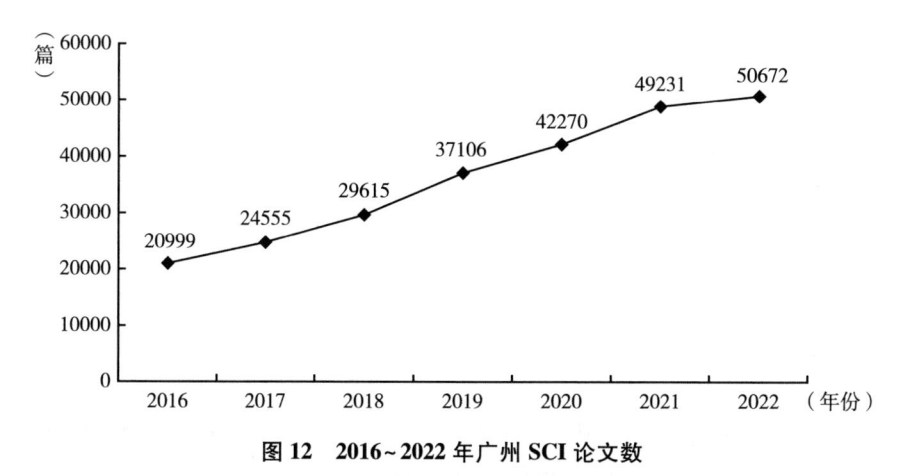

图12　2016~2022年广州SCI论文数

资料来源：笔者在Science Citation Index Expanded数据库中检索并绘制而得。

（1）在大湾区扮演"领头羊"角色，获批启动"慧眼计划"。

2022年，大湾区各城市的SCI论文数可分为四个梯队。其中，广州处于第一梯队，深圳和香港处于第二梯队，珠海、澳门、佛山、东莞处于第三梯队，其他城市则处于第四梯队（见图13）。具体来看，广州SCI论文数达50672篇，居大湾区各城市之首，占大湾区SCI论文总数的比重高达48.19%，分别是深圳、香港的1.64倍和1.96倍。深圳和香港分别居大湾区第2、第3位，发表的论文数量分别为30942篇、25826篇，占大湾区SCI论文总数的比重分别为29.42%、24.56%。珠海、澳门、佛山、东莞四大城市SCI论文数均在3000篇以上，其他城市则未超过1000篇。2022年，广州获批启动实施"慧眼：人体蛋白质组导航国际大科学计划"，将进一步改变国外主导基因组

---

① 本研究的SCI论文数来源于Science Citation Index Expanded数据库，检索时间：2023年2月。

学驱动的生物医学发展态势，为我国引领全球生物医学研究、掌握规则话语权和数据资源奠定基础。作为该计划的重要组成部分，慧眼设施启动实验室已研发形成全球首个全自动化、高通量蛋白质组学数据生产系统，建有从样本制备、色谱分离、生物质谱鉴定到生命组学大数据分析的全流程技术体系，未来将在生物岛建立总部基地。① 总体来看，广州基础研究在大湾区扮演着"领头羊"的角色。

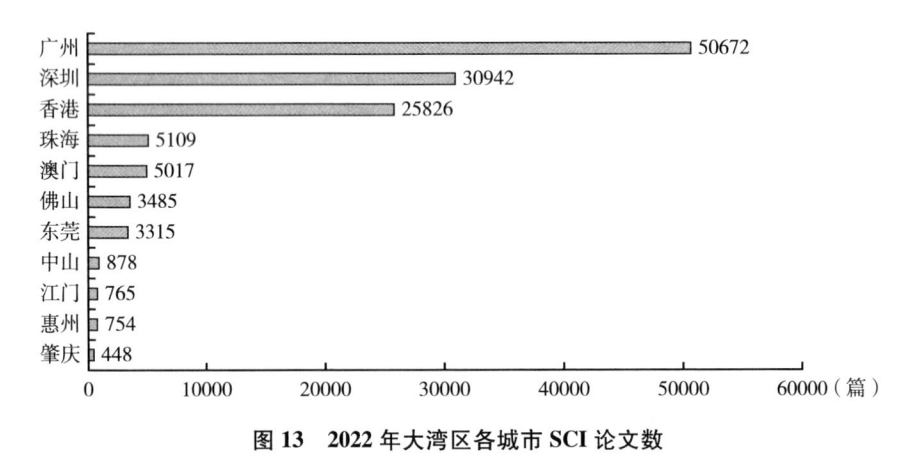

城市	SCI论文数（篇）
广州	50672
深圳	30942
香港	25826
珠海	5109
澳门	5017
佛山	3485
东莞	3315
中山	878
江门	765
惠州	754
肇庆	448

图13　2022年大湾区各城市SCI论文数

资料来源：笔者在Science Citation Index Expanded数据库中检索并绘制而得。

（2）材料交叉科学、环境科学和交叉化学是主要热点，食品科技、肿瘤学和免疫学在大湾区表现突出。

从研究方向来看，2022年，广州在工程学、化学和材料科学三大研究方向上发表的SCI论文数居前3位，分别发表7852篇、7087篇、5869篇，占广州总量的比重均在10%以上。从论文类别来看，2022年，广州材料交叉科学类别的SCI论文数位居第1，共有4662篇，占广州总量的比重为9.20%。其次是环境科学和交叉化学，分别有3970篇、3041篇，占比分别为7.84%和6.00%。此外，电子电气工程和肿瘤学类别的论文数量也相对较多，分别有2849篇、2695篇，占广州总量的比重均超过5%（见表2）。

---

① 《"兔"飞猛进加油干｜慧眼计划　筹建总部基地》，《广州日报》，https://baijiahao.baidu.com/s?id=1756671415007981607，2023年2月2日。

横向比较来看，广州前20的类别中，食品科技、肿瘤学、免疫学三大类别发表的SCI论文数占大湾区总量的比重均超过六成，分别高达74.01%、64.91%、62.72%。占比超过一半的还有医学研究试验（61.05%）、药理学与药剂学（59.42%）、细胞生物学（58.24%）、生物化学与分子生物学（57.01%）、环境科学（52.44%）、环境工程（51.16%）、化学工程（50.32%）。综上所述，工程学、化学和材料科学是广州科学研究的主要研究方向，材料交叉科学、环境科学和交叉化学是主要热点。广州基础研究优势显著，食品科技、肿瘤学和免疫学在大湾区表现突出。

表2　2022年广州SCI论文数排名前10的类别

单位：篇，%

Web of Science类别	论文发表数量	占广州总量的比重
材料交叉科学	4662	9.20
环境科学	3970	7.84
交叉化学	3041	6.00
电子电气工程	2849	5.62
肿瘤学	2695	5.32
物理化学	2519	4.97
应用物理学	2423	4.78
生物化学与分子生物学	2187	4.32
纳米科技	2146	4.24
药理学与药剂学	1753	3.46

资料来源：笔者在Science Citation Index Expanded数据库中检索并整理而得。

（3）华南理工大学是材料交叉科学和交叉化学的重点研究机构，其食品科技研究在大湾区处于龙头地位。

从广州的研究热点来看，2022年，华南理工大学是广州材料交叉科学领域发表SCI论文数最多的机构，共有1296篇，占广州材料交叉科学领域论文数量的比重达27.80%。在此之后的是中山大学，发表论文753篇，占比为16.15%。与此同时，华南理工大学在交叉化学领域发表的SCI论文数同样排在广州首位，发表论文723篇，占比为23.78%，中山大学紧跟其后，发表论文560篇。从广州的优势领域来看，2022年，华南理工大学在食品科技领域发表的论文数位居大湾区榜首，共有340篇，占大湾区食品科技领域论文数量的比重达20.80%。华南农业大学位居第2，发表论文253篇，占大湾区的比重超过15%。综合来看，华南理工大学是广州材料交叉科学和交叉化学领域的重点研究机构，其食品科技研究在大湾区处于龙头地位。

（4）中山大学是环境科学的重要研究主体，医疗机构的肿瘤学和免疫学在大湾区表现出色。

从广州的研究热点来看，中山大学是广州环境科学领域发表SCI论文数最多的机构，共有684篇，占广州环境科学领域论文数量的比重达17.23%，接近两成。暨南大学、华南理工大学在环境科学领域发表的SCI论文数占广州的比重均超过一成，分别有441篇、407篇。从广州的优势领域来看，中山大学肿瘤防治中心在肿瘤学领域发表的SCI论文数居大湾区首位，共发表666篇，占大湾区肿瘤学领域SCI论文总数的比重为16.04%。中山大学附属第一医院发表264篇，占大湾区的比重为6.36%。此外，南方医科大学南方医院、广东省人民医院和中山大学孙逸仙纪念医院表现也十分亮眼，发表的肿瘤学领域SCI论文数进入大湾区前5行列。免疫学领域，南方医科大学南方医院排在大湾区首位，共发表SCI论文138篇，占大湾区的比重为6.42%。与此同时，中山大学附属第一医院、中山大学、南方医科大学以及南方医科大学珠江医院进入大湾区前5，SCI论文数均超过100篇。综合来看，中山大学是广州环境科学领域的重要研究主体，医疗机构的肿瘤学和免疫学在大湾区表现出色。

2.发明专利授权量总体呈现加速增长态势

2016~2020年，广州的发明专利授权量从7942件增长至15840件[①]，年均增长18.84%，呈现稳步增长的态势。2020~2022年，年均增长率达33.19%，比2016~2020年提升14.35个百分点，增速进一步加快。尤其是2021年，发明专利授权量同比增长55.49%，增长态势十分明显（见图14）。

---

① 本研究的发明专利授权量来源于incoPat专利数据库，检索时间：2023年2月。

总体来看，2016~2022 年，广州发明专利授权量年均增长 23.44%，呈现加速增长态势。

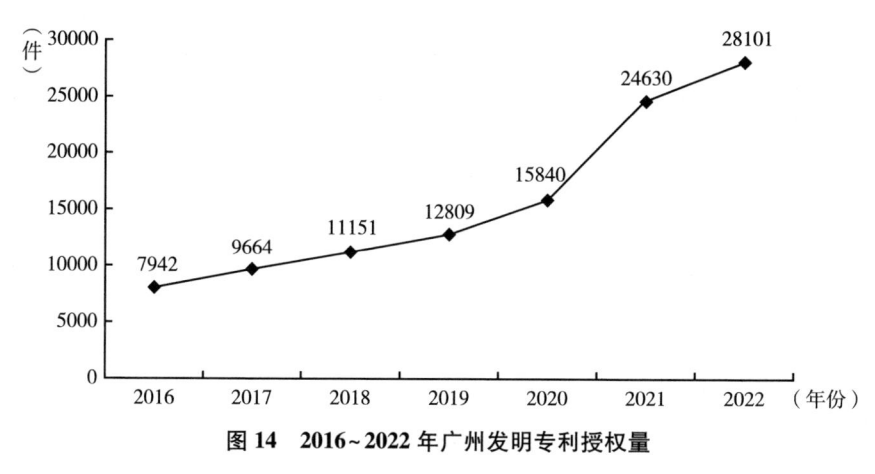

图 14　2016~2022 年广州发明专利授权量

资料来源：笔者在 incoPat 专利数据库中检索并绘制而得。

（1）位列大湾区第 2，专利金奖取得新突破。

2022 年，大湾区各城市发明专利授权量同样可以分为四个梯队。其中，深圳处于第一梯队，广州处于第二梯队，东莞、佛山和珠海处于第三梯队，惠州、中山和香港等其他城市则处于第四梯队（见图 15）。具体来看，深圳发明专利授权量居大湾区首位，共有 61033 件，占大湾区发明专利授权总量的比重高达 49.06%，是广州的 2.17 倍。广州排在第 2 位，发明专利授权量共 28101 件，占大湾区的比重达 22.59%。东莞、佛山和珠海依次排在第 3、第 4、第 5 位，发明专利授权量均超过 6000 件，其中东莞突破 1 万件。2022 年公布的第二十三届中国专利奖获奖名单中，广州共有 79 项专利获奖，其中金奖 3 项，金奖数量取得历史性突破。① 具体来看，中国专利金奖有 2 项，分别是广州达安基因股份有限公司的"新型冠状病毒 ORF1ab 基因核酸检测试剂盒"和南方电网科学研究院有限责任公司牵头研制的"用于并行

---

① 《第二十三届中国专利奖出炉　广州取得历史性突破》，广东省人民政府官网，http://www.gd.gov.cn/zwgk/zdlyxxgkzl/zscq/content/post_3989649.html，2022 年 8 月 8 日。

冗余协议网络中的时钟输出控制方法和系统";中国外观设计金奖 1 项,由广州汽车集团股份有限公司凭借"汽车"夺得。①

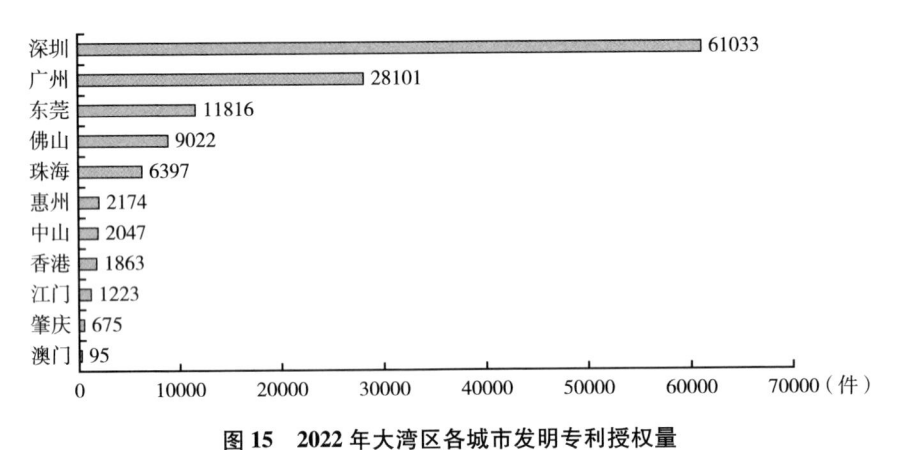

```
深圳  ████████████████████████████████ 61033
广州  ██████████████ 28101
东莞  █████ 11816
佛山  ████ 9022
珠海  ███ 6397
惠州  █ 2174
中山  █ 2047
香港  █ 1863
江门  │ 1223
肇庆  │ 675
澳门  │ 95
      0    10000  20000  30000  40000  50000  60000  70000(件)
```

图 15 2022 年大湾区各城市发明专利授权量

资料来源:笔者在 incoPat 专利数据库中检索并绘制而得。

(2)华南理工大学是最突出的技术主体,居大湾区第 7 位。

从第一申请机构来看,2022 年,华南理工大学是广州发明专利授权量排在首位的机构,共有 2403 件,占广州的比重达 8.55%。其次是广东工业大学和中山大学,发明专利授权量均超过 1000 件,占比在 5%左右。此外,广东电网有限责任公司、华南农业大学、暨南大学、广州大学、华南师范大学、南方电网科学研究院有限责任公司、广州汽车集团股份有限公司也排在前 10 位,占广州的比重均超过 1%(见表 3)。这 10 家机构中,共有 7 家高校、3 家企业。从在大湾区的排名来看,华南理工大学、广东工业大学、中山大学均进入大湾区发明专利授权量的前 10 之列,分别位居第 7、第 8 和第 10。由此可见,广州的高校除了在基础研究领域是龙头力量,在技术创新领域也同样具有重要地位,华南理工大学是表现最为突出的技术主体。

---

① 第二十三届中国专利奖颁奖活动专栏,国家知识产权局官网,http://www.cnipa.gov.cn/col/col3138/index.html。

表3　2022年广州发明专利授权量前10的机构

单位：件，%

排名	第一申请机构	专利数量	占广州的比重
1	华南理工大学	2403	8.55
2	广东工业大学	1606	5.72
3	中山大学	1344	4.78
4	广东电网有限责任公司	809	2.88
5	华南农业大学	659	2.35
6	暨南大学	525	1.87
7	广州大学	502	1.79
8	华南师范大学	393	1.40
9	南方电网科学研究院有限责任公司	388	1.38
10	广州汽车集团股份有限公司	285	1.01

资料来源：笔者在incoPat专利数据库中检索并整理而得。

（3）计算、通信和测量是热门的技术方向，化妆品和微生物相关技术具有极强的竞争力。

从技术类别来看，2022年广州计算、推算或计数（G06）类别的发明专利授权量居首位，共有4569件，占广州发明专利授权量的比重超过一成，达16.26%。其次是电通信技术（H04）和测量或测试（G01），分别有2924件和2237件，占比分别为10.41%和7.96%（见表4）。横向比较来看，广州前20的技术组别中，化妆品或类似的梳妆用配制品（A61K8），微生物相关（C12N1），突变或遗传工程（C12N15），交流干线或交流配电网络的电路装置（H02J3），包含酶、核酸或微生物的测定或检验方法（C12Q1），计算机辅助设计（G06F30）六大组别的发明专利授权量占大湾区的比重均超五成。其中，化妆品或类似的梳妆用配制品（A61K8）和微生物相关（C12N1）占大湾区的比重均超七成，分别为82.95%和70.69%。可以看出，计算、通信和测量是广州的热门技术方向，化妆品和微生物相关技术在大湾区内具有极强的竞争力。

表4　2022年广州发明专利授权量前10的IPC类别（大类）

单位：件，%

排名	IPC主分类号（大类）	专利数量	占广州的比重
1	计算、推算或计数（G06）	4569	16.26
2	电通信技术（H04）	2924	10.41
3	测量或测试（G01）	2237	7.96
4	医学或兽医学；卫生学（A61）	1876	6.68
5	基本电气元件（H01）	1296	4.61
6	生物化学；啤酒；烈性酒；果汁酒；醋；微生物学；酶学；突变或遗传工程（C12）	1281	4.56
7	有机高分子化合物；其制备或化学加工；以其为基料的组合物（C08）	1077	3.83
8	有机化学（C07）	1038	3.69
9	发电、变电或配电（H02）	858	3.05
10	农业；林业；畜牧业；狩猎；诱捕；捕鱼（A01）	660	2.35

资料来源：笔者在incoPat专利数据库中检索并整理而得。

（4）华南理工大学和广东工业大学是计算、测量领域的重点机构，京信网络是电通信领域最主要的技术主体。

从广州的热门技术领域来看，计算、推算或计数（G06）技术类别中，发明专利授权量排在首位的是华南理工大学，共有468件，占广州该类别总量的比重超过一成，达10.24%。紧随其后的是广东工业大学，共有442件，占比也接近一成。中山大学、广东电网有限责任公司和南方电网科学研究院有限责任公司也进入前5行列。测量或测试（G01）技术类别发明专利授权量前5位的机构和计算、推算或计数（G06）技术类别一致，其中，广东工业大学和华南理工大学发明专利授权量较为相当，分别有145件、138件，占广州该类别总量的比重均超过6%。电通信技术（H04）技术类别中，京信网络系统股份有限公司发明专利授权量居首位，共有183件，占广州该类别总量的比重在6%以上，排在前5位的机构还有广东工业大学、中山大学、华南理工大学和广州市百果园信息技术有限公司。综上所述，华南理工大学和广东工业大学是广州计算、测量领域的重点机构，京信网络系统股份有限公司是广州电通信领域最主要的技术主体。

（5）占领大湾区化妆品和微生物相关领域前5名，化妆品企业和华南农业大学等机构表现出色。

从广州的优势领域来看，化妆品或类似的梳妆用配制品（A61K8）组别中，大湾区发明专利授权量排在前5的机构均来自广州，依次是广州市科能化妆品科研有限公司（42件）、广东丸美生物技术股份有限公司（31件）、广州环亚化妆品科技股份有限公司（30件）、广州艾蓓生物科技有限公司（24件）和广东芭薇生物科技股份有限公司（14件）。微生物相关（C12N1）组别中，进入大湾区发明专利授权量前5位的机构依然来自广州，依次是华南农业大学（54件）、广东省科学院微生物研究所（48件）、华南理工大学（28件）、暨南大学（16件）和慕恩（广州）生物科技有限公司（9件）。其中，华南农业大学和广东省科学院微生物研究所在大湾区的占比均超过一成，分别为13.57%和12.06%。总体来看，大湾区化妆品和微生物相关领域的领先机构均来自广州，化妆品企业和华南农业大学等机构表现出色。

3. 独角兽企业数和总估值均呈快速增长态势

截至2021年底，广州独角兽企业共19家，企业总估值达到427.4亿美元（见图16）。从发展历程来看，2016~2017年，广州的独角兽企业从2家增加到3家；2018年的独角兽企业数相比2017年出现了较大的突破，从3家增加到6家，实现了翻倍增长；2019年持续增长，再增5家独角兽企业，达到11家；2021年较2020年增加7家，达到19家。从估值看，则从2016年的20.6亿美元快速增长到2022年的427.4亿美元。可见，2016~2021年，广州独角兽企业数和总估值都呈快速增长的态势，未来有较大的发展潜力。

（1）独角兽企业聚焦汽车以及新一代信息技术等战略性新兴产业。

根据长城战略咨询公司的分类，截至2021年底，广州独角兽企业共分布于15个行业领域，分布范围较广；但综合来看，这些独角兽企业集中分布于汽车以及新一代信息技术等战略性新兴产业。从发展历程来看，2016

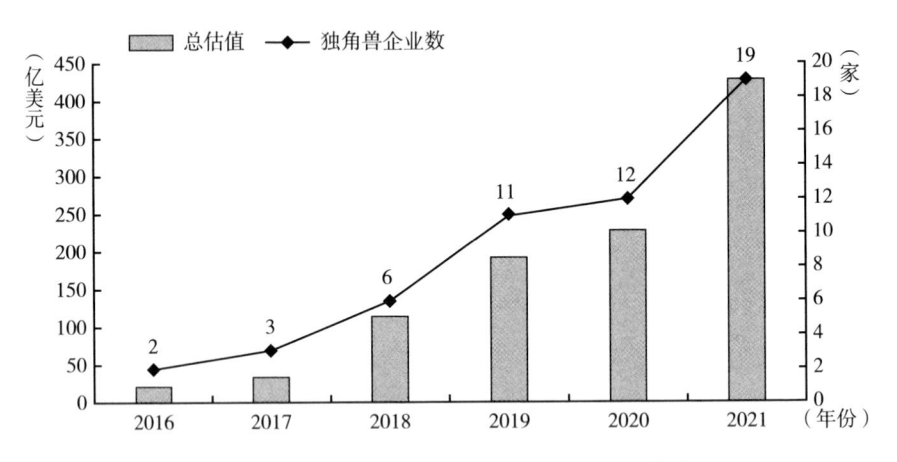

图 16　2016~2021 年广州独角兽企业数及总估值

资料来源：长城战略咨询公司。

年广州独角兽企业仅分布于大健康和旅游两个领域，随着独角兽企业数的增加，其涉及的行业领域越来越多。2017 年新增了新能源汽车领域，2018 年大健康领域向医疗健康领域转型，得到快速发展的电子商务和人工智能领域的企业跻身独角兽行列。2019 年，独角兽企业分布行业新增产业互联网、旅游科技、汽车服务、新零售、智能网联五大领域，其中新零售领域的企业发展迅猛，占比达 24.88%。2020 年，新增旅游体育和新能源与智能汽车领域，同时无人机、物联网平台、云服务等领域的独角兽企业崭露头角。2021 年自动驾驶与智能网联领域进入发展快车道。可见，随着时间和独角兽企业数的增长，所涉及的行业领域越来越广，不同行业领域的独角兽企业争相发展，增长态势明显。

从行业领域总估值来看，2016~2020 年总估值较高的有新能源汽车（新能源与智能汽车）、人工智能、新零售、汽车服务以及电子商务等行业领域。其中，2018 年和 2020 年新能源汽车（新能源与智能汽车）行业领域总估值均排名第 1，分别占当年广州独角兽企业总估值的 33.16% 和 27.53%。其次是人工智能领域，2018~2020 年，分别占当年企业总估值的 30.15%、22.81% 和 19.23%。2021 年，自动驾驶与智能网联快速发展，企业总估值快速增长至129亿美元，占2021年企业总估值的30.18%，呈现了巨大的行业发展风口。总体来看，广州独角兽企业集中分布于汽车以及新一代信息技术等战略性新兴产业，具有一定的集聚度。

（2）新晋独角兽企业增长态势稳定，具有一定的成长周期。

2016~2021年，广州一共出现新晋独角兽企业22家，增长态势稳定（见图17）。其中，2016年和2017年的数量相对较少，分别为2家和1家；2019年和2020年新晋独角兽企业数分别为4家和5家；2021年新晋独角兽企业7家。从新晋独角兽企业成长周期的动态变化来看，它们的平均成长周期在3~5.3年，最短的是360健康和小鹏汇天，在创立企业1年后便晋升为独角兽企业；最长的则是慧智微，在创立企业10年后才跻身独角兽企业行列。可见，企业在创立后须经过一定时间的积累和发展才能成为独角兽企业，具有一定的成长周期。

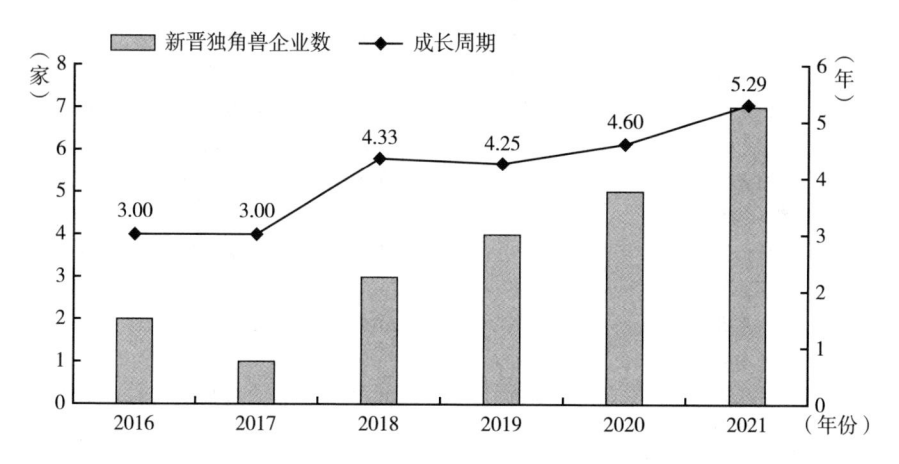

图17 2016~2021年广州新晋独角兽企业数及成长周期

资料来源：长城战略咨询公司。

4. 纳斯达克上市企业主要集中在信息技术和金融服务业

截至2022年底，广州有6家纳斯达克上市企业，占大湾区①的比重为

---

① 未统计澳门数据。

20%。广州最早登陆纳斯达克的企业是2007年上市的泛华金融控股,2018年,云米科技、欢聚时代2家信息技术类企业上市,2019年普益财富上市,2020年荔枝和燃石医学上市。而从行业类别来看,信息技术类企业有3家,金融服务类企业有2家,还有1家是生物医药类企业(见表5)。具体来看,泛华金融控股是中国房抵贷服务商海外上市的第一家企业,已发展成为国内知名的综合性第三方金融服务集团公司。欢聚时代以人工智能技术为核心,聚焦社交媒体领域推出了多款社交娱乐产品,产品覆盖全球150多个国家和地区。燃石医学专注于开发创新可靠、具有临床价值的癌症伴随诊断与早检产品,研发了中国首个获批上市的肿瘤NGS检测试剂盒,推动了肿瘤精准医疗领域的发展。

表5 截至2022年底大湾区纳斯达克上市企业情况

序号	企业名称	成立年份	上市年份	所属类别	所在城市
1	迅雷	2003	2014	信息技术	深圳
2	华视传媒	2005	2007	信息技术	深圳
3	联代科技	2008	2021	信息技术	深圳
4	极光大数据	2011	2018	信息技术	深圳
5	上为集团	—	2010	信息技术	深圳
6	物农网	2015	2020	农业消费	深圳
7	房多多	2011	2019	房地产	深圳
8	乐信集团	2013	2017	金融服务	深圳
9	慧择保险	2006	2020	金融服务	深圳
10	华富教育	2016	2019	文化教育	深圳
11	旭明光电	2009	2010	能源	深圳
12	天华阳光	2018	2013	能源	深圳
13	医美国际	1997	2019	生物医药	深圳
14	云米科技	2014	2018	信息技术	广州
15	欢聚时代	2005	2018	信息技术	广州
16	荔枝	2010	2020	信息技术	广州
17	燃石医学	2014	2020	生物医药	广州
18	普益财富	2010	2019	金融服务	广州
19	泛华金融控股	1998	2007	金融服务	广州
20	中国天然资源	1986	1995	能源	香港
21	富途证券	2012	2019	金融服务	香港
22	智富融资	2016	2022	金融服务	香港

续表

序号	企业名称	成立年份	上市年份	所属类别	所在城市
23	Diginex	2018	2020	信息技术	香港
24	恒星科技	1980	1989	信息技术	香港
25	淘屏	2004	2016	信息技术	香港
26	爱点击	2010	2017	信息技术	香港
27	骏维控股	1990	1996	材料	香港
28	龙运国际	2014	2017	航空货运	香港
29	宏桥高科	1997	2019	航空货运	珠海
30	诺华家具	1991	2014	家具消费	东莞

资料来源：笔者在新浪财经官方网站检索"在纳斯达克上市的中概股"并整理而得，本表未包含澳门的数据。

（三）科技辐射增长强劲，居大湾区"火车头"地位

2016~2021年大湾区十大城市科技辐射分指数如图18所示，总体来看，广州发展势头良好，对其他城市的领先优势还有进一步扩大的趋势。2021年，广州科技辐射分指数为0.301，约占大湾区十大城市的48.33%，处于核心地位。进一步来看，SCI论文合作数[①]、发明专利合作申请量[②]、发明专利许可数均位列大湾区第1，发明专利转让数略低于深圳，位列第2。可见，在大湾区内，广州科技辐射功能十分强劲，带领着大湾区国际科技创新中心和国家综合性科学中心建设。

1. SCI论文合作数快速增长，占大湾区近五成

2016~2022年，广州SCI论文合作数年均增长21.69%，总体呈现快速增长态势（见图19）。具体来看，2017年突破2000篇，2019年突破3000篇，2020年突破4000篇，2021年突破5000篇，2022年增速有所放缓，达

[①] 本研究中某个城市的SCI论文合作数指的是以该城市为第一作者与大湾区其他城市合作发表的SCI论文数，数据由笔者在Science Citation Index Expanded 数据库中检索并整理而得。检索时间：2023年2月。

[②] 本研究中某个城市的发明专利合作申请量指的是以该城市为第一申请人与大湾区其他城市合作申请的专利数量，数据由笔者在ISPatent专利数据库中检索并整理而得。检索时间：2023年2月。

广州蓝皮书·创新型城市

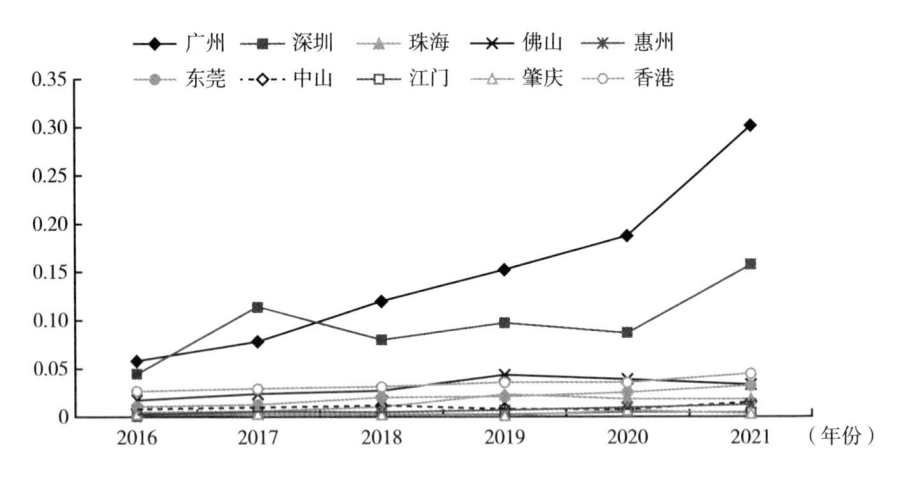

图18　2016~2021年大湾区十大城市科技辐射分指数

资料来源：笔者在 Science Citation Index Expanded 数据库中检索并整理绘制而得。

到5580篇。2016~2022年，广州SCI论文合作数为25012篇，高于深圳（11187篇）、香港（10838篇），居于大湾区城市之首，且各年份广州均领先于其他城市。2016~2022年各年份广州SCI论文合作数占大湾区SCI论文合作数的比重基本在44.18%~47.78%小幅波动。总体而言，广州居大湾区SCI论文合作的核心地位，对其他城市发挥了较强的辐射与带动作用。

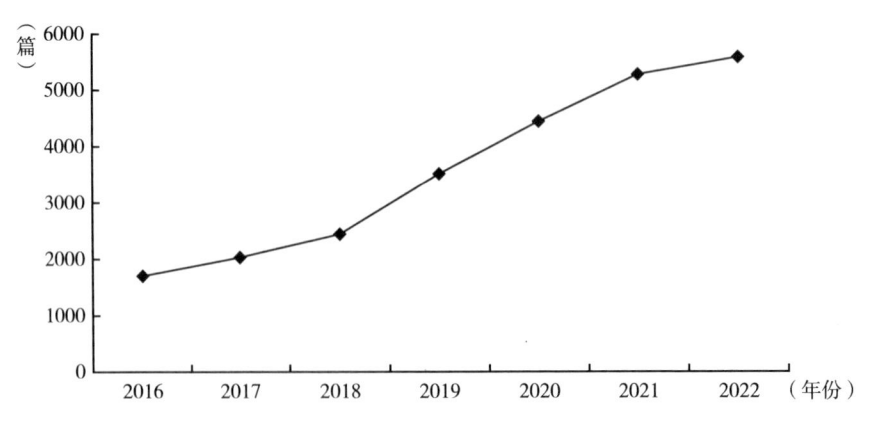

图19　2016~2022年广州与大湾区其他城市的SCI论文合作数

资料来源：笔者在 Science Citation Index Expanded 数据库中检索并整理绘制而得。

(1) 中山大学和华南理工大学是领先的合作机构。

2022年广州SCI论文合作的第一作者主要是广州的各大高校。具体来看，中山大学以第一作者与大湾区内其他城市合作论文890篇，占广州SCI论文合作数的15.95%，位列第1；华南理工大学合作793篇，占比为14.21%；广东工业大学、暨南大学与华南师范大学合作论文数分别达到448篇、300篇、242篇，占比分别为8.03%、5.38%、4.34%（见表6）。值得一提的是，广州的医院也展现出较强的科研实力，南方医科大学南方医院、中山大学肿瘤防治中心均进入前10。总体来看，以中山大学为首的高校及科研机构是广州基础研究合作的重要机构。

表6 2022年广州SCI论文合作数排名前10的机构

单位：篇，%

核心机构	合作数量	占比
中山大学	890	15.95
华南理工大学	793	14.21
广东工业大学	448	8.03
暨南大学	300	5.38
华南师范大学	242	4.34
华南农业大学	210	3.76
广州大学	186	3.33
南方医科大学南方医院	185	3.32
中山大学肿瘤防治中心	145	2.60
南方医科大学	140	2.51

资料来源：笔者在Science Citation Index Expanded数据库中检索并整理而得。

(2) 材料交叉科学及环境科学是合作热点。

2022年广州SCI论文合作的前10领域中，材料交叉科学、环境科学分别达579篇、382篇，占广州SCI论文合作数的比重分别为10.38%、6.85%，是广州和大湾区其他城市合作的热点领域。电子电气工程、肿瘤学、交叉化学与应用化学领域的合作数量占比均超过5%（见表7）。

2022年，广州在材料交叉科学领域的SCI论文合作机构主要有华南理工大学、广东工业大学与中山大学，论文合作量分别为173篇、100篇、99篇，占广州该领域论文合作量的比重分别为29.88%、17.27%和17.10%，占比合计达64.25%。环境科学领域SCI论文合作的主要机构是中山大学，论文合作量为92篇，占广州该领域论文合作量的24.08%。总体来看，华南理工大学与中山大学是广州和大湾区其他城市在热点领域合作的引领者。

表7 2022年广州与大湾区其他城市SCI论文合作主要领域

单位：篇，%

领域	总计	占比
材料交叉科学	579	10.38
环境科学	382	6.85
电子电气工程	368	6.59
肿瘤学	316	5.66
交叉化学	305	5.47
应用化学	285	5.11
纳米科技	268	4.80
应用物理学	262	4.70
药理学与药剂学	240	4.30
生物化学与分子生物学	234	4.19

资料来源：笔者在Science Citation Index Expanded数据库中检索并整理绘制而得。

（3）深圳和香港是广州的主要合作城市。

2022年，广州以第一作者与深圳的SCI论文合作总量达到2122篇，占比达38.03%，位列第1；与香港合作1129篇，占比为20.23%，处于第2；与珠海、佛山、东莞分别合作854篇、736篇、469篇，占比在8.41%~15.30%。进一步来看，与深圳的SCI论文合作主要集中在材料交叉科学、交叉化学、肿瘤学及电子电气工程领域，与香港则主要在材料交叉科学、环境科学、电子电气工程领域开展合作（见图20）。

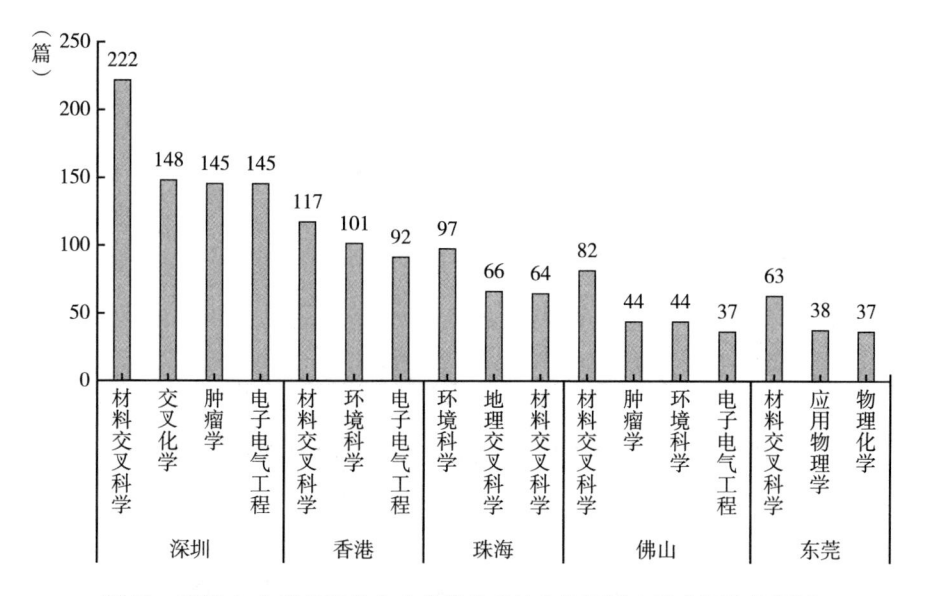

图 20　2022 年广州 SCI 论文合作数前 5 的大湾区城市及主要合作领域

资料来源：笔者在 Science Citation Index Expanded 数据库中检索并整理绘制而得。

2. 专利合作迅速增长，近四年占大湾区五成

2016~2022 年，广州发明专利合作申请量呈现迅速增长态势，年均增长 40.70%。具体来看，2016 年为 325 件，2018 年突破 1000 件，2021 年突破 2000 件，在 2022 年达到 2521 件（见图 21）。2016~2022 年广州发明专利合作申请总量为 9995 件，高于深圳（4412 件）、佛山（1790 件），居于大湾区城市之首，且自 2018 年后一直领先于其他城市。2022 年广州发明专利合作申请量占大湾区发明专利合作申请量的比重为 53.50%，比 2016 年提升 27.69 个百分点。总体来看，以广州为核心的大湾区专利合作呈现快速增长的良好势头，表明广州领先优势不断扩大，占据大湾区专利合作的半壁江山，已经成为大湾区技术合作的核心与枢纽。

（1）"广东电网有限责任公司"+"各地供电局"是主要的合作模式。2022 年，广州发明专利合作的第一申请人主要是广东电网有限责任公司，其发明专利合作申请量为 1465 件，占广州的 58.11%，位列第 1；华南理工大学发明专利合作申请量为 233 件，占比为 9.24%，位列第 2。进

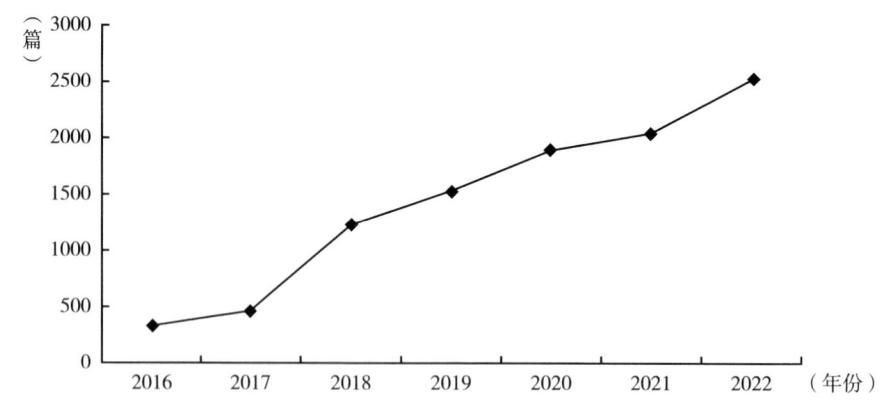

图 21　2016~2022 年广州与大湾区其他城市的发明专利合作申请量

资料来源：笔者在 ISPatent 专利数据库中检索并整理而得。

一步来看，广东电网有限责任公司与东莞供电局合作了 413 件发明专利，占广东电网有限责任公司发明专利合作申请量的 28.19%，位列第 1；与惠州供电局、佛山供电局分别合作发明专利 347 件、334 件，占比分别为 23.69%、22.80%；与中山供电局、珠海供电局分别合作 153 件、127 件，占比分别为 10.44%、8.67%（见表 8）。总体来看，广东电网有限责任公司是广州专利合作的关键性枢纽，通过辐射各地供电局，形成了"枢纽+网络"的合作格局。

表 8　2022 年与广东电网有限责任公司合作申请的发明专利数量排名前 5 的机构

单位：件，%

其他城市机构	数量	占比
广东电网有限责任公司东莞供电局	413	28.19
广东电网有限责任公司惠州供电局	347	23.69
广东电网有限责任公司佛山供电局	334	22.80
广东电网有限责任公司中山供电局	153	10.44
广东电网有限责任公司珠海供电局	127	8.67

资料来源：笔者在 ISPatent 专利数据库中检索并整理而得。

（2）计算、测量、发电是合作热点领域。

2022年广州与大湾区其他城市发明专利合作的主要领域如表9所示，计算、推算或计数（G06），测量或测试（G01），发电、变电或配电（H02），基本电气元件（H01）四大领域的发明专利合作申请量分别为546件、401件、370件、153件，所占比重分别为21.66%、15.91%、14.68%、6.07%，合计占58.31%，合作领域比较集中。计算、推算或计数（G06），测量或测试（G01），发电、变电或配电（H02）领域的合作申请量均在400件左右，占比均超过10%，表明广州在这三大领域具有较强的技术带动能力。

表9　2022年广州与大湾区其他城市发明专利合作的主要领域

单位：件，%

领域	数量	占比
计算、推算或计数（G06）	546	21.66
测量或测试（G01）	401	15.91
发电、变电或配电（H02）	370	14.68
基本电气元件（H01）	153	6.07

资料来源：笔者在ISPatent专利数据库中检索并整理而得。

（3）东莞、佛山是主要合作城市。

2022年，广州作为第一申请人与佛山合作申请的发明专利数量达到591件，占广州发明专利合作申请量的23.44%，位列第1；与东莞的发明专利合作申请量为493件，占比为19.56%，位列第2；与惠州、珠海、深圳、中山分别合作362件、337件、296件、254件，占比分别为14.36%、13.37%、11.74%、10.08%。进一步从领域来看，与东莞、佛山、惠州、珠海、深圳的发明专利合作集中在计算、推算或计数（G06），发电、变电或配电（H02），测量或测试（G01）领域（见图22）。

3. 发明专利转让数常年位居大湾区第2，近两年占大湾区近三成

广州发明专利转让数指的是广州作为专利的转让方，将其发明专利的所

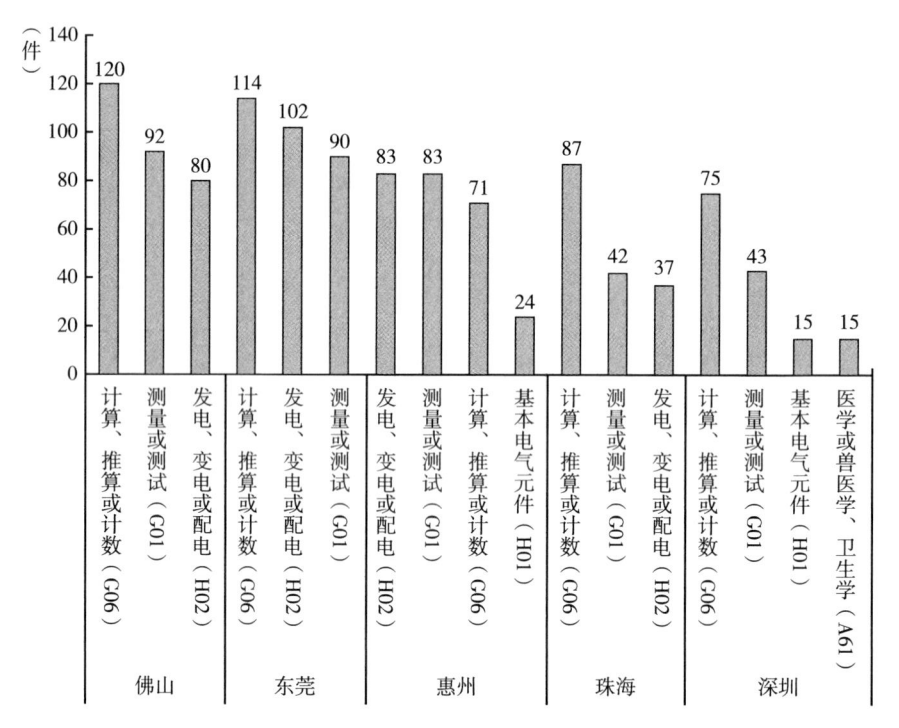

图 22　2022 年与广州合作申请发明专利数量前 5 的大湾区城市及主要合作领域

资料来源：笔者在 ISPatent 专利数据库中检索并整理而得。

有权或持有权转让给大湾区其他城市的专利数量。该指标说明广州向大湾区其他城市输出技术的数量和质量，反映了广州作为技术源头的辐射能力。2016~2022 年广州转让给大湾区其他城市的发明专利数呈现波动增长态势，年均增长 24.27%。2019 年突破 500 件，2021 年迅速增长，达 986 件，2022 年相对平稳，为 987 件（见图 23）。2016~2022 年，广州共向大湾区其他城市转让发明专利 4038 件，低于深圳（7254 件）。从占大湾区发明专利转让总数①的比重来看，2022 年广州占 29.03%，比 2016 年提升 7.61 个百分点。

（1）华南理工大学、广东工业大学等高校为主要的专利供给方。

2022 年，广州专利转让方主要是华南理工大学与广东工业大学，华南

---

① 大湾区发明专利转让总数指大湾区各城市转让给大湾区其他城市的发明专利数量之和。

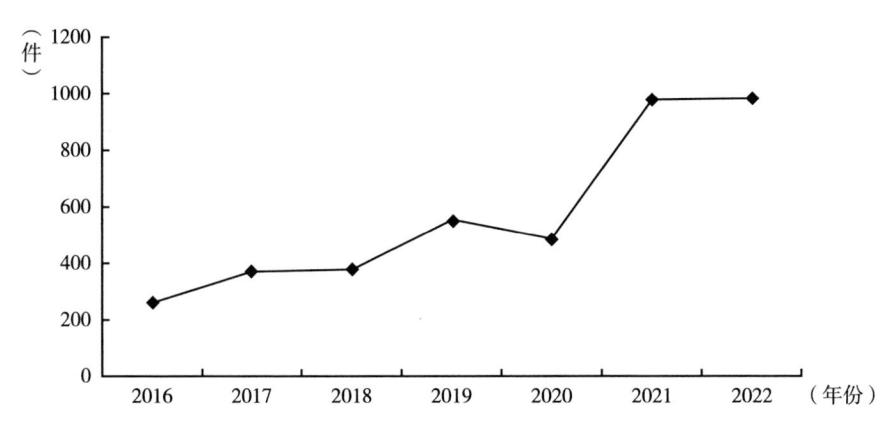

图 23　2016~2022 年广州转让给大湾区其他城市的发明专利数量

资料来源：笔者在 ISPatent 专利数据库中检索并整理而得。

理工大学向大湾区内其他城市共转让 85 件发明专利（见表 10），占广州发明专利转让总数的 8.61%，位列第 1；广东工业大学向大湾区内其他城市共转让 68 件发明专利，占比为 6.89%，位列第 2；华南农业大学、中山大学、暨南大学分别向大湾区内其他城市转让发明专利 26 件、18 件、16 件。总体来看，华南理工大学等高校是广州技术转让的主要供给机构。

表 10　2022 年广州发明专利转让数排名前 5 的机构

单位：件，%

转让方	数量	占比
华南理工大学	85	8.61
广东工业大学	68	6.89
华南农业大学	26	2.63
中山大学	18	1.82
暨南大学	16	1.62

资料来源：笔者在 ISPatent 专利数据库中检索并整理而得。

（2）医学卫生、电气等是主要转让领域。

广州 2022 年发明专利转让主要集中于医学或兽医学、卫生学（A61）及基本电气元件（H01）领域，分别为 64 件、55 件，占比均超过 5%，分别达6.48%、5.57%。测量、测试（G01），机床、其他类目中不包括的金属加工（B23），计算、推算或计数（G06）三大领域占比分别为4.76%、4.56%、4.05%。九大领域共向大湾区其他城市转让385件，占广州发明专利转让总数的39.01%，整体上比较分散（见表11）。

表11 2022年广州转让给大湾区其他城市发明专利的主要领域

单位：件，%

领域	数量	占比
医学或兽医学、卫生学(A61)	64	6.48
基本电气元件(H01)	55	5.57
测量、测试(G01)	47	4.76
机床、其他类目中不包括的金属加工(B23)	45	4.56
计算、推算或计数(G06)	40	4.05
生物化学；啤酒；烈性酒；果汁酒；醋；微生物学；酶学；突变或遗传工程(C12)	38	3.85
输送；包装；贮存；搬运薄的或细丝状材料(B65)	34	3.44
电通信技术(H04)	32	3.24
发电、变电或配电(H02)	30	3.04

资料来源：笔者在ISPatent专利数据库中检索并整理而得。

（3）佛山与深圳是主要受让城市。

进一步从城市结构来看，2022年广州对佛山、深圳的发明专利转让数分别达325件、317件，分别占32.93%、32.12%；东莞仅次于深圳和佛山，占比为11.35%；对珠海、肇庆、中山、江门与惠州转让较少，对香港、澳门没有进行发明专利转让。深圳、佛山、东莞是主要受让方，但广州对这三个城市转让的发明专利所属领域并不相同。具体来看，深圳、佛山主要是医学或兽医学、卫生学（A61），基本电气元件（H01），计算、推算或计数（G06），测量或测试（G01）领域（见图24）。

4.2021年发明专利许可数大幅增长，2016年以来占大湾区近四成

2016年以来，广州对大湾区其他城市的发明专利许可数呈现波动上升

充分发挥广州核心引擎作用　全面提升区域科技创新中心功能

```
件数(件)
佛山：基本电气元件（H01）25；医学或兽医学、卫生学（A61）21；测量或测试（G01）19
深圳：医学或兽医学、卫生学（A61）33；计算、推算或计数（G06）26；测量或测试（G01）19
东莞：印刷；排版机；打字机；模印机（B41）10；基本上无切削的金属机械加工；金属冲压（B21）7；基本电气元件（H01）7
```

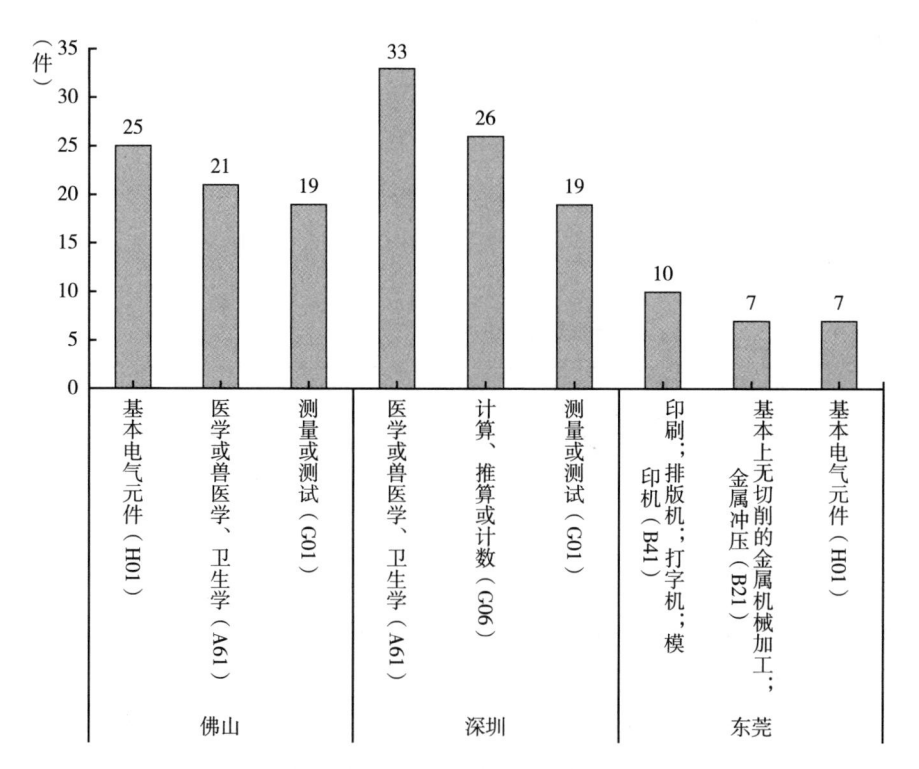

图24　2022年接受广州发明专利转让数前3的大湾区城市及主要领域

资料来源：笔者在ISPatent专利数据库中检索并整理而得。

态势，尤其是2021年大幅增长，首次突破70件，达到71件；2022年达到90件，占大湾区的36.44%（见图25）。从许可总数来看，2016~2022年，广州许可给大湾区其他城市的发明专利数量占大湾区的比重达到38.52%。可见，广州通过专利许可带动了大湾区的技术扩散，极大地发挥了广州作为大湾区科技创新中心的辐射作用。

（1）广州大学是最主要许可机构，深圳企业是其主要被许可方。

2022年，从广州的发明专利许可机构来看，广州大学许可给大湾区其他城市52件发明专利，占广州许可给大湾区其他城市发明专利总数的57.78%，位列第1；华南理工大学许可16件发明专利，占比为17.78%，位列第2。进一步来看，广州大学的许可机构中，深圳的企业是最主要的被许可方，深圳

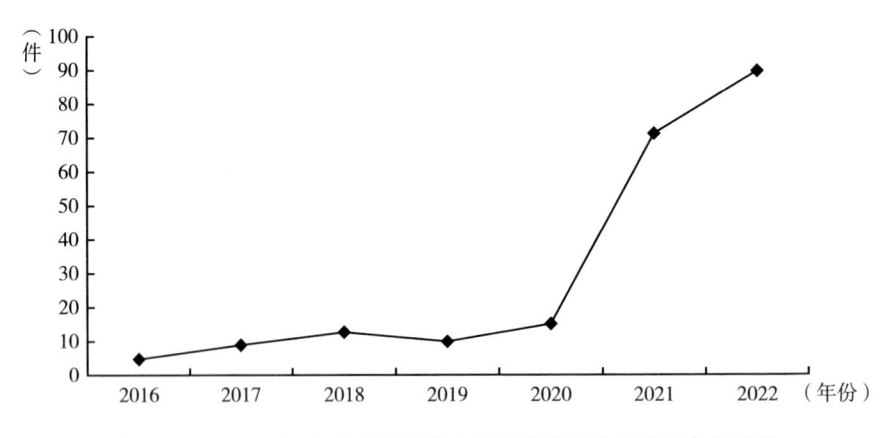

图 25　2016~2022 年广州许可给大湾区其他城市的发明专利数量

资料来源：笔者在 ISPatent 专利数据库中检索并整理而得。

市钛铼技术有限公司、广东长誉智能科技有限公司与深圳市云控自动化科技有限公司被许可 6 件发明专利，占广州大学发明专利许可数的 11.54%。

（2）深圳是最主要的被许可城市。

从广州的发明专利许可城市来看，2022 年，广州共向深圳许可发明专利 52 件，占广州许可给大湾区其他城市发明专利总数的 57.78%；向佛山许可发明专利 35 件，占比为 38.89%；向肇庆、东莞分别许可发明专利 10 件、8 件，占比分别为 11.11%、8.89%。

三　广州作为区域科技创新中心面临的主要压力

（一）基础研究发展速度有所减缓，领先优势有所削弱

从反映基础研究能力的 SCI 论文来看，2016~2022 年，广州发表的 SCI 论文数量增速趋缓。与此同时，SCI 论文数占大湾区各城市发表 SCI 论文总数的比重从 2016 年的 52.02% 下降至 2022 年的 48.19%，减少了 3.83 个百分点，呈现逐年递减态势（见图 26）。横向比较来看，大湾区各城市中，深圳虽然在 2016~2020 年均落后于广州和香港，但其与香港

的差距不断缩小,并于2021年反超香港,2022年则进一步领先于香港。与此同时,深圳和广州之间的差距也在不断缩小,2016年,广州发表的SCI论文数为20999篇,深圳为6663篇,深圳仅约为广州的1/3,而2022年,深圳发表的SCI论文数为30942篇,已占到广州的六成以上(见图27)。2016~2022年深圳SCI论文数年均增长29.17%,超过广州13.35个百分点,珠海和佛山SCI论文数年均增速分别达47.86%、38.68%,分别超过广州32.04个百分点、22.86个百分点。2022年,惠州和肇庆SCI论文数分别同比增长35.37%、29.86%,分别超过广州32.44个百分点、26.93个百分点,增长态势也十分可观。从SCI论文数的变化来看,广州的发展速度有所减缓,大湾区内其他城市尤其是深圳强劲的发展势头给广州带来不小的压力。

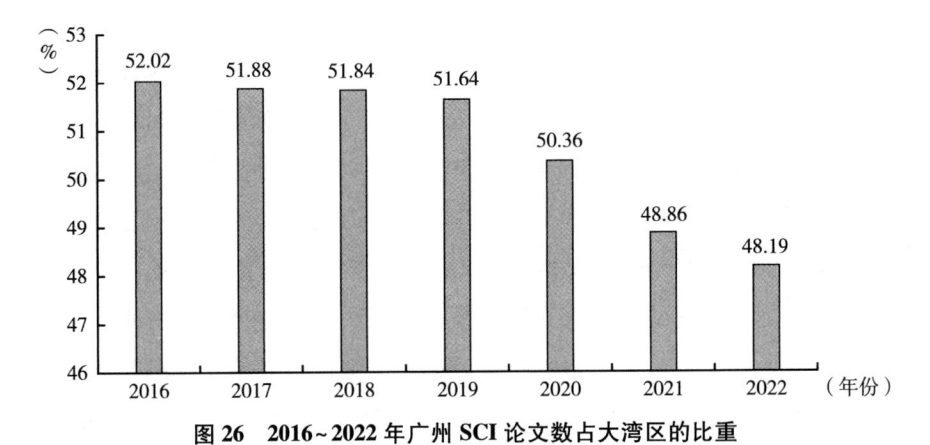

图26 2016~2022年广州SCI论文数占大湾区的比重

资料来源:笔者在Science Citation Index Expanded数据库中检索并绘制而得。

(二)产业链创新仍有较大提升空间,关键核心技术"卡脖子"问题仍然存在

"产业第一、制造业立市"是推动广州高质量发展的重大战略。广州产业基础扎实、门类齐全,在汽车、软件与信息服务业等链主型、枢纽型、具有终端产品型行业拥有较为完整的产业链,具有良好的产业集群式发展基

图 27　2016~2022 年大湾区各城市 SCI 论文数

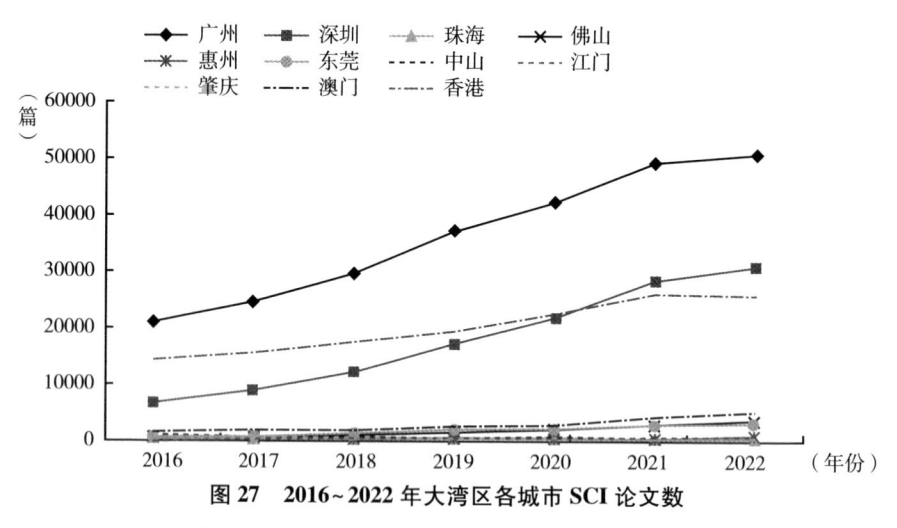

资料来源：笔者在 Science Citation Index Expanded 数据库中检索并绘制而得。

础。但根据"广州高新技术企业创新问卷调查（2023）"①，被调查的1056家样本企业中，接近八成的企业认为广州产业链创新存在问题。其中，30.87%的企业认为"链主"企业未与中小企业开展融通创新、技术创新合作；30.49%的企业认为缺乏具有生态主导力的产业链"链主"企业；28.31%的企业认为产业链行业联盟和协会不够完善，各类产业活动缺乏。此外，还有两成左右的企业认为质量检测、现代物流等公共服务平台不多、不强，服务不够完善，无法为产业创新发展提供强有力的支撑。与此同时，广州产业领域关键核心技术"受制于人"的现象未能得到根本性消除，在新材料、高端半导体芯片、高端装备制造、基本元器件、高端工业软件等关键核心技术上的"卡脖子"问题仍然存在。

---

① 《广州创新型城市发展报告》课题组于2023年1月开展了广州高新技术企业创新问卷调查，问卷由广州11个区的科技主管部门协助发放，包含了企业基本情况、创新现状、存在问题及影响因素、发展展望及政策需求四个部分的内容。此次问卷调查样本是注册地址为广州的企业，共回收有效问卷1056份。其中，高新技术企业的占比接近98%，八成以上为民营企业，九成以上为中小微企业，覆盖了电子信息、新材料、先进制造与自动化、生物与新医药、高技术服务等领域。白云区、增城区、黄埔区、从化区的样本企业占比均超过10%，天河区、番禺区、花都区的样本企业占比均超过5%。本研究中的企业问卷调查结果仅代表1056家样本企业的情况。

（三）企业研发投入主体地位不明显，技术创新和辐射带动能力有待提升

2016～2021年，广州R&D人员全时当量占大湾区十大城市的比重从2016年的21.40%下降至2021年的17.44%，年均增长速度（6.69%）低于大湾区十大城市平均增速4.46个百分点。与此同时，广州与深圳的差距进一步扩大，东莞与广州的差距则不断缩小。可以看到，近年来，广州R&D人员全时当量的发展速度尚未达到大湾区十大城市平均水平，面临着"前有深圳，后有东莞"的局面。究其根本原因，主要是企业尤其是大企业的研发投入主体地位不明显。具体来看，2020年，广州的企业R&D活动人员数量不足深圳的四成，企业R&D活动人员数量占R&D活动人员总量的比重为63.50%，比大湾区九大城市的平均水平低25.11个百分点。进一步从规模以上工业企业来看，广州规模以上工业企业R&D活动人员数量分别为深圳、东莞的30.51%、77.56%。规模以上工业企业R&D活动人员数量占R&D活动人员总量的比重仅为44.02%，比大湾区九大城市的平均水平低33.45个百分点（见表12）。而从企业的技术创新和辐射带动能力来看，

表12　2020年大湾区九大城市的企业R&D活动人员数量对比

单位：人，%

城　市	R&D活动人员数量	企业R&D活动人员数量	企业占比	规模以上工业企业R&D活动人员数量	规模以上工业企业占比
广　州	239333	151969	63.50	105364	44.02
深　圳	428515	409614	95.59	345344	80.59
珠　海	41870	38243	91.34	34522	82.45
佛　山	107715	103022	95.64	98761	91.69
惠　州	60581	58166	96.01	57344	94.66
东　莞	142158	137984	97.06	135841	95.56
中　山	34519	33056	95.76	32129	93.08
江　门	39301	37663	95.83	37269	94.83
肇　庆	12069	10404	86.20	10340	85.67

资料来源：《广东统计年鉴2022》。

2022年，广州进入大湾区发明专利授权量前10行列的机构均为高校，没有企业（见表13）。广州在专利合作、转让和许可方面表现突出的大多也是华南理工大学、中山大学、广东工业大学等高校，仅有广东电网有限责任公司和南方电网科学研究院有限责任公司在发电、变电或配电及测量，电通信技术等领域表现出较强的辐射带动能力。综合来看，广州企业研发投入的主体地位不明显，技术创新和辐射带动能力相对偏弱，在培育引领型企业上还有进一步提升的空间。

表13 2022年大湾区发明专利授权量前10的机构

单位：件

排名	第一申请机构	所在城市	专利数量
1	华为技术有限公司	深圳	11206
2	腾讯科技（深圳）有限公司	深圳	6667
3	oppo广东移动通信有限公司	东莞	5038
4	维沃移动通信有限公司	东莞	2835
5	珠海格力电器股份有限公司	珠海	2614
6	中兴通讯股份有限公司	深圳	2497
7	华南理工大学	广州	2403
8	广东工业大学	广州	1606
9	比亚迪股份有限公司	深圳	1386
10	中山大学	广州	1344

资料来源：笔者在incoPat专利数据库中检索并整理而得。

（四）广州与其他城市的合作仍有较大潜力，有待进一步强化

近年来，随着《粤港澳大湾区发展规划纲要》的出台，广州与大湾区其他城市的合作取得了实质性成效。但根据"广州高新技术企业创新问卷调查（2023）"，被调查的广州企业中，仅有36.74%的样本企业与大湾区其他城市的机构开展了技术合作。具体来看，分别有26.14%、13.92%和8.52%的企业与大湾区其他城市的企业、高校和科研机构开展了技术合作。从广州与大湾区重点城市的合作来看，与深圳的合作中，两地尚未建立完善

的合作机制，缺乏共同、有效的创新管理体系，导致双方在跨域科技创新合作中无法充分发挥各自优势；同时，两地产学研市场信息不对称，创新合作科研服务网络资源不足，广深创新圈产学研深度融合有待加强。与佛山的合作中，两地在创新资源共享、产学研深度合作、关键技术联合攻关、科技成果转化生态系统共建、新型科技金融服务体系构建等方面仍有较大的合作空间，广佛科技合作专区、广佛科技创新产业示范区等探索科技创新合作和战略性新兴产业集聚式发展的区域有待进一步落地。与香港的合作中，香港青年来穗创新创业环境仍需不断优化，规则对接机制仍需不断完善，广州与香港在科技创新领域的合作空间有待进一步拓展。

四　广州提升区域科技创新中心功能的主要对策

从面临的压力来看，首先，近年来，广州基础研究发展速度有所减缓，领先优势有所削弱，要不断夯实"领头羊"地位，增强基础研究优势。其次，广州产业链创新仍有较大提升空间，关键核心技术"卡脖子"问题仍然存在，要大力推动关键核心技术攻关，加强未来产业布局。再次，广州企业研发投入的主体地位不明显，技术创新和辐射带动能力有待提升，要着力集聚培育潜力企业，提升企业技术创新能力。最后，虽然广州的科技辐射功能在大湾区内具备较强优势，但其与大湾区其他城市之间仍有较大的合作空间和潜力，应加强多点带动，持续深化与大湾区其他城市之间的合作。

（一）夯实"领头羊"地位，增强基础研究优势

1. 充分发挥"领头羊"作用，探索发起"大湾区国际大科学计划"

习近平总书记在2023年中共中央政治局第三次集体学习时强调，加强基础研究是实现高水平科技自立自强的迫切要求。广州不仅基础研究能力居大湾区城市首位，在大湾区基础研究合作中也处于核心地位，是当之无愧的"领头羊"。在建设大湾区国际科技创新中心背景下，广州更要扮演好"领头羊"的角色，进一步强化科技教育文化中心功能，发挥中山大学、华南

理工大学等高水平研究型大学的主力军作用，加强学科交叉融合和跨学科研究，推动基础学科高质量发展。广州应以重大研究平台开放共享为切入点，以学科建设、学术交流为桥梁，主导构建大湾区基础研究合作网络，加强与香港在材料科学、环境科学、应用物理学等学科领域的交流合作，深化与深圳在肿瘤学、材料科学、生物化学和分子生物学及应用物理学等基础学科领域的协同创新。要做大做强大湾区科学论坛，提升国际影响力和品牌效应，以此凝聚科学家共识，使之成为推进大湾区和全球基础研究合作的重要载体。与此同时，广州可探索联合深圳、香港、澳门及其他城市，聚焦国家战略和大湾区社会经济发展需求，围绕生命科学、材料科学、环境科学、海洋科技等领域，逐步培育具有发起潜力的大科学计划，并在合适的时机共同发起面向全球的"大湾区国际大科学计划"，集聚全球知名科学家和团队资源，联动规划实施一批前瞻性、战略性重大基础研究项目。

2. 提升生命科学、海洋科技和量子科技的战略地位，组织开展体系化基础研究

从世界科技前沿来看，生命科学是研究生命活动的本质、现象、特征和发生发展规律，以及各个生物之间、生物和环境之间相互关系的科学，事关人类的健康和发展；海洋科技是研究海洋自然现象、性质及其变化规律，以及与开发利用海洋的科技体系，是推动新时代海洋经济高质量发展的重要引擎；量子科技是基于微观量子物理特性发展而来的前沿技术领域，是对传统技术体系产生冲击、进行重构的重大颠覆性技术。这三大领域均已成为世界重大基础前沿和战略必争领域。而从广州的发展基础来看，生命科学领域，以呼吸系统疾病及其防控领域为研究重点的广州实验室已成为国家战略科技力量，中山大学肿瘤防治中心、南方医科大学南方医院等医疗机构的肿瘤学和免疫学处于大湾区领先地位；海洋科技领域，汇聚了南海岛礁国家技术创新中心、天然气水合物勘查开发国家工程研究中心等国家级创新平台，拥有冷泉生态系统研究装置这一国家重大科技基础设施；量子科技领域，中山大学和华南师范大学具备较强实力，均在基础研究领域实现了世界级突破。可以看出，广州在这三大领域有较为厚实的发展基础。当前，广州已明确将生

命科学和海洋科技纳入"十四五"时期重点部署的战略前沿与基础研究领域。未来，广州要进一步提升这三大科技领域的战略地位，将这三大领域作为基础研究布局的重要战略导向，加强前瞻部署，在机构设置、课题立项、重大科技基础设施建设等方面予以考量，制定出台长期稳定的支持政策，组织开展面向中长期的体系化基础研究，争取实现引领性的重大突破，抢占基础研究制高点。

3. 坚持目标导向和自由探索并重，支持企业开展市场导向的应用性基础研究

强调目标导向和支持自由探索是基础研究布局的两大根本遵循，广州要坚持目标导向和自由探索并重，进一步加强目标导向的基础研究项目部署。具体来看，要优化科技计划项目设置，在基础研究计划中适当合并、减少自由探索项目，增加引导性、任务性项目，探索设立前沿导向的探索性基础研究项目和市场导向的应用性基础研究项目。其中，前沿导向的探索性基础研究项目要围绕基础研究的战略发展目标，设置前沿领域专题，支持在相应的前沿领域开展研究探索。市场导向的应用性基础研究项目应聚焦产业发展趋势和市场需求，以产业核心技术攻关需要为主要方向，更多地由企业面向产业共性问题主导参与，鼓励企业与高校、科研院所开展合作，让企业尤其是科技领军企业更好地发挥"出题人""答题人""阅卷人"作用，在此过程中不断提升企业的基础研究能力。行业领军企业、产业联盟或行业协会等可探索设立面向市场的应用性基础研究联合基金或计划，以更大力度引导企业投入基础研究。

4. 加快谋划基础学科研究中心，给予充分改革探索空间

《中华人民共和国国民经济和社会发展第十四个五年规划和2035年远景目标纲要》提出，要重点布局一批基础学科研究中心。基础学科研究中心是围绕物理、数学、化学等基础学科，开展前瞻性、引领性和独创性基础理论研究，进行前沿方向探索的重要基地，旨在弘扬甘坐"冷板凳"、勇闯"无人区"的科学家精神，培养一批潜心致研的基础学科人才，推动涌现更多"从0到1"的重大原始创新成果。当前，湖北省、河北省、陕西省、山

东省、宁夏回族自治区等省（区、市）均已出台有关政策文件，推动基础学科研究中心建设，为争创国家级基础研究平台奠定坚实基础。为此，广州应加快谋划基础学科研究中心建设，重点依托中山大学、华南理工大学、暨南大学、华南农业大学等进入ESI前1%学科数量领先的在穗高校或科研机构，在数学、物理、化学、生物等基础学科领域设立若干基础学科研究中心，并给予其长期、稳定和集中的支持，鼓励其开展前瞻性、引领性、原创性基础理论研究和前沿科学探索，推进学科交叉融合。借鉴上海基础研究特区的试点建设方案，给予基础学科研究中心充分的改革探索空间，创新运行模式和管理机制，支持其自由选题、自行组织、自主使用经费，打造有利于基础研究人员潜心研究、大胆探索、团结合作、开放共享的良好环境。

（二）推动关键核心技术攻关，加强未来产业布局

1. 发挥"链长制"的重要作用，打造关键核心技术攻关共同体

构建关键核心技术攻关新型举国体制是打赢关键核心技术攻坚战的重要手段。2022年，中央全面深化改革委员会第二十七次会议审议通过了《关于健全社会主义市场经济条件下关键核心技术攻关新型举国体制的意见》，指出要把政府、市场、社会有机结合起来，科学统筹、集中力量、优化机制、协同攻关，着力健全关键核心技术攻关新型举国体制。这意味着要面向国家重大战略需求，聚焦"卡脖子"的关键核心技术领域，将集中力量办大事的制度优势与超大规模的市场优势进行紧密结合，发挥市场在资源配置中的决定性作用和政府的组织调控作用，加快建设跨学科、大协作、高强度的协同创新基础平台，高效配置科技力量和创新资源，凝聚和集成共同攻克重大科技难题的组织模式和运行机制。当前，广州在重点产业领域推行的"链长制"正是以政府和市场为抓手，汇集多方资源，凝聚多方力量，推动形成产业发展合力的有效模式，是"社会主义市场经济条件下新型举国体制"的重要体现。为此，广州要充分发挥"链长制"的重要作用，聚焦关键核心技术和前沿技术领域，以"链长"为统领，以"链主"企业为核心，汇聚整合链条中产业技术创新中心、工程研究中心、高等院校、新型研发机

构、高水平企业研究院、上下游企业等多元攻关力量,探索组建产业技术研究院,打造分布式、网络化创新联合体,推动形成关键核心技术攻关的强大合力。

2. 精准识别重大技术,细化项目支持类型

"社会主义市场经济条件下关键核心技术攻关新型举国体制"的核心要义是以高资源投入换取高效率的技术突破。在这一背景下,精准识别关键核心技术、科学选择攻关领域就显得十分重要。关键核心技术是指具有重大性、战略性、全局性、紧迫性的通用技术、前沿技术、基础技术和颠覆性技术,事关国家长远战略利益,对国家安全、经济增长和社会发展产生革命性影响。为此,广州应紧跟技术前沿,准确把握科技战略发展方向,深入挖掘技术优势,客观比对存在差距,充分发挥政府重大创新组织者的作用,聚焦新一代信息技术、人工智能、生物医药、海洋科技等广州具有科研实力和事关国家长远发展的技术领域,明确关键核心技术主攻方向、重点环节和突破口。按照"轻重缓急"的原则,制定技术攻关清单并进行动态更新,组织部署重大攻关任务。可尝试在重点领域研发计划中根据不同侧重点设置重大项目、重点项目、面上项目等项目支持类型。进一步明晰项目定位、支持手段或方式,以重大项目为引领、以重点项目为依托、以面上项目为支撑,增强关键核心技术部署的系统性和全面性。

3. 优化"揭榜挂帅"机制,大胆创新项目组织模式

项目组织模式是激发技术创新团队积极性和创造力、提升整体技术攻关效率的关键。根据"广州高新技术企业创新问卷调查(2023)",超三成的样本企业认为"揭榜挂帅"是最有利于广州推进关键核心技术攻关的组织模式。"揭榜挂帅"以需求为导向,用市场竞争来激发创新活力,能在短期内实现技术需求和供给的精准对接,具有需求明确、导向清晰、参与面广的特点。当前,广州已在重点领域研发计划中实施"揭榜挂帅",围绕重点产业领域龙头骨干企业的技术需求,集聚全国优势力量推动重大技术攻关。未来,广州可进一步优化"揭榜挂帅"机制,根据技术的不同层级和攻关需求,设立政府主导的"揭榜挂帅"项目和企业主导的"揭榜挂帅"项目。

其中，政府主导的"揭榜挂帅"项目面向重点产业的关键共性技术，按照政府出资或企业配套的形式，向全球招募有能力的"揭榜者"。这一类技术需要集聚创新资源实现集中攻破，应具有产业共性。企业主导的"揭榜挂帅"项目则主要面向科技型企业的不同技术需求，由企业根据自身存在的"卡脖子"技术难题，以奖金或股权转让等激励形式向全社会发榜。广州可借鉴其他城市的经验和做法，与金融机构合作开展"揭榜险"试点，通过保险对企业的研发投入成本和揭榜方的成本给予一定的补偿，为创新失败提供保障。此外，广州要大胆创新项目组织模式，针对不同技术需求采取不同的组织模式。尝试将"赛马式""里程碑式""中期评估式"等更多具有创新性、可行性的组织模式运用在关键核心技术攻关上。

4. 拓展社会资本引入渠道，完善关键核心技术攻关多元化投入机制

有为政府和有效市场的结合是"构建社会主义市场经济条件下关键核心技术攻关新型举国体制"的应有之义。充足的资金是推动技术研发、形成关键核心技术攻关强大合力的坚实保障，因此，除了政府的财政投入，社会资本的引入也尤为重要。当前，广州推动关键核心技术攻关的资金来源多以财政投入为主，社会资本引入渠道较为单一。为此，建议广州进一步完善由政府、企业、金融机构等共同参与的核心技术攻关多元化投入机制。一方面，优化技术攻关财政支出结构，加大财政资助力度，整合现有的政府投资基金，提升基金的使用效率。完善财政容错与评价机制，引导现有产业投资基金加大对承担攻关任务企业的支持力度，支持其开展技术攻关、成果转移转化和应用示范。另一方面，鼓励金融机构创新金融产品和服务，加大对关键核心技术攻关主体的支持力度，缓解科技型企业的融资难题，支持企业加大研发投入。探索设立保障关键核心技术攻关的专门政策性银行，设立支持企业开展关键核心技术攻关的专项信用贷款。完善知识产权融资风险补偿机制，扩大知识产权质押融资风险补偿基金的补偿范围，鼓励金融机构拓展知识产权质押品范畴，推动知识产权证券化发展。

5. 紧抓未来产业科技园建设契机，探索"学科+产业"创新模式

2022年，科技部、教育部联合批复生物医药与新型移动出行、空天科技、未来能源与智能机器人等10家未来产业科技园作为建设试点,打造未来产业创新和孵化高地。其中,广州获批建设生物医药与新型移动出行未来产业科技园,建设单位主要有中山大学、广州汽车集团股份有限公司和广州医药集团有限公司。对于此,广州应抓住这一契机,在试点建设基础上,依托高校优势学科,探索"学科+产业"的创新模式,探索未来产业"沿途下蛋"的发展模式,引领新时期国家大学科技园升级发展。具体来看,一方面,要深化人才培养、成果转化、校地合作等方面的体制机制改革。创新从基础研究、技术开发到成果转化的融合新机制,深入推动科技成果使用权、处置权和收益权改革,持续推进赋予科研人员职务科技成果长期使用权或所有权试点建设。另一方面,要进一步发挥高水平研究型大学和科技领军企业之间的协同效应,加快集聚人才、技术、资金等创新要素。充分发挥中山大学及其附属医院、研究机构在生物医药和健康领域的辐射带动作用,推动广州医药集团有限公司与中山大学及其附属机构开展深入合作。加快突破一批未来产业重点方向上的关键核心技术,孵化一批高成长性科技型中小企业,培育一批多学科交叉融合的未来产业创新创业人才。

(三)集聚培育潜力企业,提升企业技术创新能力

1. 集聚培育具有植根性的企业,推动独角兽企业发展壮大

广州要聚焦重点产业领域,集聚一批国内外领先或具有较大发展潜力的企业。除了一般意义上的企业引进,可探索设立"鲑鱼回流"计划,集聚并培育具有植根性的企业。跟踪在广州创业但在发展过程中离开广州的创新型企业的发展,掌握广州本地人才参与孵化但总部设在外地的企业动向,从中遴选出具有较大发展潜力且符合广州城市发展需要的企业,积极吸引这类企业回到广州。与此同时,要大力培育具有高成长性和高创新性的独角兽企业,推动新产业和新业态的发展。具体来看,要进一步明确广州独角兽企业发展的战略定位,厘清独角兽企业培育和成长机制,构建独角兽企业梯度培育体系。根据独角兽企业的成长特性和市场规律,厘清种子企业、瞪羚企业、潜在独角兽企业、独角兽企业的认定标准和跃迁机制,推动"专精特新"企

业、科技型中小企业、独角兽企业、高新技术企业培育政策的互联互通。实施独角兽企业遴选发现行动，加强区域性独角兽企业发展研究工作，系统梳理广州独角兽企业的发展现状，建立潜在独角兽企业的遴选发现机制，构建潜在和准独角兽企业库，对独角兽企业的发展动态进行跟踪服务。

2. 增强企业技术预见能力，推动企业实施开放式和嵌入式创新

"广州高新技术企业创新问卷调查（2023）"显示，2022年，认为技术是最突出问题的企业中，超三成企业指出对技术发展方向识别困难是最主要的技术问题。企业发展到一定规模后，更需要在技术发展和投资方向上有更高、更准的判断能力。对于此，广州要系统性推进产业技术预见，强化企业对技术及产业的精准识别和前瞻布局能力。在产业技术创新战略联盟的框架下，鼓励和支持有条件的企业与合作伙伴甚至竞争对手，联合开展战略性技术路线图的研究制定工作。推进科技服务业高质量发展，用好中小企业服务券和科技创新券政策，鼓励科技智库及咨询机构为企业提供技术预见及战略咨询服务，协助企业提升技术战略发展预见能力。值得一提的是，创新来源于对市场需求的快速反应，通过市场需求为产品创新创造机会，进而刺激研究与开发为其提供技术支持。为此，广州要鼓励企业充分利用广东乃至全国、全球的创新资源和生产要素，在开放的创新环境下，让企业能够在全国乃至全球范围内比选出最优秀、最合适的机构进行创新合作，构建面向全球市场的企业创新生态系统。鼓励和引导企业将生产消费者、产学研及利益相关者纳入研发创新的流程，形成以市场需求为导向的企业创新组织新形态，实现开放式和嵌入式的创新。

3. 高水平建设企业技术创新平台，促进产学研深度融合

广州要加大对高水平企业研究院的资助力度，支持企业建设更高水平的创新载体，提升企业的自主创新能力和综合竞争力。进一步鼓励企业牵头或参与承担国家级、省级和市级重大科技专项，鼓励企业设立实验室、工程研究中心、工程技术中心、研究院等技术创新平台。推动在生物医药、汽车制造、新材料等优势领域集中打造国家级技术创新平台，依托龙头企业，联合产业链上下游企业、科研院所及高校，搭建一批技术创新共性平台。促进产学研深度融合，鼓励由企业牵头开展产业共性关键技术研发，加快组建以龙头企业为主体、以科研机构为依托、创新主体相互配合的创新联合体，形成强大高效的共性技术供给体系。利用广州高校、科研院所集聚的优势，搭建企业与高校、科研院所合作的桥梁，鼓励企业与高校、科研机构设立联合研发项目，共同组建联合实验室，合作建立应用研究开发机构，促进企业与高校、科研机构开展更多的研发活动，不断提升企业技术创新能力。

4. 完善技术骨干人才政策支持体系，打造良好科技金融生态

根据"广州高新技术企业创新问卷调查（2023）"，45.69%的企业认为在人才方面面临的最突出问题是难以招到技术骨干人才。技术骨干人才是推动企业创新发展的关键要素，也是影响企业研发投入的重要因素。为此，广州要在现有人才政策的基础上，进一步完善技术骨干人才的政策支持体系。探索实施企业骨干人才培育和激励计划，支持企业技术骨干人才参加研修培训，完善技术骨干人才在住房、医疗、子女教育等方面的优惠政策。鼓励企业结合自身发展需要，灵活采用顾问指导、培训咨询、短期兼职、项目合作等多种形式实现高层次人才、技术骨干人才柔性引进。与此同时，要进一步优化金融环境，打造良好的科技金融生态，加大对企业融资的支持力度，提高企业的研发投入意愿。具体来看，要加强金融支持政策工具的协同运用，依托相关政府基金，联合创业投资机构和银行、证券、保险等金融机构，探索投贷联动、投债联动、投保联动等科技金融服务创新，通过"贷款+远期期权""贷款+外部投资"等形式，为企业提供更优质的科技金融服务。扩大科技型中小企业信贷风险补偿资金池覆盖面，发挥知识产权质押融资风险补偿机制和市场化转贷服务机制等体制机制的重要作用，进一步降低企业融资成本。通过"中小融""粤信融"等平台建设，提高银企对接效率，鼓励银行机构设立科技金融专营机构并配备专业人才队伍，强化科技信贷业务的组织和人才保障。

（四）持续深化合作，进一步增强辐射功能

1. 充分释放广深双城联动效应，共同打造世界级创新平台

广州和深圳作为大湾区的"双核心"，要进一步强化常态化沟通交流机

制，在科技创新、产业协同、营商环境等方面互学互鉴、共建共享、强强联合，进一步释放"双城"联动效应。具体来看，一是加强基础和应用基础研究领域的合作。持续强化广州同深圳在电技术、计算及大数据应用、测量、光学及医学等应用领域的合作，加强肿瘤学、材料科学、生物化学和分子生物学及应用物理学等基础学科的交流和合作。二是以广深港澳科技创新走廊为支撑，加强规划引领，探索广深协同创新发展新范式、产业协同发展新路径。充分发挥中山大学、华南理工大学和清华大学深圳研究院等重点高校在协同创新中的重要作用，通过共建研究平台、建立地方研究院和校地合作等多种形式，打造协同创新网络。鼓励两地科技创新企业在走廊开设子公司或分支机构，建立长期牢固的协同关系，提高协同创新效率，全面增强协同创新的广度和深度。三是推动深圳前海、广州南沙、深圳光明等重大合作平台深度合作，全面加强大湾区重大科技基础设施、交叉研究平台和前沿学科建设。鼓励广深合作共建共享创新平台，加强重大科技资源平台共享互惠。打造智能网联汽车产业合作平台，构建产业链互补促强的紧密利益共享体，共同打造世界级智能网联汽车产业集群。

2. 强化广佛试验区引领功能，共谋氢能产业布局

广州和佛山要突破体制机制障碍，不断强化广佛高质量发展融合试验区的引领功能，在规划统筹、产业对接、科技创新、政策协同等方面开展更深入的合作，促进人才等创新资源在试验区内实现自由流动和深度融合。可充分发挥"广州南站—佛山三龙湾—荔湾海龙"先导区的先导作用，探索试验区边界去行政化，在该区域内先行开展科技合作、产业布局、人才合作共享等方面的创新政策试点。加快研究并推进广佛科技合作专区落地，进一步增强广州科技创新轴对佛山的辐射带动作用，推进创新轴与试验区的融合发展。在产业协同上，佛山的氢能产业已处于全国第一方阵，氢能或将成为增强广佛极点功能的下一个突破点。两地要充分发挥新能源"链长制"作用，推动两地"链长""链主"之间建立紧密合作关系，依托跨区域产业链对接合作平台，以"一盘棋"思维，整合氢能产业链资源，共同在氢能技术攻关、示范应用、基础设施建设等环节进行全面部署，在人才引进和培养、政策配套等方面形成合力。聚焦储能、氢燃料电池车等领域，在电化学储能、氢能的应用技术以及燃料电池的基础材料、核心零部件、燃料电池系统、整车技术等方面开展联合攻关。以广佛高质量发展融合试验区为主要载体，遴选氢能领域的新技术、新产品开展应用试验，以氢燃料电池车的示范应用为突破口，拓展商业化应用场景。共同编制氢能基础设施规划，统筹考虑制氢站、加氢站等相关配套基础设施的布局。

3. 以穗港重点协同创新平台为抓手，充分发挥南沙和黄埔的载体作用

广州要以重点协同创新平台为主要抓手，在科技创新领域深化与香港之间的合作。加大对粤港澳联合实验室的支持力度，高水平建设香港科技大学（广州）、霍英东研究院和广州海洋实验室香港分部，力争将其打造成为穗港科技合作的典范。推动大科学装置面向香港开放共享，围绕交叉材料学、环境科学以及重大传染病防控、临床试验、脑科学等生命健康领域发起基础研究联合项目，推动穗港基础研究领域的深度融合。与此同时，广州要充分发挥好南沙区的政策优势和黄埔区的产业链优势，将南沙和黄埔打造成为推进穗港协同创新的主要承载区域。具体来看，广州要大力推进落实《广州南沙深化面向世界的粤港澳全面合作总体方案》，将南沙打造成为穗港规则衔接机制对接高地。加大开放力度，深度对接香港创新资源，在南沙先行先试境外人才引进、出入境管理、科研资助、财税政策等方面的改革创新制度。创新科技合作机制和人才交流合作机制，在香港科技大学（广州）、霍英东研究院等重点机构中开展试点。以黄埔穗港智造合作区为产业对接的主要平台，加强与香港在高端装备制造、人工智能、生物科技等新兴产业领域的合作。吸引香港大学、香港科技大学等香港著名高校和科研机构在穗港智造合作区建立产学研合作基地。探索共建智能创新研究院，携手香港企业在科技服务、工业设计、检验检测等现代服务业领域开展创新合作，支持与香港企业共建商务楼宇、园中园、商业综合体等，吸引一批优质项目进驻。

4. 深化同其他城市的合作，探索飞地经济发展模式

广州要充分发挥科技创新辐射功能，利用大湾区城市群资源禀赋，以基础学科交流合作为基础，以产业门类合作为抓手，全面深化与其他城市的合

作。加强同东莞在计算、发电及变电、配电及测量等应用领域以及肿瘤学、材料科学及应用物理学等基础学科的交流和合作，推动重大科技基础设施共建共享，探索设施集群化发展；加强与珠海在肿瘤学、环境科学及分子生物学、生物化学等基础学科的交流和合作；加强与肇庆在生物化学、发电及变电、配电，尤其近两年高速发展的新能源汽车领域的应用性合作；协同佛山和肇庆，强化广州都市圈发展引领功能；加强与清远在新材料、电子信息、先进装备制造等领域的合作，高水平建设广清经济特别合作区。与此同时，要深刻认识到，发展飞地经济已成为推进产业转移和区域合作的重要手段之一。广州要深入贯彻广东省《关于推动产业有序转移促进区域协调发展的若干措施》的有关精神，抓住机遇用好政策，创新跨区域合作模式，与其他城市共同探索"总部+基地""研发+生产""生产+服务""创新+孵化""头部+配套"等多种形式的双向"飞地经济"模式。着力推进产业飞地和科技飞地建设，推进创新资源的深度融合，加强产业链对接，推动新知识、新技术和新产品的扩散和应用。

参考文献

陈劲、朱子钦、杨硕：《"揭榜挂帅"机制：内涵、落地模式与实践探索》，《软科学》，2022年12月29日。

杜德斌：《上海建设全球科技创新中心的战略路径》，《科学发展》2015年第1期。

邓丹青、杜群阳、冯李丹等：《全球科技创新中心评价指标体系探索——基于熵权TOPSIS的实证分析》，《科技管理研究》2019年第14期。

段杰、牟梦月：《创新型城市发展模式及创新能力比较分析——基于深圳与美国北卡罗来纳州研究三角园区的对比》，《开发研究》2021年第3期。

黄静静、张志娟、李富强：《全球科技创新中心评价分析及对北京市建设启示》，《全球科技经济瞭望》2018年第6期。

郑江杰、肖自强、康争光：《南京区域科技创新中心建设路径探索》，《科技中国》2022年第1期。

骆建文、王海军、张虹：《国际城市群科技创新中心建设经验及对上海的启示》，《华东科技》2015年第3期。

马海涛、巨文忠：《区域科技创新中心建设的若干重大问题探讨》，《发展研究》2022 年第 12 期。

马海涛、陶晓丽：《区域科技创新中心内涵解读与功能研究》，《发展研究》2022 年第 2 期。

莫天生、洪晓彬、孙发有：《地方政府主导下"广佛同城"的产业融合、协同发展路径》，《科技与金融》2022 年 11 期。

上海市人民政府发展研究中心课题组：《上海建设具有全球影响力科技创新中心战略研究》，《科学发展》2015 年第 4 期。

申建军、王金波：《全面创新与"高精尖"升级——北京建设国家科技创新中心的必由之路》，《北京观察》2015 年第 1 期。

陶永亮、高金莎：《构建关键核心技术攻关新型举国体制的浙江路径》，《科技智囊》2022 年第 8 期。

王宏伟：《建设世界科技中心路径研究》，经济管理出版社，2022。

王晓莉、王罗汉、陈诗波：《打造区域科技创新中心是引领长株潭都市圈发展的根本路径》，《科技中国》2022 年第 12 期。

袁红英、石晓艳：《区域科技创新中心建设的理论与实践探索》，《经济与管理评论》2017 年第 1 期。

杨姝琴：《进一步优化广佛同城化产业合作机制的对策研究》，《全国流通经济》2017 年第 25 期。

张赤东、贾璨、李雨珈：《"区域科技创新中心"政策概念的界定分析》，《科技中国》2022 年第 4 期。

赵弘、游霭琼、杨维凤等：《中国区域经济发展报告（2021~2022）》，社会科学文献出版社，2022。

张立宾：《基于智慧专业化理论的东营国家创新型城市建设研究》，《全球科技经济瞭望》2021 年第 2 期。

翟敏：《研究型大学和创新型城市共生互动研究——以合肥和中国科学技术大学共生为例》，《科教文汇》2021 年第 17 期。

张士运、王健、庞立艳等：《科技创新中心的功能与评价研究》，《世界科技研究与发展》2018 年第 1 期。

张志娟：《贵阳市创新能力评价与创新生态构建研究》，《全球科技经济瞭望》2021 年第 5 期。

大湾区篇
Greater Bay Area Reports

B.2
粤港澳大湾区科技创新网络研究
——基于高新技术企业专利合作数据

余炜楷 张艺馨 王炜文[*]

摘　要： 粤港澳大湾区是我国经济发展最为活跃、创新活力最为强大的地区之一，《粤港澳大湾区发展规划纲要》更是明确提出要打造"国际科技创新中心"的规划目标。创新作为区域发展的动力，城市的创新网络格局成为区域协同发展研究的重点。本文基于高新技术企业的专利合作数据，从区域联系、主体合作、产业协同三个维度对粤港澳大湾区对外与内部的创新联系进行研究。研究表明，粤港澳大湾区的科技创新网络呈现广深双核驱动、环湾地区资源高度集中、高校院所带动效应凸显等特征。针对上述发现，本文提出依托广深港澳科技创新走廊推动创新网络发展、建

---

[*] 余炜楷，广州市城市规划勘测设计研究院教授级高级工程师，研究方向为产业与创新空间；张艺馨，广州市城市规划勘测设计研究院规划师、助理工程师，研究方向为产业经济；王炜文，广州市城市规划勘测设计研究院助理规划师、助理工程师，研究方向为产业空间。

立健全科技服务和转化的体制机制、构建以新兴产业为核心的创新生态圈等对策建议，以期为粤港澳大湾区创新合作网络构建提供有效借鉴。

关键词： 创新网络　专利合作　创新主体　新兴产业

一　研究背景

近年来，滨海经济的发展备受学者关注，湾区经济作为其重要形态之一，引起了学者广泛的研究兴趣。以国际知名的粤港澳大湾区为例，其开放性、创新性和国际化等重要特征，为其在引领创新和集聚辐射方面发挥了关键的作用。因此，深入研究湾区经济的发展模式和特征，对于推动滨海经济的进一步发展具有重要意义。2017年，粤港澳大湾区城市群发展规划被正式纳入国家政府工作报告，粤港澳大湾区的定位从泛珠三角的区域引擎跃升为跨行政区的国家级战略高地。

"创新是引领发展的第一动力"，粤港澳大湾区在国家政策引导下，着力打造国际科技创新中心，大力发展科技产业。随着科技创新迈入深水区，前沿科技的研究越来越依赖于跨领域、多专业的合作。粤港澳大湾区作为全球创新要素汇聚的高地，分析粤港澳大湾区科技创新网络，不仅对于推动探讨粤港澳大湾区科研合作创新机制有着重要的意义，其推广经验对于其他城市群和都市圈在科技领域的合作也有着重要的借鉴作用。

二　研究基础

（一）创新网络内涵

在全球化、信息化背景下，各城市之间的联系日益紧密，各种人流、物流、信息流、资金流在一定地域内形成流动空间，利用"流"来研究城市间的相互作用以及城市网络结构已经成为近年来的新趋势。国家高度强调产业创新，《粤港澳大湾区发展规划纲要》更是进一步强调创新链与产业链的深度融合，因此，有必要对粤港澳大湾区科技创新网络情况进行进一步分析。

传统以线性和链式为主的技术创新模式已经随着产业价值链细化，不断向以多元创新主体合作为基础的协同创新模式转变。创新资源越来越明显地突破组织和地域的界限，在全球范围内自由流动。创新作为知识经济和信息时代的重要动能，其内在创新活动耦合关系与逻辑也演化为城市之间的空间关系和组织特征，因此，城市之间创新网络联系的观测评估也一直是城市地理学研究的热点，国内学者围绕不同产业创新网络特征、结构、演化、动力因子等进行了卓有成效的研究。陆天赞等（2016）从创新创意的视角，观察评估美国东北部城市群的专利合作关系，并横向对比长三角城市群，从社会网络、空间组织、节点联系和演进特征四个方面指出两地创新联系的差异。范斐等（2020）运用DEA模型，基于年鉴数据对国内62个城市进行创新绩效评估，指出区域协同对提升创新网络的投入产出绩效具有显著的促进作用。

（二）粤港澳大湾区的创新研究

自《粤港澳大湾区发展规划纲要》提出建设"国际科技创新中心"的目标以来，大湾区创新发展逐渐成为国内研究和讨论的热点。王方方等（2021）曾指出大湾区内部网络联系强度较差，彼此创新合作存在一定壁垒，创新网络"核心—半核心—边缘"的层级结构明显。邱衍庆等（2021）基于湾区背景下穗莞深外向与内部两个扇面的创新联系分析，总结拓扑网络特征，并从企业分支和专利合作两个方面对创新影响机制进行分析和检验，最后提出协同港澳、织补网络、因类施策、完善制度等改进建议。韩孟杉等（2019）在社会网络中心度的基础上，通过凝聚子群法划分城市创新集群，发现广州和深圳在大湾区创新网络中发挥主导作用，已初步形成双核驱动——

多中心环绕发展的网络格局。许培源和吴贵华（2019）基于 Web of Science 科研合作研究数据，发现大湾区整体呈现"多中心、多节点、多子群"的创新合作格局，刘佳等（2020）基于同样的数据源分析发现粤港澳大湾区知识创新合作网络已实现区域内全覆盖，网络通达度高，但环珠三角的六座城市在大湾区内仍处于边缘地位，未来需进一步加强中心城市的科研带动力。

基于对已有文献的分析、总结，本文发现目前粤港澳大湾区的创新网络研究主要使用社会网络分析工具来分析专利合作网络的拓扑结构和网络结构特征，并通过分析结果总结归纳粤港澳大湾区的创新网络格局。已有研究分析维度主要集中于创新联系的强度，对于创新合作的主体类型及所属产业的叠加分析研究较少，因此本文在创新网络研究的分析视角多元化方面，有较大的创新与突破。

三　研究路径

（一）研究方法

粤港澳大湾区各城市在不断加大创新投入的同时，建立高效的创新网络是促进创新资源利用和城市创新协同的重要手段。城市间创新网络由企业、大学和科研单位等组织之间的研发合作构成，其最重要的表现形式是联合申请专利。其中，发明专利作为记录创新的载体，更能刻画创新合作活动，因此发明专利的联合申请数量是反映城市间创新协作的理想指标。

本文结合高新技术企业的发明专利数据，基于粤港澳大湾区战略背景，分别从区域联系、主体合作和产业协同三个视角探讨粤港澳大湾区的创新网络格局，既考虑到辐射外部的区域视角，也纳入了创新主体类型以及所属产业的分析维度。一方面，立足于能代表实际创新联系的专利数据，研究结论具有更高的可信度；另一方面，进一步分析创新主体的类型，并横向链接各个专利所属的战略性新兴产业类型，侧面展示了创新成果在各产业领域的转化情况，对研究粤港澳大湾区的产业链、创新链融合情况具有重要意义。

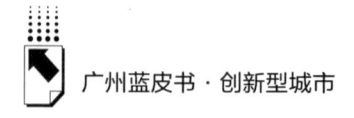

（二）研究对象

本次研究的层级分为外向创新联系网络和内部创新联系网络。其中，外向创新联系网络以粤港澳大湾区城市群、京津冀城市群、长三角城市群等6个城市群为研究对象，重点关注粤港澳大湾区在区域层面上与全国其他主要城市群之间的创新联系；内部创新联系网络则选取珠三角的9个城市和香港、澳门共计11个城市为研究对象，并在大陆城市中进一步将研究单元细化到县级（其中东莞、中山由于没有县级的行政单位，则以市域为研究单元）。

（三）数据来源

研究采用截至2022年12月企查查数据平台收录的高新技术企业名录，以及在广东省知识产权公共信息综合服务平台上通过大数据手段挖掘获取的发明专利数据，对不同地域尺度单元之间的创新联系进行分析。

高新技术企业数据方面，笔者按照企业标签，在企查查平台中筛选出粤港澳大湾区内的高新技术企业71058家，并按照国民经济行业分类代码对企业进行分类，其中制造业企业33448家、占比近一半，科学研究和技术服务业14003家，批发和零售业10077家，信息传输、软件和信息技术服务业8764家。

专利数据方面，截至2022年12月，粤港澳大湾区高新技术企业联合申请的发明专利数据共184678项。在数据筛选过程中，笔者以粤港澳大湾区内的高新技术企业名录为专利申请人进行检索，并对检索结果进一步筛选，得到申请人数量大于等于2的发明专利数据。为了对数据进行可视化分析，笔者对各申请人的地址进行地理空间编码和落位，并将其相连，得到一组具有空间位置属性的专利合作联系对。经计算，粤港澳大湾区范围内，城市内部联合申请的发明专利共有95874项，大湾区内跨城市联合申请的发明专利共29962项，大湾区内高新技术企业跨区域对外联合申请的发明专利共58842项。从整体上看，粤港澳大湾区的专利合作以城市内部合作的创新联系为主，而跨区域对外合作的发明专利数量则明显高于大湾区内部跨城市的创新合作。

需要注意的是，由于高新技术企业并不包括在香港、澳门注册的企业，因此以粤港澳大湾区内的高新技术企业名录为专利申请人进行检索，所得到的在香港、澳门申请的发明专利数量将远低于实际情况，并不具有分析、统计的意义。因此，后文中，以城市作为主体的创新网络研究将重点分析珠三角9个城市的情况。

（四）数据分析方法

本文主要运用城市网络分析法，假设i、j为两个研究对象，根据城市网络的既有文献综述，将城市网络强度定义为两个研究单元之间实际联系数L_{ij}。L_{ij}表示第一申请人在i地，合伙人在j地的专利数量。关于i地专利申请量S_i和专利合作量H_i的总计算公式如下：

$$S_i = \sum_j L_{ij}$$
$$H_i = \sum_j L_{ji}$$

因此，i地的实际对外创新联系量T_i计算如下：

$$T_i = S_i + H_i$$

四 科技创新网络分析

在粤港澳大湾区建设的背景下，如何打造一体化的科技创新网络，形成联动共振效应，成为打造"国际科技创新中心"的重点。深入来看，粤港澳大湾区科技和产业创新一体化发展的具体表现可以分为三个维度：一是各城市在区域层面的创新联系；二是创新群落中"政产学研"等主体的有机协同；三是科技创新与产业创新双链融合的链式效应。从粤港澳大湾区科技创新一体化进程来看，区域联系、主体合作、产业协同的"内外联动"正是创新网络发展的主要特征。

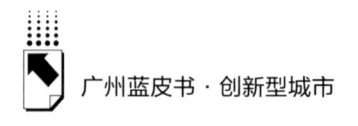

（一）基于区域联系视角的粤港澳大湾区科技创新网络

区域是创新主体的策源地和活动地，区域以其资源禀赋和政策环境来培养不同创新主体的创新活动，而前沿创新的研究成果又能为区域的战略发展抢占先机。粤港澳大湾区创新一体化在区域联系维度的特征主要表现为地域邻近的城市间产生的创新合作与溢出效应。高质量的区域协同创新，不仅可以发挥"1+1>2"的效应，还有利于跨区域的技术帮扶与产业外溢，促进国内市场的大循环。

1. 外向创新联系网络：对外创新合作主体聚集在京津冀和长三角，深圳创新引擎特征明显

本文基于高新技术企业专利合作数据，研究粤港澳大湾区的外向创新联系网络格局，即粤港澳大湾区在整体层面与国内其他城市群之间的创新联系情况。本文通过筛选粤港澳大湾区内高新技术企业与区域外联合申请的专利，并分析合作主体所在区域和城市，发现粤港澳大湾区与京津冀、长三角的创新联系最紧密，对外专利合作量占对外专利合作总量的比例均超过25%。进一步聚焦合作主体所在的城市，与粤港澳大湾区创新联系最为紧密的城市依次为北京、上海、重庆和成都（见表1）。

表1 粤港澳大湾区高新技术企业对外专利合作的区域分布情况

单位：项，%

序号	对外专利合作所属区域	对外专利合作量	占对外专利合作总量的比例	主要专利合作城市
1	京津冀城市群	15845	26.93	北京(13304) 天津(2143)
2	长三角城市群	15695	26.67	上海(7136) 苏州(1923) 合肥(1634) 南京(1244)
3	成渝城市群	7881	13.39	重庆(4135) 成都(3087)
4	长江中游城市群	7143	12.14	长沙(2484) 武汉(2367)

续表

序号	对外专利合作所属区域	对外专利合作量	占对外专利合作总量的比例	主要专利合作城市
5	北部湾城市群	1076	1.83	南宁（391） 北海（281） 阳江（121） 湛江（118）

资料来源：笔者根据广东省知识产权公共信息综合服务平台数据检索整理。

本文进一步分析了粤港澳大湾区各城市高新技术企业对外专利合作的数量及占比情况。在数量层面，与大湾区外城市联系最强的依次为深圳、广州、佛山、珠海和东莞，其中深圳高新技术企业与大湾区外城市的专利合作量达到 27495 项，是广州的 2 倍多，说明深圳是粤港澳大湾区对外合作的区域引擎。在占比层面，外向比例最高的城市依次为东莞、深圳、广州和肇庆，均达到了 35%（见表 2）。值得注意的是，各城市对外专利合作的占比随着城市总专利量的提升呈现一个"微笑"曲线，即自身科技水平较低时会主动寻求外界技术帮扶；本地科技研发水平提升到一定层次后，专利合作的对象集中在地理临近的创新圈层；而本地科技水平领先于区域发展时，又会向湾区外寻求更高层面的技术合作。

表 2　粤港澳大湾区各城市高新技术企业对外专利合作的数量及占比情况

单位：项，%

序号	城市	专利合作总量	与大湾区外城市的专利合作量	占比
1	广州	38038	13707	36.04
2	深圳	75567	27495	36.38
3	珠海	17320	5040	29.10
4	佛山	36986	7114	19.23
5	惠州	2772	520	18.76
6	东莞	9283	3469	37.37
7	中山	2703	796	29.45
8	江门	849	286	33.69
9	肇庆	1160	415	35.78
合计		184678	58842	31.86

资料来源：笔者根据广东省知识产权公共信息综合服务平台数据检索整理。

2. 内部创新联系网络：大湾区内部创新联系网络初步呈现"以强带弱"格局

本文聚焦粤港澳大湾区内部创新联系网络，将对内的专利合作划分为城市本地专利合作和跨城市专利合作两种类型。从表3中可以看出，依据对内专利合作总量，珠三角城市可划分为两个梯队，其中深圳、佛山、广州和珠海位列第一梯队，对内专利合作总量均大于12000项；而东莞、惠州、中山、肇庆和江门位列第二梯队，其对内专利合作总量均小于6000项。本文通过比较两个梯队的城市本地和跨城市专利合作占比发现，第二梯队城市的跨城市专利合作比例均在70%以上，说明大湾区内部创新联系网络初步呈现"以强带弱"格局。

表3 粤港澳大湾区各市高新技术企业对内专利合作的数量分布情况

单位：项，%

序号	城市	对内专利合作总量	城市本地专利合作 数量	城市本地专利合作 占比	跨城市专利合作 数量	跨城市专利合作 占比
1	广州	24331	17386	71.46	6945	28.54
2	深圳	48072	39388	81.94	8684	18.06
3	珠海	12280	10133	82.52	2147	17.48
4	佛山	29872	26642	89.19	3230	10.81
5	惠州	2252	217	9.64	2035	90.36
6	东莞	5814	1580	27.18	4234	72.82
7	中山	1907	207	10.85	1700	89.15
8	江门	563	108	19.18	455	80.82
9	肇庆	745	213	28.59	532	71.41

资料来源：笔者根据广东省知识产权公共信息综合服务平台数据检索整理。

为了进一步研究粤港澳大湾区内部创新联系网络的空间分布特征，本文基于跨城市专利合作数量，利用ArcGIS软件绘制了城市层面的粤港澳大湾区内部专利合作网络（见图1）。图中的每个城市是一个节点，节点大小表示该城市专利合作的数量多少，两个节点之间的连线表示这两个城市存在专利合作关系，连线粗细反映了两个城市间专利合作数量的多少（图1仅显示专利合作数量>100的连线）。由图1可知，粤港澳大湾区内部专利合作网络呈现了广州与深圳双核引领,以广州-东莞-深圳为主轴,以广州-佛山-中山-珠海为次轴的空间结构。

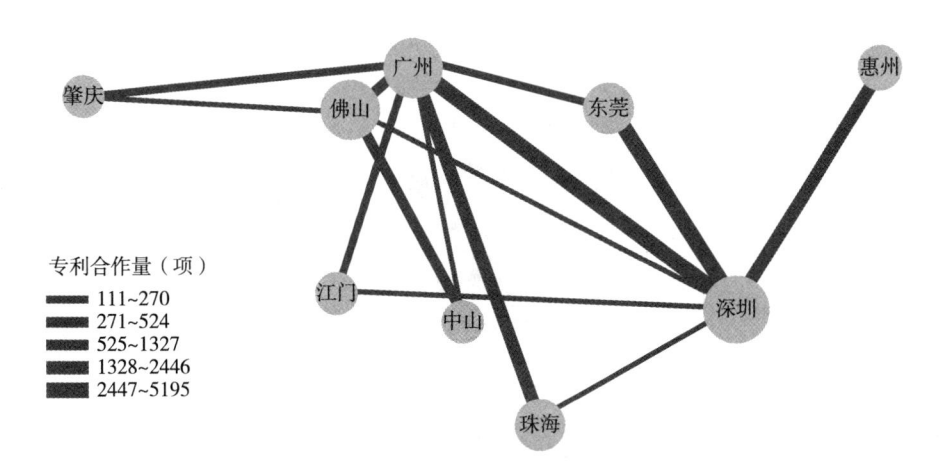

图1 粤港澳大湾区高新技术企业内部专利合作网络(城市层面)

资料来源:笔者根据广东省知识产权公共信息综合服务平台数据检索整理,利用 ArcGIS 软件绘制。

本文将研究单元进一步细化到县级,绘制了县级层面的粤港澳大湾区内部专利合作网络(其中,东莞市和中山市由于没有县级行政单位,故仍以市域为基本研究单元;图中仅标注了专利合作量大于1000的县级节点和专利合作量大于20的连线)。由图2可知,专利合作联系较强的县级单元基本集中在珠三角环湾地段,包括广州中部、深圳西部、佛山东部以及珠海、中山和东莞市全域,珠江口东岸的创新合作联系显著强于珠江口西岸。

(二)基于主体合作视角的粤港澳大湾区科技创新网络

粤港澳大湾区科技创新网络主体主要包括事业单位、企业、高等院校和科研机构四类(简称"政产学研"),通常以企业为技术需求方,以大学和科研机构为技术供给方,而事业单位则扮演着资源协调和资金支持的角色。科技创新网络的实质是将不同经济主体的经济资源、知识资源和人才资源集聚起来,促进技术创新所需各种生产要素的优化配置。

065

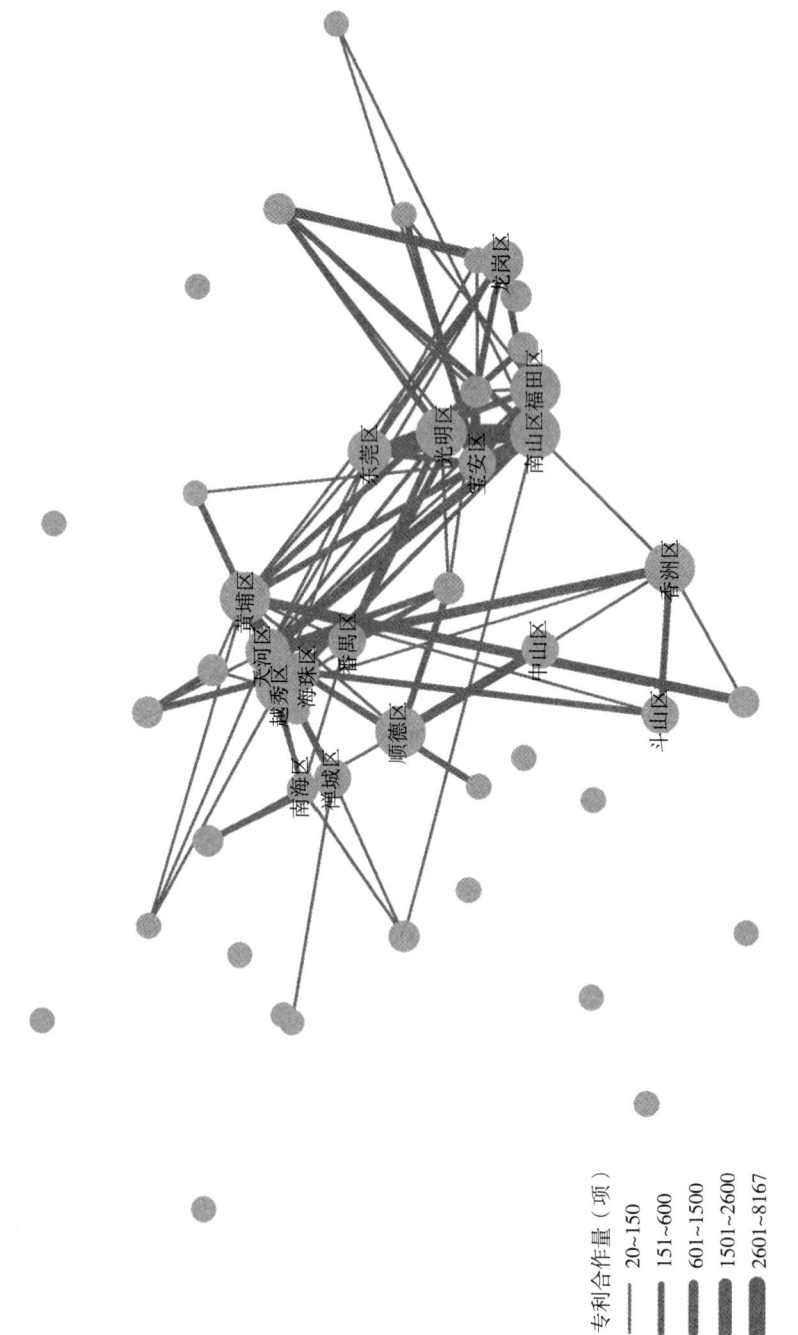

图 2 粤港澳大湾区高新技术企业内部专利合作网络（县级层面）

专利合作量（项）
— 20~150
— 151~600
— 601~1500
— 1501~2600
— 2601~8167

资料来源：笔者根据广东省知识产权公共信息综合服务平台数据检索整理，利用 ArcGIS 软件绘制。

粤港澳大湾区是对创新资源需求最为强劲、对科技创新成果转移转化最为迫切的地区之一，在区域协同发展的战略引领下，探索创新主体协同路径，让更多的科技成果转化为实实在在的产业增长点，是粤港澳大湾区高质量发展的必然要求。

1. 外向创新联系网络：企业创新聚焦广深珠佛，广州在高校合作方面的优势凸显

为了研究粤港澳大湾区内各类创新主体的创新合作活动情况，本文通过数据分析进一步列出了企业、高校、科研院所、事业单位等创新主体类型中专利合作量前10位的主体（见表4）。聚焦企业类型的创新主体，可以发现专利合作量前10位的企业分布在广州、深圳、佛山和珠海这4个城市。而在高校层面，专利合作量前10位中，有4个位于广州，分别为华南理工大学、华南师范大学、中山大学和广东工业大学，而其余6个均分布于广东省外，这充分说明了高校资源在创新网络构建中的重要性，且广州的高校已具备与各城市进行创新合作的基础。在科研院所层面，合作量前10位的主体有4个位于深圳、3个位于广州，相较于广州在高校资源方面的绝对优势，广州和深圳在科研院所方面的表现相对均衡。在事业单位层面，专利合作量前10位的事业单位大致分为两类：一类是各大医疗机构，其中2个位于广东省内，5个位于广东省外；另一类是中国科学院在粤港澳大湾区内的分支机构，如中国科学院广州化学所韶关技术创新与育成中心和中国科学院佛山功能高分子材料中心。

2. 内部创新联系网络：企业间合作占据重要地位，产学研创新协同需加强

本文还进一步研究了粤港澳大湾区内部创新联系网络中不同类型创新主体之间的相互作用关系。从表5中可以看出，在粤港澳大湾区高新技术企业的专利合作网络中，企业与企业的专利合作占83.72%，而企业与高校的合作仅占8.21%，企业与科研院所的合作仅占5.68%。从产学研合作的角度来看，大湾区各类创新主体的研究合作仍存在一定的路径依赖，协同创新的占比仍在少数，这在科技创新的供需领域反映了区域内高校和科研院所的创新资源与企业的实际业务需求存在错配关系。

表 4　粤港澳大湾区高新技术企业参与专利合作量前 10 位的主体

单位：项

主体类型	排序	第一申请人	专利合作量	所属城市
企业	1	海洋王照明科技股份有限公司	13287	深圳
	2	广东美的制冷设备有限公司	8413	佛山
	3	珠海格力电器股份有限公司	5882	珠海
	4	南方电网科学研究院有限责任公司	5456	广州
	5	华为技术有限公司	4815	深圳
	6	金发科技股份有限公司	4616	广州
	7	京信网络系统股份有限公司	3867	广州
	8	广州视源电子科技股份有限公司	3756	广州
	9	中广核工程有限公司	3446	深圳
	10	广东美的暖通设备有限公司	3362	佛山
高校	1	华南理工大学	1294	广州
	2	华南师范大学	950	广州
	3	清华大学	376	北京
	4	中山大学	311	广州
	5	电子科技大学	266	成都
	6	北京大学	259	北京
	7	浙江大学	223	杭州
	8	广东工业大学	190	广州
	9	上海交通大学	169	上海
	10	华中科技大学	152	武汉
科研院所	1	广东省微生物研究所(广东省微生物分析检测中心)	248	广州
	2	深圳华大基因研究院	148	深圳
	3	中国科学院金属研究所	86	沈阳
	4	中国科学院深圳先进技术研究院	77	深圳
	5	广东省农业科学院蚕业与农产品加工研究所	73	广州
	6	深圳市国华光电研究院	72	深圳
	7	深圳光启高等理工研究院	68	深圳
	8	东莞材料基因高等理工研究院	67	东莞
	9	东莞前沿技术研究院	67	东莞
	10	广东省现代农业装备研究所	66	广州

续表

主体类型	排序	第一申请人	专利合作量	所属城市
事业单位	1	中国人民解放军总医院	56	北京
	2	中国科学院广州化学所韶关技术创新与育成中心	54	韶关
	3	国家计算机网络与信息安全管理中心	47	北京
	4	上海长海医院	30	上海
	5	中国医学科学院北京协和医院	29	北京
	6	中南大学湘雅医院	28	长沙
	7	广州医科大学附属第一医院	26	广州
	8	中山大学附属第一医院	25	广州
	9	四川大学华西医院	24	成都
	10	中国科学院佛山功能高分子材料中心	22	佛山

资料来源：笔者根据广东省知识产权公共信息综合服务平台数据检索整理。

表5　粤港澳大湾区高新技术企业专利合作网络中不同主体合作类型的占比

单位：%

序号	专利合作类型	比例
1	企业-企业	83.72
2	企业-高校	8.21
3	企业-科研院所	5.68
4	企业-事业单位	1.00
5	企业-个人	0.30
6	其他	1.09

资料来源：笔者根据广东省知识产权公共信息综合服务平台数据检索整理。

（三）基于产业协同视角的粤港澳大湾区科技创新网络

国家高度强调产业创新，《粤港澳大湾区发展规划纲要》更是进一步强调创新链与产业链的深度融合，因此，有必要基于产业协同视角对粤港澳大湾区的创新合作网络进行进一步分析。

产业与创新协同是指产业链相关联的企业、研发和服务机构在特定区域集聚，通过分工合作和协同创新形成具有跨行业、跨区域带动作用的创新型产业集群。创新型产业集群不光能够推动区域相关产业的发展，而且能辐射上、中、下游产业链，加速汇聚科技、资金、人才、政策等发展要素，促进产业领域的技术整合，形成区域优势产业。

1. 外向创新联系网络：深圳在新一代信息技术领域优势明显，广深佛对外创新合作已形成较清晰的分工格局

聚焦产业层面，粤港澳大湾区高新技术企业对外专利合作的产业类型（前20位）如表6所示，对外联系度较强的产业类型为新一代信息技术产业、新材料产业和节能环保产业。具体来看，在新一代信息技术产业的细分领域中，深圳与重庆在制造业化程度较高的细分领域联系更紧密（如电子核心产业），而深圳与北京则是在服务业化程度较高的细分领域联系度更强（如人工智能、新兴软件和新型信息技术服务等）。在新材料产业的细分领域中，广州与上海在先进无机非金属材料、前沿新材料、先进石化化工新材料等细分领域的创新联系更紧密。在节能环保产业中，佛山与芜湖在高效节能产业细分领域的联系度更强，而深圳与北京在先进环保产业细分领域中的专利合作量较多。

表6 粤港澳大湾区高新技术企业对外专利合作的产业类型（前20位）

单位：项，%

排序	战略性新兴产业分类	所属战略性新兴产业领域	专利合作量	占对外专利合作总量的比例	主要联系对
1	电子核心产业	新一代信息技术产业	12129	20.61	深圳-重庆
2	下一代信息网络产业	新一代信息技术产业	9257	15.73	深圳-北京
3	先进无机非金属材料	新材料产业	5977	10.16	广州-上海
4	高效节能产业	节能环保产业	4135	7.03	佛山-芜湖
5	智能电网产业	新能源产业	3771	6.41	广州-北京
6	前沿新材料	新材料产业	3487	5.93	广州-上海
7	先进石化化工新材料	新材料产业	2971	5.05	广州-上海
8	人工智能	新一代信息技术产业	2515	4.27	深圳-北京
9	智能制造装备产业	高端装备制造产业	2503	4.25	深圳-北京
10	新能源汽车装置、配件制造	新能源汽车产业	2350	3.99	佛山-长沙

续表

排序	战略性新兴产业分类	所属战略性新兴产业领域	专利合作量	占对外专利合作总量的比例	主要联系对
11	新兴软件和新型信息技术服务	新一代信息技术产业	2320	3.94	深圳-北京
12	数字创意技术设备制造	数字创意产业	1954	3.32	深圳-北京
13	互联网与云计算、大数据服务	新一代信息技术产业	1594	2.71	深圳-北京
14	先进有色金属材料	新材料产业	1355	2.30	深圳-常州
15	新技术与创新创业服务	相关服务业	1308	2.22	深圳-北京
16	生物医药产业	生物产业	1136	1.93	广州-北京
17	先进环保产业	节能环保产业	1014	1.72	深圳-北京
18	数字文化创意活动	数字创意产业	923	1.57	深圳-北京
19	新能源汽车相关设施制造	新能源汽车产业	905	1.54	深圳-常州
20	生物农业及相关产业	生物产业	854	1.45	广州-武汉

资料来源：笔者根据广东省知识产权公共信息综合服务平台数据检索整理。

2. 内部创新联系网络：大湾区城市在新一代信息技术、生物医药和新材料三个产业领域已形成较完善的内部合作网络

为了进一步研究粤港澳大湾区各城市的产业分工合作和创新协同情况，本文基于不同类型的战略性新兴产业，对合作申请专利的应用方向进行筛选，并分产业绘制了对应的专利合作网络模式图（见图3）。从产业创新网络的完善程度来看，新一代信息技术产业、新材料产业、生物产业的创新网络联系较强，而数字创意产业、相关服务行业仅在局部城市之间存在创新联系，对应的创新网络还尚未成型。从片区产业分工的角度来看，珠江口东岸的创新合作主要集中于知识型密集产业，如新一代信息技术产业、数字创意产业和相关服务行业等；而珠江口西岸的创新合作主要集中于技术密集型产业，重点发展高端装备制造产业、新材料产业、生物产业和节能环保产业。

进一步细化到县级层面，本文统计了大湾区内部专利合作量最多的20个县级联系对，并列出其专利合作的主导产业方向（其中东莞和中山由于没有县级行政单位，则仍以市为研究单元）。由表7可知，20个县级联系对的合作关系大致可以分为三种类型。第一类是广州和深圳间的联系，如天河区-南山

新一代信息技术产业	高端装备制造产业	新材料产业
生物产业	新能源汽车产业	新能源产业
节能环保产业	数字创意产业	相关服务行业

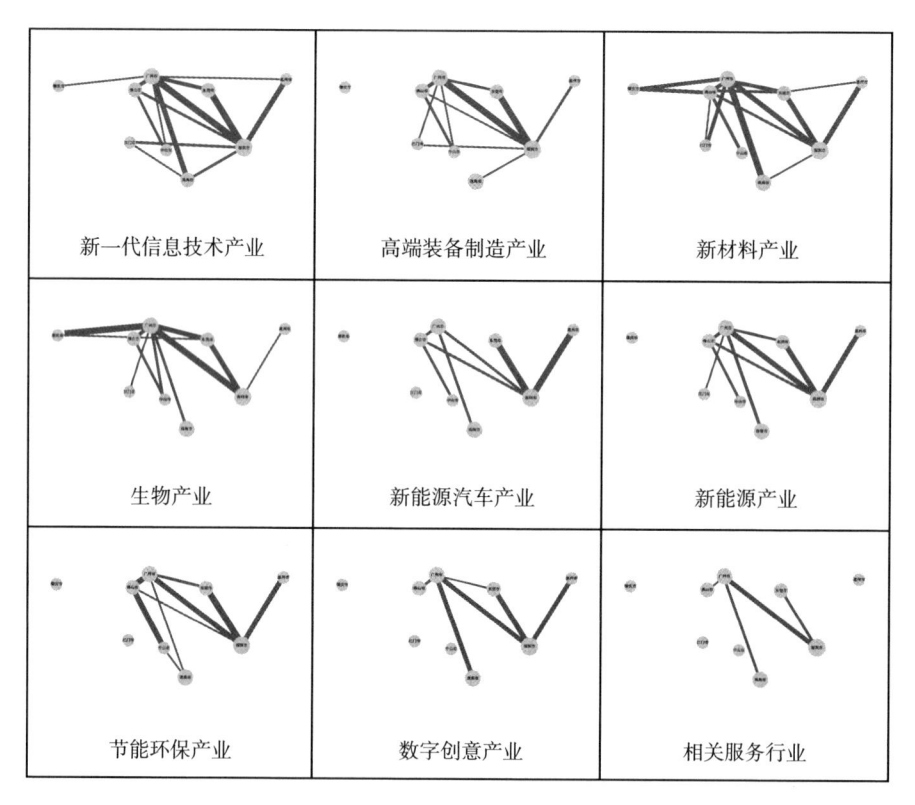

图 3 基于不同类型战略性新兴产业的粤港澳大湾区高新技术企业专利合作网络

资料来源：笔者根据广东省知识产权公共信息综合服务平台数据检索整理，利用 ArcGIS 软件绘制。

区、番禺区-光明区、番禺区-龙华区、黄埔区-南山区等，该类型县级联系对的主导创新合作产业为新一代信息技术产业。该类型的创新合作活动通常是隶属于不同细分领域的企业联合以申请更高难度的技术专利。第二类是广州和珠江口西岸城市间的联系，如黄埔区-金湾区、天河区-香洲区、海珠区-斗门区、天河区-禅城区、天河区-蓬江区等，该类型县级联系对的主导创新合作产业为新材料产业和新一代信息技术产业。该类型的创新合作通常是广州的技术单位联合佛山、珠海、中山等具有一定技术的制造业企业进行产品升级。第三类是深圳和珠江口东岸城市间的联系，如南山区-东莞、光明区-东莞、龙岗区-东莞、福田区-东莞，该类型县级联系对的主导创新合作产业为节能环保产业和新一代信息技术产业。该类型的创新合作主要是深圳企业通过设立企业分支机构的方式在东莞、惠州设厂，进而带动当地企业的科技化转型。目前珠江东西两岸在区县级层面的创新合作联系较少，随着深珠、深中通道等区域基础设施的完善，两岸的创新合作有望得到加强。

表7 粤港澳大湾区内部高新技术企业专利合作量前20位的合作区域（县级层面）

单位：项

序号	县级联系对	专利合作量	专利合作所属战略性新兴产业领域
1	南山区-东莞	2612	节能环保产业
2	光明区-东莞	1442	节能环保产业
3	黄埔区-金湾区	1106	新材料产业
4	顺德区-中山	972	节能环保产业
5	龙岗区-惠城区	876	新材料产业
6	天河-南山区	817	新一代信息技术产业
7	天河-香洲区	777	新一代信息技术产业
8	龙岗区-东莞	420	新一代信息技术产业
9	黄埔-罗湖区	401	新能源产业
10	番禺区-光明区	392	新一代信息技术产业
11	宝安区-东莞	332	节能环保产业
12	南山区-惠城区	320	数字创意产业
13	番禺区-龙华区	244	新一代信息技术产业
14	宝安区-惠阳区	223	新能源汽车产业
15	海珠区-斗门区	206	新一代信息技术产业
16	黄埔区-南山区	204	新一代信息技术产业
17	南沙区-顺德区	198	高效节能产业
18	天河区-禅城区	195	新材料产业
19	福田区-东莞	189	新一代信息技术产业
20	天河区-蓬江区	183	新材料产业

资料来源：笔者根据广东省知识产权公共信息综合服务平台数据检索整理。

（四）粤港澳大湾区科技创新网络特征总结

基于以上分析，粤港澳大湾区科技创新网络特征可初步归纳为以下三点。

1. 创新网络初具规模，广深成为网络枢纽

深圳拥有众多高新企业资源和市场优惠政策，而广州作为省会城市，其科研机构和高校院所底蕴丰厚，广深的创新合作逐渐成为区域协同发展的重要引擎。从粤港澳大湾区各城市间的发明专利联合申请情况可以明显看出，深圳和广州起着极其重要的枢纽作用，专利合作数量前20位的县级联系对均与深圳和广州相关。由此可见，粤港澳大湾区已经形成以深圳、广州为核心，以广佛珠、深莞惠为集群的创新网络格局。

2. 创新资源高度集中于环湾地区，两条创新走廊初具雏形

粤港澳大湾区囊括了广东省发展最领先的城市群，在科研创新方面，发明专利作为最能体现创新因素的通用指标，其集中、高频的前沿科研产出直接反映了大湾区的城市创新实力。

位于珠江口东岸的广深科技创新走廊建设成效初显，广深作为创新引擎，与沿岸的东莞、惠州在各产业领域展开了广泛的专利合作。虽然深圳的高校资源相对匮乏，尤其是创新型人才的供给不足，但深圳通过成功的产业结构调整实现了对人才的有力吸纳。广州拥有较强的创新资源储备，但其产业结构转型相对滞后，因此广州的创新供给集中在综合创新能力方面，人才与科技成果输出具有优势。东莞和惠州拥有众多制造业企业，处于科技转化的市场前沿。珠江口东岸的创新网络合作充分结合了各市的优势领域，为大湾区的协同创新发展提供了较好的基础。

位于珠江口西岸的广佛中珠澳创新走廊拥有澳门多元文化会展、珠海休闲旅游、中山家用电器和佛山电子产业等优势，是最具创新资源储备潜质的地带。这些特色产业资源还需要进一步整合提升，构建高附加值的现代制造业和服务业体系。

3. 高校院所"头雁效应"凸显，带动湾区内城市协同创新

广州的高校院所在专利网络合作中发挥了重要作用。广州作为省会城市，拥有广东省最优质的高等教育资源，中山大学、华南理工大学、华南师范大学和广东工业大学均位列区域内合作联系度最强的高校类创新主体前

10，其培养的创新人才和研发团队在各个产业领域都有不俗的创新成果，其他城市与广州高校建立创新合作关系是粤港澳大湾区创新网络的重要联系之一。广州的高校院所已具备与各城市进行创新合作的基础和能力，未来各城市前沿产业领域应积极寻求与其建立并深化合作关系，联合设立相关科研机构和课题项目，进一步促进湾区内校企联动创新。

五　对策与建议

（一）在区域联系层面，依托广深港澳科技创新走廊推动创新网络发展

建设粤港澳大湾区的创新网络需要长期努力，这不仅要求广州、香港、深圳等核心节点城市向其他城市开放创新资源接口，还要求其他城市基于自身科研基础和市场业务需求与湾区城市展开对接，以寻求更多创新合作的机会，积极承接核心节点城市溢出的创新效力，实现科技成果的落地转化和技术创新能力的长效提升。在统筹区域内创新资源时，应突破单一城市的经济利益，更多地着眼于粤港澳大湾区创新资源的总体布局，从而实现区域内创新网络的协同发展。

为此，建议以广深港澳科技走廊为依托，继续强化深圳与香港的联系，深度链接新界北科创规划，串联东莞、佛山、江门、中山等城市，实现前海科创总部、河套深港科技创新合作区、沙头角文化科技群落、横琴粤澳深度合作区、广州创新合作区的联动发展，促进大湾区科技创新合作实质化和高质量发展。同时，以珠江口西岸的核心城市（如珠海、中山等）为支点，结合其地理区位与交通优势，加强其与广深港科技创新走廊的创新合作与科技转化，构建环大湾区创新发展带，形成珠江口西岸与东岸地区联动创新、分工协作的发展格局。

（二）在主体合作层面，建立健全科技服务和转化的体制机制

粤港澳大湾区内不仅集聚了中山大学、香港大学、华南理工大学等国内

知名高校，同时还拥有大量的高新技术企业、高校人才和风险投资机构。在未来的发展中，可以构建科技服务和转化的中介市场，利用市场机制来推动创新链与产业链的深度融合，从而将新技术从研发到应用的流程缩短，降低交流成本，寻找更多的创新合作机会。

随着我国多所著名大学相继在深圳落地，深圳将是珠三角地区除广州外另一个优质的高等教育资源集中地，因此，各地要尽早规划出与深圳合作的具体方向和计划，最大限度地发挥创新资源的优势，促进创新资源的协同发展。香港拥有多所享誉全球的知名大学，具备强大的研究创新实力，香港科技大学和香港大学与内地华为、中兴等前沿科技公司积极展开科技创新合作，在芯片、5G等重大产业领域实现了技术突破。因此，内地城市必须进一步把握粤港澳大湾区建设的机遇，积极与香港的大学建立可持续的研究与创新协作，并以自身优势产业资源为基础，构建研究与应用平台，实现产学研用的高质量发展。

（三）在产业协同层面，以各片区现有资源为基础，构建以新兴产业为核心的创新生态圈

粤港澳大湾区城市群的发展，不仅要对区域内的资源进行统一规划，还要突出各城市的特点和功能定位，发挥制度差异性，优化资源配置，优化要素组合，发挥集聚、分工、协同和规模效应。

以位于珠江口东岸的莞深港为例，深圳的科技实力将为香港的经济注入新的活力，香港将为深圳提供金融、教育、医疗等公共服务，并与东莞作为制造业基地的优势相结合，推动制度创新与国际化。广州在科研、人才和国际平台上都有很大优势，而佛山拥有雄厚的制造业基础，两个城市可在知识与技术两方面形成创新协同。对于惠州、肇庆这两个生态本底条件较好、拥有广阔发展空间的城市来说，要保持绿水青山的特色，把这两个城市打造成连接西部、绿色宜居的窗口城市。

参考文献

范斐、连欢、王雪利等：《区域协同创新对创新绩效的影响机制研究》，《地理科学》2020年第40期。

韩孟杉、范泽挺、胡军：《粤港澳大湾区专利合作创新网络研究》，载《活力城乡 美好人居——2019中国城市规划年会论文集（16区域规划与城市经济）》，2019。

刘佳、蔡盼心、王方方：《粤港澳大湾区城市群知识创新合作网络结构演化及影响因素研究》，《技术经济》2020年第39期。

刘心怡：《粤港澳大湾区城市创新网络结构与分工研究》，《地理科学》2020年第40期。

陆天赞、吴志强、黄亮：《美国东北部城市群创新城市群落的社会网络关系、空间组织特征及演进》，《国际城市规划》2016年第31期。

陆天赞、吴志强、黄亮：《网络关系与空间组织：长三角与美国东北部城市群创新合作关系的比较分析》，《城市规划学刊》2016年第2期。

邱衍庆、钟烨、刘沛等：《粤港澳大湾区背景下的穗莞深创新网络研究》，《城市规划》2021年第45期。

王方方、杨智晨、武宇希等：《粤港澳大湾区创新合作网络空间结构与影响因素研究——基于社会网络分析法》，《城市观察》2021年第3期。

吴康敏、张虹鸥、叶玉瑶等：《粤港澳大湾区协同创新的综合测度与演化特征》，《地理科学进展》2022年第41期。

许培源、吴贵华：《粤港澳大湾区知识创新网络的空间演化——兼论深圳科技创新中心地位》，《中国软科学》2019年第5期。

B.3
广州与香港科技创新合作现状与对策建议

广州恒成智道信息科技有限公司课题组*

摘　要： 本文利用全球专利、论文数据，从穗港合作申请专利、专利技术转移以及合作发表论文等方面分析了两地科技创新合作现状，发现穗港科技创新合作整体呈现以下特点：一是论文合作数量较多，但合作基本上只是在高校与科研院所之间进行，中山大学、香港大学等高校为两地科技论文合作的"领头羊"；二是专利合作数量较少，专利合作行为主要发生在具有亲缘性关系的企业之间，医药及化学领域的专利合作最为活跃。目前穗港科技创新合作总体存在专利技术创新尚未形成合力、企业参与度较低、科技创新合作成果转化运用不足、广州在香港与内地城市科技创新合作中的地位尚不突出等问题。基于以上发现，本文从加强统筹协同、强化企业在穗港科技创新合作中的地位及作用、提升穗港科技创新合作的广度和深度、借力香港开创广州国际科技创新合作新局面四个方面提出了广州深化穗港科技创新合作的对策建议。

关键词： 科技创新合作　广州　香港

---

* 课题组成员：李钊，广州恒成智道信息科技有限公司技术总监，助理研究员，情报学博士在读，研究方向为知识产权信息与咨询；杨欣宇，广州恒成智道知识产权代理有限公司、广州恒成智道信息科技有限公司技术副总监，高级工程师，研究方向为知识产权信息与咨询；朱顺军，广州恒成智道信息科技有限公司总经理，研究方向为知识产权咨询与服务；陈劲松，广州恒成智道信息科技有限公司董事长，研究方向为知识产权咨询与服务；张何元，广州恒成智道信息科技有限公司副总经理，助理研究员，研究方向为知识产权信息与咨询；林玲，广州恒成智道信息科技有限公司营销总监，研究方向为知识产权信息与咨询。

在新一轮科技革命和产业变革蓬勃兴起的时代背景下，融入全球创新网络、加强科技创新合作成为重要的时代命题。然而，当前百年未有之大变局为我国科技创新合作带来了不确定性，大国博弈以及"逆全球化浪潮"给我国科技创新合作带来了新的挑战。目前，我国正处于科技大国向科技强国迈进的重要关口，处于经济由高速发展向高质量发展转变的关键阶段，通过跨地区科技创新合作赋能高质量发展是大势所趋。《中华人民共和国国民经济和社会发展第十四个五年规划和2035年远景目标纲要》提出，"深化内地与港澳经贸、科创合作关系，支持香港建设国际创新科技中心"。党的二十大报告提出，推进粤港澳大湾区建设，支持香港、澳门更好融入国家发展大局。2022年6月，国务院印发的《广州南沙深化面向世界的粤港澳全面合作总体方案》（以下简称《南沙方案》）提出，加快建设科技创新产业合作基地，加快推动广州南沙深化粤港澳全面合作。广州是粤港澳大湾区的核心引擎，肩负着推动香港融入国家发展大局的使命。面对当前形势，广州要抢抓粤港澳大湾区建设、《南沙方案》实施等重大机遇，充分发挥好大湾区核心引擎作用，进一步深化穗港科技创新合作。

本文以专利、论文为基础数据，对穗港合作申请专利、专利技术转移以及合作论文等多方面进行分析，揭示穗港科技创新合作的现状及特点，为广州深化穗港科技创新合作提供参考。

一 穗港科技创新合作的政策背景及合作基础

（一）政策背景

1. 国家层面：支持香港深度参与国家重大科技活动

近年来，中央出台了一系列惠港科技措施，支持香港深度参与国家重大科技活动。例如，支持香港高校、科研机构参与中央财政科技计划，中央财政科技计划资助香港科研机构的项目经费可以跨境在香港使用。2018年科技部与香港特区政府签署了《内地与香港关于加强创新科技合作的安排》，以加强内地与香港在科研、人才培养、成果转移转化及培育创科产业等方面的合作。面向"十四五",科技部公布国家科技计划将以更大力度、在更大范围对港开放。2022年,国家重点研发计划、科技创新2030—重大项目在生命健康、人工智能、新材料等领域对香港新增开放15个专项。

2.穗港层面:积极出台政策推动科技创新合作

近年来粤港澳大湾区的深度合作、协同发展氛围为穗港科技创新合作提供了良好的背景,两地政府在推动科技创新合作方面投入大量资源,不遗余力推出多项政策举措。2022年2月,《广州市科技创新"十四五"规划》(以下简称《广州规划》)发布,以建设具有全球影响力的科技创新强市为总体目标,提出推动穗港科技创新联动发展。2022年12月,香港发布《香港创新科技发展蓝图》(以下简称《香港蓝图》),以全速推动香港发展成为国际创科中心为主要目标,提出完善创科生态圈、推进香港"新型工业化",并提出要利用好广州南沙合作平台,深化与内地创科合作。两份文件都将深化科技创新合作作为未来工作的重要组成部分,均包括完善穗港科技合作机制、建设科技创新合作平台、加强两地高校之间的合作等内容。发展方向上,两地都将生命科学、半导体、人工智能、新能源、先进制造等领域作为重点发展领域。同时,两地重点推动发展的一些领域也具有互补性,如广州在海洋科技领域、香港在文化科技与现代服务业等领域具有特色和优势。总体上,《广州规划》和《香港蓝图》分别从各自发展基础及现实需求出发推动两地科技创新合作深化,为进一步营造良好的科技创新合作环境奠定了基础(见表1)。

表1 穗港科技创新合作主要政策及相关内容要点梳理

政策名称	重点发展领域	穗港科技创新合作相关内容要点
《广州市科技创新"十四五"规划》	生命科学、海洋科技、半导体与集成电路、空天科技等战略前沿及基础研究领域,新一代信息技术、人工智能与数字经济、生物医药、新能源、新材料、先进制造、文化科技与现代服务业等前沿技术与重点产业领域	1. 探索构建更灵活高效的穗港科技合作机制; 2. 支持香港科技大学(广州)等与香港科研机构共建联合实验室; 3. 大力推动穗港智造合作区等重大合作平台建设; 4. 深化穗港在科技金融、成果转化等领域合作; 5. 推动穗港科技协同发展,促进各类创新资源要素集聚和高效配置; 6. 市级科技计划面向港澳开放,率先实现财政科研资金跨境拨付香港

续表

政策名称	重点发展领域	穗港科技创新合作相关内容要点
《香港创新科技发展蓝图》	聚焦生命健康、人工智能与数据科学、先进制造与新能源科技等产业发展；主要发展半导体晶片和新能源汽车两大领域；优先推动微电子产业及生命健康产业	1. 建立香港内地科技合作政策体系； 2. 建设香港内地科技创新合作平台； 3. 提供香港与内地企业的技术合作支持； 4. 推动香港与内地高校之间的学术研究合作； 5. 用好广州南沙合作平台，深化与内地创科合作； 6. 推动在移动技术、大数据、云计算、智能网络等领域融合创新

资料来源：根据广州市人民政府网、香港特区政府网发布的政策文件及政府网站资料等整理得到。

（二）合作基础

1. 穗港投资合作不断深化

投资合作是推动科技创新合作发展的重要力量之一，随着"一带一路"倡议、粤港澳大湾区建设等深入实施，穗港投资合作水平不断深化。截至2022年底，香港在广州直接投资企业3万多家，累计投资超800亿美元；广州在香港投资设立了1161家企业（机构），协议投资135.6亿美元。①2023年2月6日起，内地和香港恢复正常通关，穗港投资合作通道再次全面打开，围绕科技创新内涵的投资合作将成为未来的合作重点。

2. 穗港均拥有丰富的科教资源

近年来，广州不断强化国家战略科技力量布局，以广州实验室、粤港澳大湾区国家技术创新中心为引领的"2+2+N"科技创新平台体系不断完善，目前拥有21家国家级重点实验室、11家国家工程技术研究中心和34家高水平企业研究院。②据科睿唯安2022年11月公布的ESI排名，广州共有12

---

① 《提振信心 凝聚力量——源远流长的穗港投资合作再谱新篇》，南方新闻网，2023年2月15日。
② 《广州市科学技术局2022年工作总结及2023年工作计划》，广州市人民政府官网，2023年2月7日。

所高校 109 个学科进入全球前 1%，平均每个高校上榜学科 9 个。香港目前共有 16 个国家重点实验室、6 所国家工程技术研究中心的分中心、28 所与世界级大学和科研机构合作的创新研发实验室，8 所公立高校共有 111 个学科进入 ESI 全球排名前 1%，平均每个高校上榜学科 13.9 个，5 所大学跻身世界百强。总体上，穗港均拥有丰富的科教资源，这为双方在科技创新上强强联合提供了可能。

3. 穗港科技协同创新紧密度日益增强

随着粤港澳大湾区"软硬联通"规则衔接逐步落地，穗港之间科技创新活动交流协作也日益紧密。根据世界产权组织（WIPO）发布的《全球创新指数报告》，穗港在科学引文索引扩展版网站（SCIE）公布科学出版物和《专利合作条约》（PCT）专利申请量方面存在较强的合作联系，"深圳-香港-广州"科技集群于 2020~2022 年连续 3 年在全球百大科技集群中排名第 2，穗港科技创新互动黏性持续增强。

4. 穗港在制造业发展上正"同向而行"

制造业是科技创新的主战场，穗港近年来均明确强调要大力发展制造业。香港的经济体系过往以服务业为主，制造业产业空心化问题严重，创新型经济薄弱。特区政府统计数据显示，近年来服务业增加值一直约占香港 GDP 的 90%，2021 年香港服务业比重为 89.6%，工业占 GDP 的比重仅为 6.0%。近年来，香港政府积极推进"新型工业化"，支持发展新能源汽车、半导体晶片等先进制造业，正在产业方面寻求变革。而广州当前正全力实施制造业立市战略，根据已有产业基础，补短板锻长板，构建"3+5+X"战略性新兴产业体系，囊括新一代信息技术、智能与新能源汽车等产业。2022 年，广州市战略性新兴产业增加值达 8879 亿元，占 GDP 的比重提升至 30.8%，对 GDP 增长的贡献率约为 1/3。[①]

---

① 《广州"制造业立市"正在寻求新突破》，南方网，2023 年 1 月 30 日。

二 穗港专利合作情况

专利是用于科技创新水平评价的最常用指标。为考察穗港专利合作发展全貌，本文所述穗港合作专利数据包括发明、实用新型和外观设计三种专利类型，且不限专利申请年份，本文的专利数据均来自ISPatent专利数据库，检索日期为2022年12月13日（下称"检索日"）。[①]

（一）穗港专利合作申请情况

1. 专利合作申请量整体呈波动态势，近年来合作有所增加

截至检索日，穗港合作申请专利共计179件。穗港自1987年开始合作申请专利，直到1997年两地偶有零星专利合作，1999年开始每年持续有合作专利产出但增长缓慢。截至2022年底穗港有18年的专利合作申请量为个位数甚至为零，仅有7年的专利合作申请量达10件，反映出穗港在专利技术创新方面的合作协同还不足。2017年国家提出支持香港成为国际创新科技中心，加强内地与香港合作，2019~2021年，《粤港澳大湾区发展规划纲要》《广州穗港智造合作区建设实施方案》等文件先后印发，这些政策对穗港专利合作提速具有积极作用，2017年、2019年、2021年两地专利合作申请量达到了20件（见图1）。

2. 企业是专利合作申请的主要主体，高校合作强度相对最大

本文对穗港专利合作申请主体进行分类统计发现，合作主体包括55家企业、12所高校、9家科研院所。企业是专利合作申请最多的主体类型。合作的高校数量虽少于合作的企业数量，但高校合作申请专利69件，平均每所高校合作申请5.8件，高于平均每家企业的合作申请量（2.0件），也高于平均每家科研院所合作申请量（4.2件），高校专利合作申请的强度相对最大（见表2）。从合作组合类型来看，企业与企业合作91件，高校与高

[①] 除特别说明外，本文专利及论文数据检索日期均为2022年12月13日。

图 1　穗港历年专利合作申请量

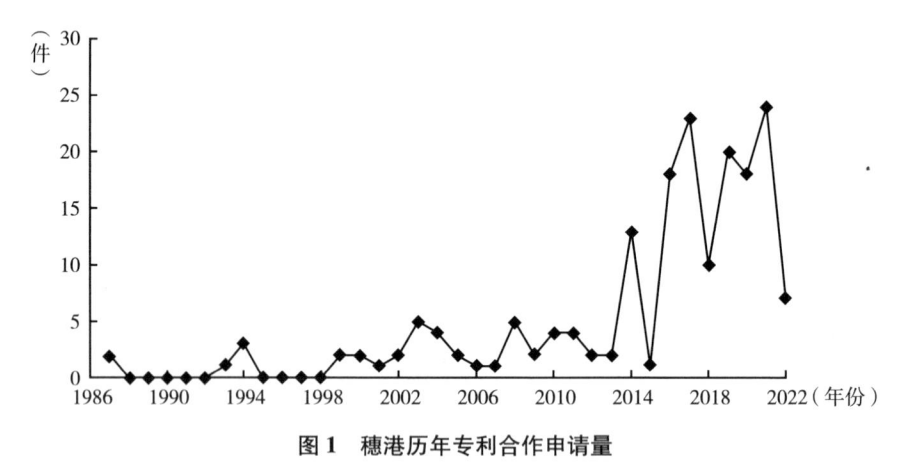

注：2022年数据下降是由于发明专利申请尚未全部公开，不代表当年穗港合作申请专利实际数量。

校、高校与科研院所或高校与机关团体合作共58件，企业与高校或科研院所合作23件，占比分别为50.8%、32.4%、12.8%，另有个人与个人或企业合作7件，占比3.9%。可见，产学研合作还有待深化。

表 2　穗港专利合作申请主体情况

类别	高校	科研院所	企业
合作申请主体数量	12所	9家	55家
合作申请专利数量（件）	69	38	112
平均每单位合作申请专利量（件）	5.8	4.2	2.0

穗港专利合作申请主体具体情况如表3所示。高校方面，广州拥有众多高校资源，但参与过穗港专利合作申请的高校仅5所，反映了广州高校与香港合作方面还有很大的可开拓空间。科研院所方面，广州市香港科大霍英东研究院（以下简称"霍英东研究院"）作为香港科技大学面向内地最重要的成果转化平台，与6家广州企业合作，涉及注塑加工技术、复合材料等多个技术领域，是穗港科技创新合作的优秀代表。广州其他科研院所与香港高校或企业虽有专利合作申请但数量零星，尚未形成持续稳定的合作关系。企

业方面,广州的顺健生物医药、智丰电气、华友明康光电科技为穗港专利合作申请的"领头羊",合作领域主要包括制药、检测、区块链等技术方向。

表3 穗港专利合作申请主体具体情况

专利合作主体类型	地区分布 总量	地区分布 广州	地区分布 香港	主要代表	主要合作技术
高校(所)	12	5	7	华南理工大学、广东工业大学、中山大学、香港科技大学、香港理工大学等	医药、有机光电材料、通信、分析检测等
科研院所(家)	9	9	0	霍英东研究院、南方海洋科学与工程广东省实验室等	注塑加工技术、复合材料、海洋防污化合物等
企业(家)	55	30	25	顺健生物医药、智丰电气、华友明康光电科技等	制药、检测、区块链等

3. 专利合作网络核心以高校为主,企业合作表现出亲缘性

图2展示了穗港专利合作网络,圆点大小反映申请人专利合作申请数量的多少,线条表示合作关系,线条粗细反映线条两端申请人之间合作数量的多少(线条越粗代表专利合作申请越多)。可见,穗港已形成以香港科技大学、霍英东研究院、香港理工大学、华南理工大学、广东工业大学等高校、科研院所为核心的专利合作网络。除霍英东研究院合作对象多为广州企业外,其他网络核心主体主要与自身同类单位合作(高校与高校、高校与科研院所合作)。穗港企业间的专利合作申请主要发生在具有投资关系、母子公司关系等的亲缘性企业之间,尤其香港亚盛医药集团与其全资子公司广州顺建生物医药公司的合作最为突出。

4. 医药及化学领域的专利合作申请最为活跃

本文采用国际专利分类号IPC主分类号前两位代码(专利技术大类)来统计穗港专利合作申请的技术领域。穗港专利合作申请在医药及医疗设备领域最多,占比达20.1%,其次是有机化学领域(占15.6%),检测、测试领域(占9.5%),其他领域专利合作申请量占比均在5%以下。穗港专利合

图 2 穗港专利合作网络

作申请排名前10的技术领域多属于先进制造业（见表4）。

穗港专利合作申请中共有海外申请51件，其中，医药及化学领域35件，占穗港合作海外申请专利总量的68.6%。医药及化学领域代表性的专利合作申请人主要是广州恩康药业与恩智药业公司（香港）、广州顺健生物医药与亚盛医药集团（香港）等具有亲缘性的企业，以及暨南大学、香港科技大学等高校。

表4 穗港专利合作申请技术领域分布情况

单位：件，%

大类	技术领域	专利合作申请量	占比
A61	医药及医疗设备	36	20.1
C07	有机化学	28	15.6
G01	检测、测试	17	9.5

续表

大类	技术领域	专利合作申请量	占比
C08	有机高分子化合物	8	4.5
H04	电通信技术	7	3.9
B23	机床	6	3.4
H01	基本电气元件	6	3.4
G06	计算	6	3.4
D06	柔性材料	4	2.2
B01	一般的物理或化学方法	4	2.2
	其他	57	31.8

（二）穗港间专利技术转移情况

1. 近年来专利技术转移以香港主体流向广州主体为主

专利权利转移是专利技术合作的重要方式。截至检索日，穗港之间发生过权利转移的专利共计307件，其中，香港专利权人向广州主体转移200件，广州专利权人向香港主体转移107件。穗港间历年专利技术转移生效数量如图3所示，广州专利权人向香港主体转移的专利数量在2011年达到高峰，之后迅速下降，并长期保持在较低水平。同期，香港专利权人向广州主体转移的专利数量呈持续增长态势。自2014年起，从香港主体转移向广州主体的专利量始终大于广州主体向香港主体转移的专利量。可见，当前香港专利技术对广州主体的影响更大。

2. 穗港专利技术转移中主体亲缘性特征突出

与专利合作申请的情况类似，穗港专利技术转移也主要发生在具有亲缘性关系的企业之间，主要表现为母子公司之间（如香港阿波罗电子集团与广州矽金塔电子有限公司）、具有控股关系的公司之间（如香港印芯科技股份有限公司与广州印芯半导体技术有限公司）的专利技术流动。这一现象表明非亲缘性开放合作仍是当前专利技术转移的短板。

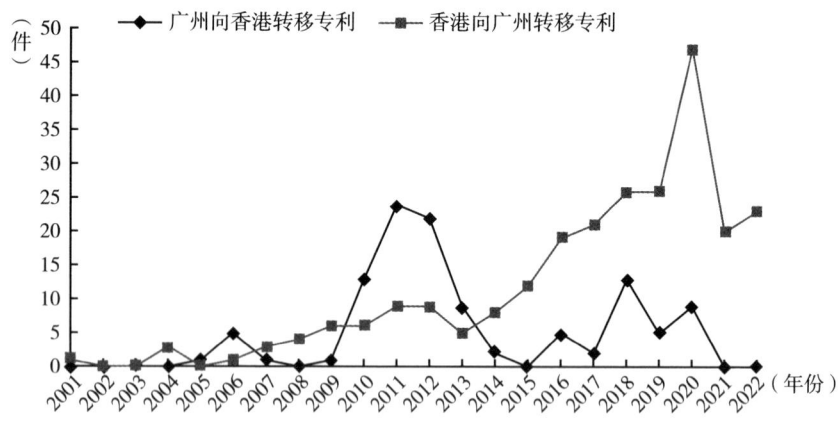

图3 穗港间历年专利技术转移生效数量

注：因存在1件专利多次转让的情况，穗港间历年专利技术转移生效量之和大于穗港间发生过权利转移的专利总量。

（三）穗港专利合作潜力情况

显性技术优势（以下简称"RTA"）是分析各地区专利结构分布不均匀性的常用指标。本文用显性技术优势指标来分析广州、香港的专利技术优势领域，并以此分析未来合作潜力方向。其计算公式如下：

$$RTA_{ij} = \frac{p_{ij}/p_i}{p_j/p}$$

其中，RTA_{ij} 表示 i 地区 j 技术领域的显性技术优势，p_{ij} 为 i 地区 j 技术领域的发明专利授权量，p_i 表示 i 地区所有技术领域发明专利授权总量，p_j 为所有地区 j 技术领域专利的授权数量，p 表示所有地区所有技术领域专利的授权总量。若 $RTA>1$，说明该地区该技术领域具有比较优势，且 RTA 数值越大则比较优势越大；若 $RTA<1$，说明该地区该技术领域不具有比较优势。为有效反映穗港专利技术优势领域，本文设定一个标准，若某一技术领域在穗港地区范围具有比较优势须满足两个条件：一是该地区该技术领域的 RTA 系数须大于1；二是该地区该技术领域的发明专利授权量须高于穗港两

地各技术领域授权发明专利平均值。

本文采集近10年（2013~2022年，下同）穗港发明专利授权量来分析两地的专利优势技术领域。结果显示，近十年穗港两地的发明专利共覆盖122个IPC大类技术领域，平均每个技术领域发明专利授权量为1216件。广州在117个IPC大类技术领域的RTA大于1，其中检测、测试，生物化学，有机高分子化合物等13个技术领域的发明专利授权量高于穗港两地各技术领域授权发明专利平均值；而香港则在5个IPC大类技术领域的RTA大于1，其中电通信技术和基本电气元件两个技术领域的发明专利授权量高于穗港两地各技术领域授权发明专利平均值（见表5）。两地具有比较优势的技术领域没有重合，未来穗港在专利技术创新方面具有较大的互补空间。

从近10年穗港两地各技术领域发明专利授权量及RTA综合来看，广州相对于香港具有更好的专利基础，具有比较优势的技术领域远多于香港，但显性技术优势最突出（RTA值最高）的技术领域在香港，香港的电通信技术和基本电气元件技术领域RTA值均为1.3，高于广州各专利技术优势领域的RTA值，其经验值得广州进一步研究。

表5 穗港两地近10年发明专利技术优势领域

单位：件

地区	IPC大类	技术领域	发明专利授权量	RTA
广州	G01	检测、测试	10203	1.1
	C12	生物化学	5899	1.1
	C08	有机高分子化合物	5120	1.2
	C07	有机化学	4529	1.1
	B01	物理或化学方法/装置	2781	1.1
	C09	染料、涂料等组合物	2339	1.1
	G05	控制、调节	2122	1.1
	B23	机床	1979	1.1
	B60	一般车辆	1700	1.2
	A23	食品或食料	1654	1.1
	C02	废水、污水或污泥的处理	1362	1.1
	E04	建筑	1305	1.2
	H05	电技术	1228	1.2
香港	H04	电通信技术	2961	1.3
	H01	基本电气元件	1423	1.3

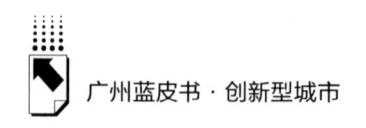

三 穗港论文合作情况

合作论文作为科技创新合作的重要产出，在一定程度上体现了科技资源和知识扩散的路径以及科技创新合作的发展态势，是研究科技创新合作的重要参考。本文以 Web of Science（WOS）核心合集数据库为数据源，检索穗港合作发表的论文数据，在检索时不考虑发文机构署名顺序，一篇论文的发文机构只要同时出现了广州和香港的机构，即视为穗港合作论文。

（一）穗港论文合作量持续攀升

截至检索日，WOS 核心合集数据库共收录穗港合作论文 28472 篇，其中最早的合作论文发表于 1997 年，之后合作量呈持续稳定增长态势。由图 4 可知，穗港论文合作总体上包括两个不同的发展阶段：第一阶段是 2013 年以前，两地历年论文合作量在最开始两年为个位数，1999 年突破 100 件，之后逐年增长但是增速较为缓慢；第二阶段是 2013~2022 年，两地论文合作量快速增长，2013 年两地合作发文突破 1000 篇，近 10 年两地论文合作量达 22754 篇，占两地论文合作总量的 79.9%，年均复合增长率达 15.8%，2021 年两地论文合作量已突破 4000 篇。

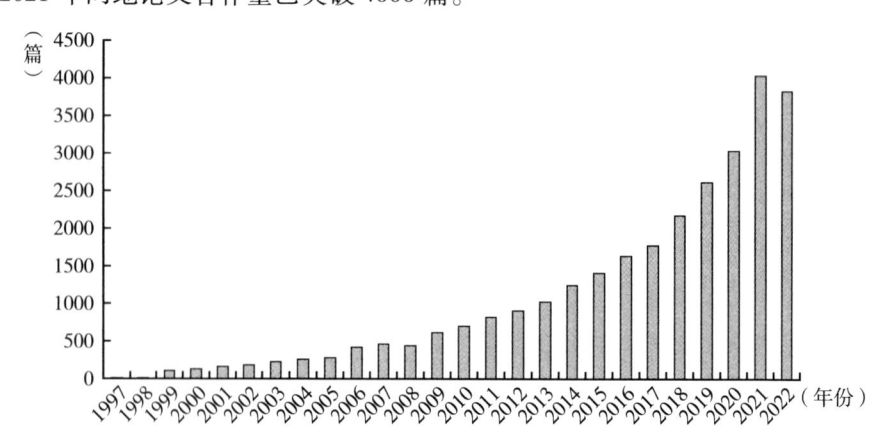

图 4 穗港历年论文合作量

（二）中山大学、香港大学为穗港论文合作"领头羊"

论文产出通常是高校或科研院所的强项，穗港论文合作多集中在两地高校之间。表6、表7为穗港合作论文中两地各自的主要发文机构情况，其中篇均被引频次反映了论文的影响力。两地合作论文主要发文机构中高校的上榜情况与QS世界大学排名及ESI前1%学科上榜情况总体一致。

表6 穗港合作论文中广州主要发文机构情况

发文机构	合作发文量（篇）	在合作论文总量中占比（%）	篇均被引频次（次）	近十年发文量年均增长率（%）
中山大学	9775	34.3	36.7	11.5
华南理工大学	4655	16.3	34.0	15.6
暨南大学	3121	11.0	23.2	16.5
广东工业大学	1931	6.8	19.6	30.4
南方医科大学	1665	5.8	36.1	23.4
华南师范大学	1623	5.7	24.2	21.6
广州医科大学	1238	4.3	39.0	18.5
广州大学	951	3.3	18.2	31.9
中科院广州地球化学研究所	804	2.8	49.1	10.6
华南农业大学	764	2.7	22.2	26.0

表7 穗港合作论文中香港主要发文机构情况

发文机构	合作发文量（篇）	在合作论文总量中占比（%）	篇均被引频次（次）	近十年发文量年均增长率（%）
香港大学	7077	24.9	43.4	11.2
香港中文大学	6631	23.3	39.7	9.0
香港理工大学	4533	15.9	31.3	12.5
香港科技大学	4384	15.4	39.2	16.5
香港城市大学	3474	12.2	24.3	18.1
香港浸会大学	1600	5.6	30.2	10.1
香港教育大学	507	1.8	22.4	20.6
香港大都会大学	111	0.4	7.9	—
香港天文台	79	0.3	12.8	14.0

注：（1）主要发文机构从穗港合作发文机构排名前500中筛选，广州上榜前500的发文机构较多，表中列出前10的发文机构，香港仅有9个发文机构上榜前500；（2）香港大都会大学因2013年合作发文量为0，基数为0不能计算年均增长率，以横线列。

从近 10 年数据看，广东工业大学、南方医科大学、华南师范大学、广州大学、华南农业大学和香港教育大学的合作发文量年均增长率均在 20%以上，成为近年来推动穗港论文合作的重要力量。其中，广州大学、广东工业大学近十年合作发文量年均增长率分别达 31.9%、30.4%，远超中山大学、华南理工大学、香港大学等老牌名校，这主要得益于上述高校近年来积极加大与香港高校合作力度的政策和行动。

（三）穗港论文合作主要学科领域体现了与科创政策的匹配性

本文用各学科领域的合作发文量及其在穗港合作发文总量中的占比、篇均被引频次、高影响力论文量及其在该学科领域合作论文总量中占比（简称"高影响力论文占比"）、合作强度来衡量穗港合作论文在不同学科领域的分布、影响力及合作紧密程度。其中，合作强度的计算公式如下：

$$S_{ij} = \frac{n_{ij}}{\sqrt{C_i C_j}}$$

公式中，S_{ij} 表示穗港某学科间的合作强度，取值范围为 0~1，该值越大，两地在该学科的合作倾向就越强；n 表示穗港在某学科领域的合作发文量；C_i、C_j 分别表示广州、香港在该学科领域的发文总量。WOS 学科分类涵盖 252 个学科，穗港合作论文共涉及其中的 238 个学科，主要集中在环境科学、材料科学、化学、物理化学等传统基础学科以及工程电气电子、计算机科学与人工智能、纳米科学与纳米技术等当今高新技术领域中不可或缺的关键学科领域（见表 8），与《广州规划》及《香港蓝图》重点发展领域（见表 1）总体相匹配。

近 10 年穗港在各主要学科领域的合作发文量增长趋势总体一致[①]，2018 年以前各学科领域合作发文量差别较小且都增速较缓，2018 年以后各学科领域合作发文量差距逐步增大。2018 年以前，工程电气电子领域合作最多，2019 年后环境科学、材料科学领域的合作发文量超过工程电气电子领域，特别是 2020 年以来，这 2 个学科领域的合作发文量遥遥领先于其他

---

① 2022 年数据略有降低，原因为非全年完整数据。

学科（见图5）。排名前10学科中，肿瘤学、生物化学与分子生物学等领域合作发文量较少，且增长缓慢。

表8 穗港合作论文排名前10学科领域总体情况

排名	学科	合作发文量（篇）	在穗港合作发文总量中的占比(%)	篇均被引频次(次)	高影响力论文量(篇)	高影响力论文占比(%)	合作强度
1	环境科学	2404	8.4	32.0	61	2.5	0.13
2	材料科学	2349	8.3	37.2	89	3.8	0.08
3	工程电气电子	2301	8.1	17.4	29	1.3	0.06
4	化学	1689	5.9	55.8	113	6.7	0.10
5	应用物理学	1338	4.7	35.1	49	3.7	0.07
6	肿瘤学	1262	4.4	33.6	34	2.7	0.08
7	物理化学	1248	4.4	52.9	75	6.0	0.08
8	计算机科学与人工智能	1224	4.3	22.6	18	1.5	0.08
9	纳米科学与纳米技术	1133	4.0	45.9	52	4.6	0.10
10	生物化学与分子生物学	1005	3.5	30.4	17	1.7	0.08

注：合作强度保留两位小数以观察大小差别。
资料来源：由WOS核心合集数据库检索、计算而得。

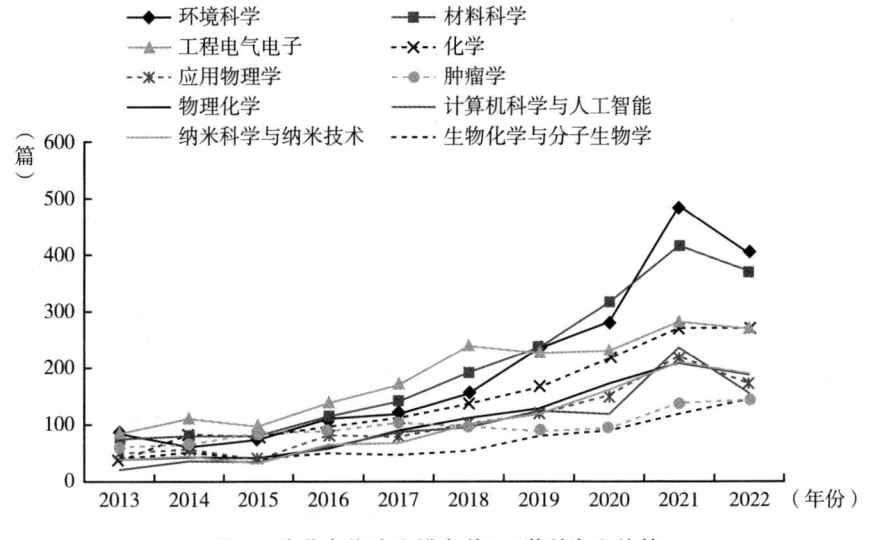

图5 穗港合作论文排名前10学科发文趋势

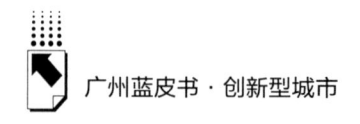

（四）合作产出的高影响力论文主要涉及化学、材料和物理化学学科领域

化学和物理化学是穗港合作论文中全球影响力最高的学科领域，其论文篇均被引频次均为50次以上，其高影响力论文占比均达6%（见表8）。从全球高影响力论文的学科分布来看，化学、材料科学和物理化学是穗港论文合作产出高影响力论文成果最多的学科领域，在穗港合作高影响力论文总量（650篇）中占比均在10%以上，主要涉及癌症预防与治疗（特别是肝癌、鼻咽癌、直肠癌）、新冠病毒及疫情、高能粒子探测器、光催化剂及材料、空气及水污染处理、全球疾病负担研究、气候与环境等具体技术领域。

（五）论文多边合作趋势明显

穗港合作论文发文机构不仅来自广州和香港，还包括其他国家/地区的机构。其中，参与合作较多的主要有美国、澳大利亚和英国的机构，其合作发文量占比分别为14.9%、7.8%、7.3%。以历年合作发文机构所在国家/地区的数量来统计，2008年以前每年参与合作的国家/地区数在30个以下，2009~2014年为50~100个，2015~2022年均在100个以上。特别是2019年以来，穗港已共同与全球约150个国家/地区合作发表论文，表明穗港论文合作范围越来越广，国际科技创新边界不断扩大。

（六）广州在穗港论文合作中的主导地位不断提高

论文的通讯作者属地情况间接反映了一个国家或地区参与科技合作的角色分工及主导地位变迁情况。[①] 穗港合作论文中各自作为通讯作者的发文量及占比情况如图6所示。可以看出，在2006年以前，广州作者作为通讯作者的发文量总体少于香港作者作为通讯作者的发文量，但从2006年起，广

[①] 孟婵：《中国与"21世纪海上丝绸之路"沿线国家科技论文合作分析——基于Web of Science的研究》，《国际研究参考》2018年第8期，第39~46页。

州作者作为通讯作者的发文量超过香港作者作为通讯作者的发文量并一路攀升，二者之间差异也呈明显增大趋势。2017~2022年，广州作者作为通讯作者的发文量均保持在50%以上，到2022年达60.5%。以上数据表明，广州在穗港合作中的主导地位不断提高，且愈加注重在两地论文合作中的主动性和话语权。

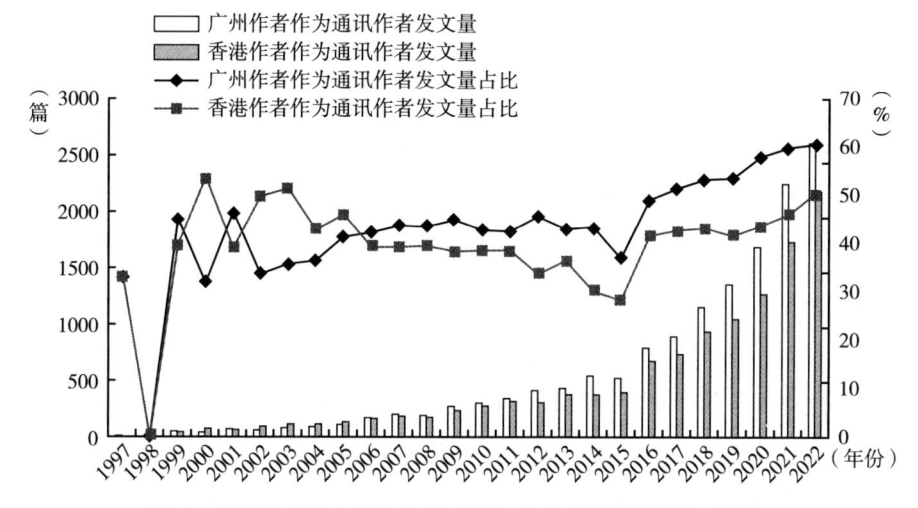

图6 穗港合作论文中各自作为通讯作者的发文量及占比情况

注：穗港合作论文的通讯作者数量不一定只有1个，相当一部分论文有2个甚至3个通讯作者，除了穗港作者，还包括多边合作中其他地区的通讯作者。因此，通讯作者发文量占比加和不一定等于100%。

资料来源：笔者由WOS核心合集数据库检索、计算而得。

四 穗港科技创新合作中存在的问题

（一）穗港专利技术创新尚未形成合力

目前，穗港科技创新合作总体呈"论文多、专利少"的特征，专利创新尚未形成合力，合作专利申请不仅总量少，高价值专利数量也少。一方面，相对于穗港论文合作近3万篇的总量，穗港专利合作申请总量仅179件。另一方面，无论是广州建设具有全球影响力的科技创新强市，还是香港建设国际创科中心，其重要标志之一都应该包括高价值专利创造中心、转化中心和保护高地。根据国家知识产权局对高价值专利的定义，结合穗港合作专利实际情况，本文将符合"海外有同族专利权、维持年限达10年及以上、发生过质押、获得过中国专利奖"中任一条件的有效发明专利界定为高价值专利。统计结果显示，穗港合作专利中目前仅有7件高价值专利，仅占穗港发明专利合作申请总量（135件）的5.2%。

（二）穗港科技创新合作中企业参与度较低

企业既是参与科技创新合作的主体，也是推动科技创新成果转化的主体。从专利和论文合作总量以及合作主体来看，目前高校和科研机构是穗港科技创新合作的主力，企业参与度较低。广州拥有丰富的优质企业资源，截至2022年，广州高新技术企业、科技型中小企业数量分别突破1.23万家、1.67万家，19家企业入选胡润全球独角兽榜[1]，拥有国家级专精特新"小巨人"企业123家。截至2022年，香港初创企业数量已达3985家，数量比2015年增长2.6倍[2]。而截至检索日，仅有30家广州企业、25家香港企业参与过穗港专利申请合作，论文合作机构仅有中国南方电网公司1家企业。

（三）科技创新合作成果转化运用不足

专利权利转移是科技创新成果转化的最主要途径，国际知名高校通常采用专利转让、许可等方式实现科技创新成果的转化运用。在穗港合作申请专利中，发生过权利转移的专利仅8件，在穗港合作申请专利总量中仅占4.5%，未见有许可备案的专利。穗港之间发生过权利转移的专利中，仅1件专利的出让人为高校（香港科技大学转移给广州白云山星群药业）。穗港科技创新成果转化运用不足，特别是高校技术供给人角色的缺

---

[1] 《广州市科学技术局2022年工作总结及2023年工作计划》，广州市人民政府官网，2023年2月7日。
[2] 吴方、宋帅邦：《深港科技创新产业深化合作论析》，《特区实践与理论》2022年第5期，第101~105页。

失,既是前期科技创新投入的损失,也会影响未来产业界对学界科技创新投入的印象。

(四)广州在香港与内地城市科技创新合作中的地位尚不突出

虽然穗港合作论文的总体规模呈增长态势,但数据显示,1997~2022年,WOS核心合集中香港发文总量为392102篇,其中与广州合作论文占7.3%,低于其与北京合作论文(10.2%)及与深圳合作论文(8.9%)的比重,表明香港与北京、深圳的论文合作更为密切。特别是与同为粤港澳大湾区核心城市的深圳相比,在广州高校与科研机构数量多于深圳的背景下,香港与深圳合作论文数量及其占比、高影响力论文量、近10年年均增长率均超过广州(见表9)。

表9 香港回归以来与广州、深圳合作论文情况比较

单位:篇,%

合作城市	合作论文数量	在香港发文总量中的占比	其中高影响力论文量	近10年年均增长率
香港与广州	28630	7.3	650	16.4
香港与深圳	34776	8.9	727	22.7

五 广州深化穗港科技创新合作的对策建议

(一)加强统筹协同推动穗港科技创新合作迈上新台阶

1. 完善穗港科技创新合作协同机制

目前,国家层面已有"一带一路"倡议及粤港澳大湾区建设、《南沙方案》等重大战略决策推进穗港科技创新合作,穗港政府最新出台了《广州规划》和《香港蓝图》。在现有政策基础上,广州可进一步完善两地科技创

新合作协同机制。一是进一步加强与香港相关部门的联动，携手制定专门针对穗港的科技创新合作愿景与规划，共同发起穗港合作科技计划项目，充分释放两地科技创新合作潜力，助推香港融入国家发展大局，同时提升广州在香港与内地城市科技创新合作中的地位。二是强化双方在重大科技创新合作中的全过程监测与评估联动，特别是针对两地都重点发展的半导体、新能源、生命科学等领域的重大项目，及时发现项目实施中的产业对接或转化契机，适时评估重大研究里程碑节点与广州产业发展战略、战术的匹配性。三是完善穗港科技创新合作高级别咨询顾问机制，加强各方沟通协调，协助两地政府提升科技创新合作施政效能。

2. 增强穗港科技创新资源流动与信息共享能力

广州要用好用足《南沙方案》政策红利，加快推动两地科技创新资源流通，拓展科技创新合作网络，推动两地经济科技协同发展。具体可在以下三个方面予以完善。一是用好招商引资政策，深化招商引资中的科技创新内涵，借助香港在广州的高质量产业投资，持续推动亲缘性科技创新合作。二是加快培育和建设各类穗港科技合作重大平台、科技园区联合体，支持香港高校和科研机构到广州建设研究载体，鼓励广州企业和科研院所到香港设立离岸科创中心，促进面向转化运用的高水平科技创新资源集聚、流通和双向赋能。三是加快研究和建设穗港科技创新信息共享平台，以持续汇集、组织、扩散穗港科技创新信息，不断增强两地在科技创新合作中的信息互通能力和敏感程度。

（二）强化企业在穗港科技创新合作中的地位及作用

1. 提高企业在穗港科技创新合作中的参与度

企业是将科技创新成果转化为生产力的核心主体，在深化穗港科技创新合作中发挥着重要作用。广州应进一步激发企业参与穗港科技创新合作的积极性，让更多的企业成为穗港科技创新合作中的重要主体，重塑产学研合作网络。2021年，南方电网公司联手香港生产力促进局、香港中文大学及多家港方电力公司共同参与国家重点研发计划"战略性科技创新合作"项目，将共同推动人工智能、电网能源等领域关键核心技术研发及成果转化落地,该项目获得科技部"内地与香港联合资助研发项目"立项,是广东首个由企业牵头的"内地与香港联合资助研发项目"立项项目,是穗港产学研合作的示范样本①,也是企业积极参与穗港科技合作创新的先进典型。

2. 竭力挖掘广州产业优势主动匹配穗港科技创新资源

香港高校实力雄厚,科技创新基础好,但制造业占比极低,高校科技创新成果转化产业空间有限。广州产业结构完整,产业链生态环境良好。穗港同为大湾区核心城市,在地缘优势下若将香港的科研优势与广州的产业优势有机结合,促进香港的科技创新成果在广州转化,并获得广州产业发展的反哺,可实现"1+1>2"的效果。广州要加快推进香港科技大学科创成果内地转移转化总部基地、穗港智造合作区、穗港科技合作园等项目建设,推动设立穗港产学研专项合作项目,促进香港科研成果在广州转化。同时,广州也要充分利用香港在金融方面的资源优势,为穗港科技创新成果转化加速。

(三)提升穗港科技创新合作的广度和深度

1. 以穗港各自优势科技的交叉互补共塑新发展优势

在科技创新上,穗港各有优势技术领域,双方应在面向世界科技前沿、面向经济主战场、面向国家重大需求、面向人民生命健康的基本思想指导下,立足技术交叉探索强强联合、优势互补的科技创新生长点,携手打造粤港澳大湾区科技创新合作新高地。例如在基础研究方面,依托中山大学、华南理工大学、香港科技大学、香港理工大学等高校的学科优势及合作基础,进一步强化在环境科学、材料科学等基础学科以及人工智能、生物医药等前沿技术与重点产业领域的合作。在应用研究方面,除了进一步强化在医药及化学领域的合作,未来可重点在检测、测试,有机高分子化合物,电通信技术,基本电气元件等穗港均具有良好专利基础或相对对方具有比较优势的技

---

① 《南方电网:联手香港生产力促进局等,推进港澳台"战略性科技创新合作"》,南方网,http://static.nfapp.southcn.com/content/202209/26/c6924374.html,2022年9月27日。

术领域加强合作，以高质量推动《广州规划》和《香港蓝图》的落地。

2.在穗港潜力较大的科技领域加强合作深度

加强在穗港潜力较大的科技合作领域的合作深度，具体包括以下两点。一是抢抓产业政策带来的发展空间。广州根据已有产业基础，正在推动构建"3+5+X"的战略性新兴产业体系。在此背景下，广州应通过持续有效沟通推动香港科技创新资源积极融入广州科技创新新发展格局，探索双方在区块链、量子科技、粒子物理等新兴技术及前沿基础学科领域的合作。二是在双方具有鲜明特色的合作领域继续加强互动，以合力强能力，为既有优势领域争取更大的发展空间。例如，粒子物理是基础物理研究的前沿学科，尽管目前穗港在该领域论文合作数量不多（710篇，在穗港合作论文学科中排第20名），但其合作强度为0.39，远高于其他学科合作强度（排名第2的学科合作强度为0.17），粒子物理领域应被视为穗港未来合作的新高地。

（四）用好香港国际化优势开创广州国际科技创新合作新局面

1.提升广州科技创新的国际化水平

香港在国际创新资源方面具有独特优势。广州可借助该优势，鼓励广州高校与科研机构联合香港科技创新资源发起国际科学研究计划。例如，华南理工大学在化学、物理化学等领域，中山大学在环境科学、肿瘤学等领域具有突出优势，可依托这些优势学科与香港方面携手牵头发起国际前沿科技创新合作项目，构建具有全球竞争力的开放创新生态，链接国际高端科技创新资源，提升广州科技创新的国际化水平。

2.扩大广州科技创新国际合作朋友圈

香港背靠内地、面向全球，一直发挥着链接内地与全球的重要作用。香港在全球科技创新领域具有鲜明的形象，相较于内地在科技创新方面有独特的话语权，在对接对标国际科技创新规则上具有不可替代的优势。广州除了要深化与香港的科技创新合作，还要以科技创新合作为纽带，以香港的独特资源为中继器，面向世界主要创新型国家扩大科技创新"朋友圈"，拓展广州科技创新合作边界，加强广州在参与全球科技治理、维护国际科技关系方面的话语实力，不断开创国际科技创新合作新局面。

参考文献

《2023年广州市政府工作报告》，广州市人民政府官网，2023年2月1日。

《纵深推进香港科技创新 融入国家发展大局》，《广州日报》，2023年1月5日。

丁焕峰、邱梦圆、谯丽：《粤港澳大湾区国际科技创新中心的推进路径与广州策略》，《粤港澳大湾区建设与广州发展报告（2018）》。

丁旭光：《新时代科技创新发展的广州路径探析》，《探求》2022年第5期。

郝新东、杨俊凯：《区域科技创新中的产研协同研究——基于广深港澳科技创新走廊的实证》，《科技管理研究》2020年第21期。

李青、曾楚宏：《"海外广东"与对外开放新格局》，社会科学文献出版社，2018。

刘亮：《大手笔里的大局观》，《经济日报》2023年1月30日。

吴方、宋帅邦：《深港科技创新产业深化合作论析》，《特区实践与理论》2022年第5期。

赵健、孙先科：《国家中心城市建设报告（2019）》，社会科学文献出版社，2019。

钟韵、陈娟：《粤港澳大湾区中心城市的对外创新联系与影响机制研究》，《科技管理研究》2021年第9期。

B.4 广深"双城"联动协同创新共建国际科技创新中心

周锐波[*]

摘　要： 国际科技创新中心是一个国家综合科技实力的集中体现和核心依托，代表了一个国家在国际竞争格局中的地位。粤港澳大湾区作为我国开放程度最高、经济活力最强、科技创新最活跃的区域之一，加快建设成为具有全球影响力的国际科技创新中心，是以习近平同志为核心的党中央赋予粤港澳大湾区的重大任务和战略使命。充分释放广深"双城"联动协同创新效应，是推进大湾区共建国际科技创新中心的一项重要工作和主要抓手。本文系统梳理了区域创新系统理论以及相关城市区域发展经验，回顾了广深两市的科技创新发展历程，利用国家知识产权局的发明专利授权数据，采用网络分析方法、ArcGIS软件等计量工具定量分析了广深两市协同创新的现实基础，以及合作创新网络的特征事实和发展潜力。本文从科技自立自强创新供给、科技互联互动协同创新和科技成果转化机制体制三个维度提出构建广深"双城"联动协同创新的三大支撑体系及政策建议。

关键词： 广深"双城"联动　国际科技创新中心　协同创新　粤港澳大湾区

---

[*] 周锐波，博士，华南理工大学经济与金融学院副教授、博士生导师，研究方向为城市创新发展和区域经济。

一 广深"双城"联动协同创新的现实基础和时代意义

(一)广深"双城"联动协同创新的现实基础

建设具有全球影响力的国际科技创新中心,是《粤港澳大湾区发展规划纲要》明确提出的发展目标定位。国家赋予"国际科技创新中心"功能定位的只有北京和上海两市;赋予"全国科技创新中心"的只有武汉和成渝城市群。广州、深圳作为粤港澳大湾区的两大中心城市和特大城市,具有科技创新的核心引擎功能,只有充分发挥各自的优势、扬长避短、优势互补,实现双城"联动"和协同创新,形成合力并辐射带动大湾区科技创新发展,才能推动大湾区构建开放型区域协同创新共同体,为国家实施创新驱动发展、推进科技自立自强、实现高质量发展探路。

粤港澳大湾区创新资源要素高度集聚,具备建设国际科技创新中心的良好基础。港澳珠三角已经从过去"前店后厂"产业分工协作模式形成的"世界工厂"逐渐转变为科技协同创新的全球创新高地,拥有一批世界五百强的高新技术企业、全球前百名的高校和国家大科学工程等,创新资源吸引力、高端要素集聚力强,科技研发、转化应用能力较为突出。《2020年全球创新指数:谁为创新出资?》报告显示,以科学出版物和PCT国际专利申请授权量为主要评价指标的全球科技创新集群排名中,"深圳-香港-广州"仅次于"东京-横滨"位居全球第2。华为、腾讯等一批高新技术企业和中山大学、香港大学等著名高校都有不俗表现。《粤港澳大湾区协同创新发展报告(2021)》数据显示,2020年粤港澳大湾区发明专利公开量约36.59万件,领先于全球其他三大湾区,分别是纽约湾区的7.85倍、旧金山湾区的5.73倍、东京湾区的2.39倍。粤港澳大湾区发明专利公开量在2016~2020年累计达149.84万件,年均复合增长率为17%,一直保持良好的增长态势,作为我国培育发展的三大全球科技创新中心的地位越来越巩固。

广州、深圳两大中心城市地位突出,广深"双城"联动协同创新在粤港澳大湾区建设中作用突出、使命重大。广深地理空间邻近、社会经济联系极其紧密，两市相距不足100公里、通勤时间仅需半个小时。2022年两市经济总量之和超过6万亿元，约占广东省的一半、全国的5%。两大城市都是粤港澳大湾区的中心城市和发展引擎，位于广东"一核一带一区"发展格局的中心和广深科技创新走廊的南北两极，是深莞惠和广佛肇两大都市圈的核心城市，是引领"双区"建设的关键力量，肩负着牵引带动全省在更高起点推动改革开放、实现高质量发展的历史使命。

广东省和广州、深圳两市都高度重视广深"双城"联动，在全省和两市"十四五"规划中都提出要着力推动"双区"建设和"双城"联动，并促成两市签署了深化战略合作的框架协议。广深"双城"联动应充分发挥大湾区科技研发和产业创新优势，破除影响要素自由流动的瓶颈和制约，激发各类创新主体活力和协同创新，助力大湾区建设成为全球科技创新高地和新产业新技术重要策源地。综上所述，广深"双城"联动协同创新发展历史传统悠久、产业协作基础雄厚、战略意义重大，有助于推动形成优势互补、高质量发展的区域经济格局，加快构建开放型区域协同创新共同体。

（二）广深"双城"联动协同创新的时代意义

当前，我国正处于以中国式现代化推进中华民族伟大复兴的关键时期，经济已由高速增长阶段转向高质量发展阶段。作为改革开放的前沿阵地，广深两市创造了辉煌的成绩，如今粤港澳大湾区又被中央寄予了"建设全球科技创新高地"的厚望。2018年10月，习近平总书记视察广州并发表重要讲话，要求"广州实现老城市新活力，在综合城市功能、城市文化综合实力、现代服务业、现代化国际化营商环境方面出新出彩"。在深圳经济特区建立40周年庆祝大会上，中央赋予深圳实施综合改革试点、建设中国特色社会主义先行示范区的新时代使命。广东正在笃定心志推进广深"双城"联动，推动高质量发展。

当前，世界百年未有之大变局深刻演化，我国正处于迈向创新型国家前列的关键期。新一轮科技革命和产业变革带来的创新机遇和激烈竞争前所未有,粤港澳大湾区内外部发展需求和风险挑战交织叠加。高新科技和战略性新兴产业已经成为全球各国发展的最重要领域,发达国家和地区都在积极营造良好的国家、区域和技术创新系统,努力在本国本地区策源未来前沿技术和新兴产业,率先开辟发展新领域新赛道。从世界城市和全球创新型城市的发展演化来看,新知识、新技术、新产业等创新行为的产生、创新成果的产出,都越来越依赖开放合作和协同创新,单一、孤立的创新环境越来越不适应新的创新发展要求。基于创新资源要素高度流动、紧密合作伙伴关系构建"全球管道-本地蜂鸣"的创新网络体系,正成为国家和地区创新发展的新范式。可见,广深"双城"联动协同创新、建设世界级科技创新平台是个系统工程,需要发挥"双城"比较优势和共同智慧,积极培育区域创新生态系统。充分借鉴国内外创新生态系统发展的成功经验,助力广深打造世界级创新平台。

广深处于内循环和外循环的关键点和连接点,广深"双城"联动具有重大现实意义。一是有利于发挥战略效应。广深"双城"联动将充分发挥两市积极潜能,整合优势资源要素,打造世界级创新平台和增长极战略高地。二是有利于提升整体效应。广深"双城"联动将助力深圳打造全球标杆城市,加快推进广州实现老城市新活力、"四个出新出彩",提高整体高质量发展能力。三是有利于发挥辐射示范效应。广深"双城"联动将进一步发挥两市作为粤港澳大湾区建设、广东省"一核一带一区"区域发展核心引擎的辐射带动作用,同时为城市间、地区间的联动发展提供示范和操作路径。

二 广深"双城"联动协同创新的理论基础和经验借鉴

(一)广深"双城"联动协同创新的理论基础

广深"双城"联动是区域协同、实现高质量发展的一种重要模式,具备一定的理论依据。从增长极的形成机制来看，形成区域创新中心是广深"双城"联动的目标。资本集中、市场规模、创新中心、经济增长之间的循环累积因果关系是增长极的形成机制。广深"双城"联动，可以加强知识资本溢出强度，提高经济增长率，集聚更多资本，扩大市场规模，进而降低新资本生产成本，生产更多知识资本，最终形成创新中心。比较优势理论明确了广深"双城"联动的可行性和基础。城市分工与合作以比较优势为基础，广深两市经济实力同层次同规模，既有互补性，又有相互激励性，为广深"双城"联动提供了基础。降低交易成本是广深"双城"联动的根本路径。广深"双城"联动归根结底是分工协作问题，发挥各自比较优势，提高分工效率，关键在于降低交易成本。广深"双城"联动发展需要进一步破除行政和市场壁垒，促进要素自由流动和市场化配置，完善现代市场体系，建设法治化营商环境，降低交易成本，更好地发挥各自的比较优势，实现联动发展的根本目标。

广深"双城"联动协同创新、共建国际科技创新中心，本质上是在邻近地理空间上的两座特大城市之间集聚并配置引领性、互补性、可共生、能互动、可持续的创新资源要素，从而产生高效的区域创新系统。区域创新系统指一个区域内各种创新支撑要素、创新主体、种群、群落及其创新环境之间紧密合作，通过要素流、信息流的联结传导，形成竞合共生和动态演化的复杂系统，具有多样性新奇创生、自组织动态演化和开放式协同创新等特征。区域创新系统的核心是协同创新竞合共生的理念，创新主体都具有充分的个体性、自主性和独立性，主体之间基于竞合协同进行知识、信息和资源共享，共同创生并促进获得任意一方无法单独实现的创新发展。区域创新系统理论一经提出，便受到美国、日本、欧洲等发达国家和地区的重视，以旧金山湾区、波士华城市群等为代表的创新型城市区域开始涌现并成为全球科技创新发展高地，它们大多由多个中心城市构成，彼此紧邻并集聚协同发展，具有内生创新动力。可以说，构建创新生态系统既是全球科技创新中心的形成路径，也指引着广深"双城"联动协同创新、共建国际科技创新中心的发展方向。

（二）广深"双城"联动协同创新的经验借鉴

发达国家的成熟创新区域普遍形成了涵盖多个城市、行政地区的区域创新功能分工协同格局。按照创新区域内创新中心的数量以及城市能级的区别，可以将城市联动模式分为以下两种。一是多中心联动、区域分工协同创新模式。该联动模式的城市间发展能级相近，创新区域内存在多个创新中心，创新联动主要由市场自发驱动。如在波士华城市群中，华盛顿是美国首都，纽约是美国最大的城市和金融中心，曼哈顿是纽约市中心最繁华的一个区，各联动主体发展水平相近，属于强强联合类型。在旧金山湾区中，硅谷主要通过斯坦福大学等创新主体为创新区域内各主体输送人才和知识，以及通过区域内龙头企业、中小企业和初创企业等各类企业相互竞争与合作，从而实现知识流、物质流、信息流、技术流等创新流在城市间的流动，加强城市间的联动。二是中心极化、区域互补协同联动模式。该模式的城市间发展能级差异较大，创新区域呈现明显的中心-外围城市功能分工格局，城市联动互补特色明显，通过纵向整合城市间的产学研资源，在区域内形成从研发到生产的完整产业链。如纽约都市圈、东京都市圈、京津冀城市群，其核心城市纽约、东京、北京以创新策源、资源配置为主，外围城市以高水平制造为主。伦敦都市圈形成了伦敦以金融投资、知识服务为主，牛津和剑桥以科研为主，伯明翰以制造技术创新和应用为主的分工格局。韩国则充分利用首尔具有成熟的人才、技术等战略要素优势，以及仁川具有雄厚的工业基础、较低的运营成本等优势，形成研发、营销和管理控制等总部功能在首尔，生产制造在仁川的产业链模式。这种区域分工协同创新一体化模式发挥了各城市的创新资源禀赋，通过城市间的优势互补提升整体的创新能力及创新效率，同时也进一步强化了区域创新中心城市的主导地位。

破除要素流动障碍，在更大尺度的空间中构建创新生态系统，是广深"双城"联动协同创新、共建国际科技创新中心的关键路径。根据创新生态系统理论以及国内外先进经验，区域创新系统的形成是各创新主体、要素与创新环境良性互动的结果，其中研究型大学、"引擎"企业、有为政府是系

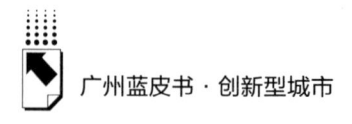

统的主要驱动因素,各类风险投资天使基金、专业化生产性服务机构、行业协会联盟等创新支撑要素催生出各类创新活动,完善的创新基础设施和开放包容的文化环境则是不断孕育创新的土壤。

三 广深"双城"联动协同创新的现状特征及潜力分析

广州和深圳作为粤港澳大湾区的两大中心城市,自我国创新驱动发展战略实施以来,科技创新和产业转型发展非常迅速。目前,根据 Innovation Cities TM Program 历年公布的世界科技中心城市排名数据,广深两市均已成为世界级的科技创新中心城市。2009~2019 年,广州从全球第 210 位提升到第 74 位,由节点型城市上升为枢纽型城市;深圳从全球第 239 位上升到第 52 位,由有影响力的城市升级为枢纽型城市。同时,两市在科技创新上各具特色、优势互补、良性互动、相互促进。广州作为省会城市,拥有较多的国家和省市高校及科研机构,科教资源和人才智力等方面的优势明显,有较强的基础研究能力和原始创新能力,在全国科教资源富集型城市中排名第 3。深圳在产业技术发明和成果转化应用方面拥有不俗实力,是我国创新创业最具活力的城市之一。

(一)科技创新能力:广州有"速度"、深圳有"规模"

根据国家知识产权局公布的发明专利授权数据,广东省发明专利授权量多年来位居全国第 1,2021 年获得国家专利授权 10.28 万项,专利数量比上年增长 45%,2015~2021 年年均增长率也高达 24%。广东省内,发明专利高度集中在广深两大城市,约占全省的 2/3,是全省科技创新的绝对核心,深圳的专利最多,达 45188 项,同比增长 43.9%;广州的专利数量次之,达 24126 项,同比增长 60%(见图 1)。虽然深圳在发明专利授权规模和科技创新实力上领先于广州,发展基础十分雄厚,但广州近年来增长迅猛,2020 年、2021 年增速高于全省和深圳,发展势头强劲。

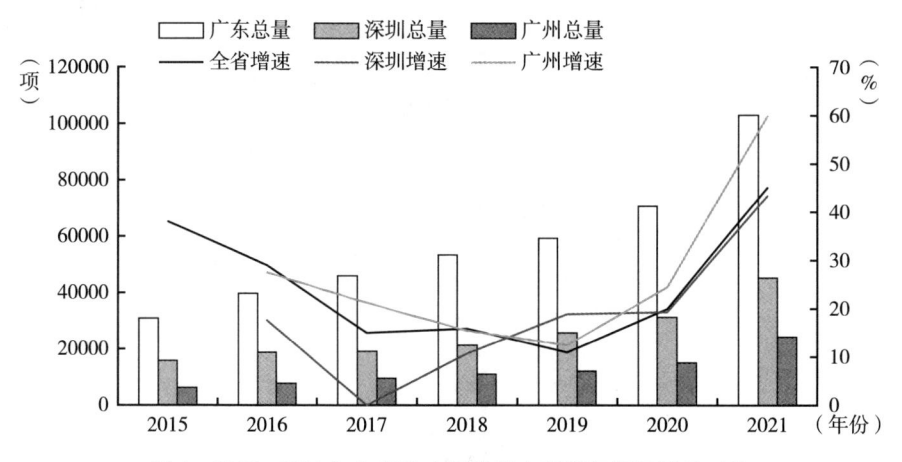

图 1　2015~2021 年全省及广深发明专利授权量及增速对比

资料来源：武汉大学科教管理与评价研究中心《2021 年广东省国家发明专利统计分析报告》。

（二）科技创新主体：广州偏"院所"、深圳偏"企业"

从科技创新主体上看，广深两市差异明显、特色鲜明。广州的创新主体主要是高校、科研机构和国企央企等机构。广州作为我国华南地区最重要的教育科研基地和央企国企总部中心，集聚了大量的高等院校、科研机构和研发中心等创新机构，从事基础教育和科学研究的创新主体明显多于深圳。反观深圳，企业作为创新主体则明显领先于广州，拥有华为、大疆、中兴和比亚迪等一批民营科技企业，这些企业不仅自主创新能力强，还带动周边城市及产业链上下游企业参与研发和创新活动。从 2021 年广东省获得国家发明专利数量排名前 30 的机构可以看出，广州的创新主体主要以大学和大型国企为主，包括华南理工大学、广东工业大学、广东电网有限责任公司等；深圳的创新主体则以民营科技企业为主，包括华为、腾讯、中兴等（见图 2）。

从发明专利的合作主体构成上看，广州高校的作用明显，高校-企业合作数量所占比重明显高于深圳；深圳的企业-企业合作则一直占据着绝对主导地位。从变化趋势上看，两市发明专利合作主体构成逐渐趋同，深圳在

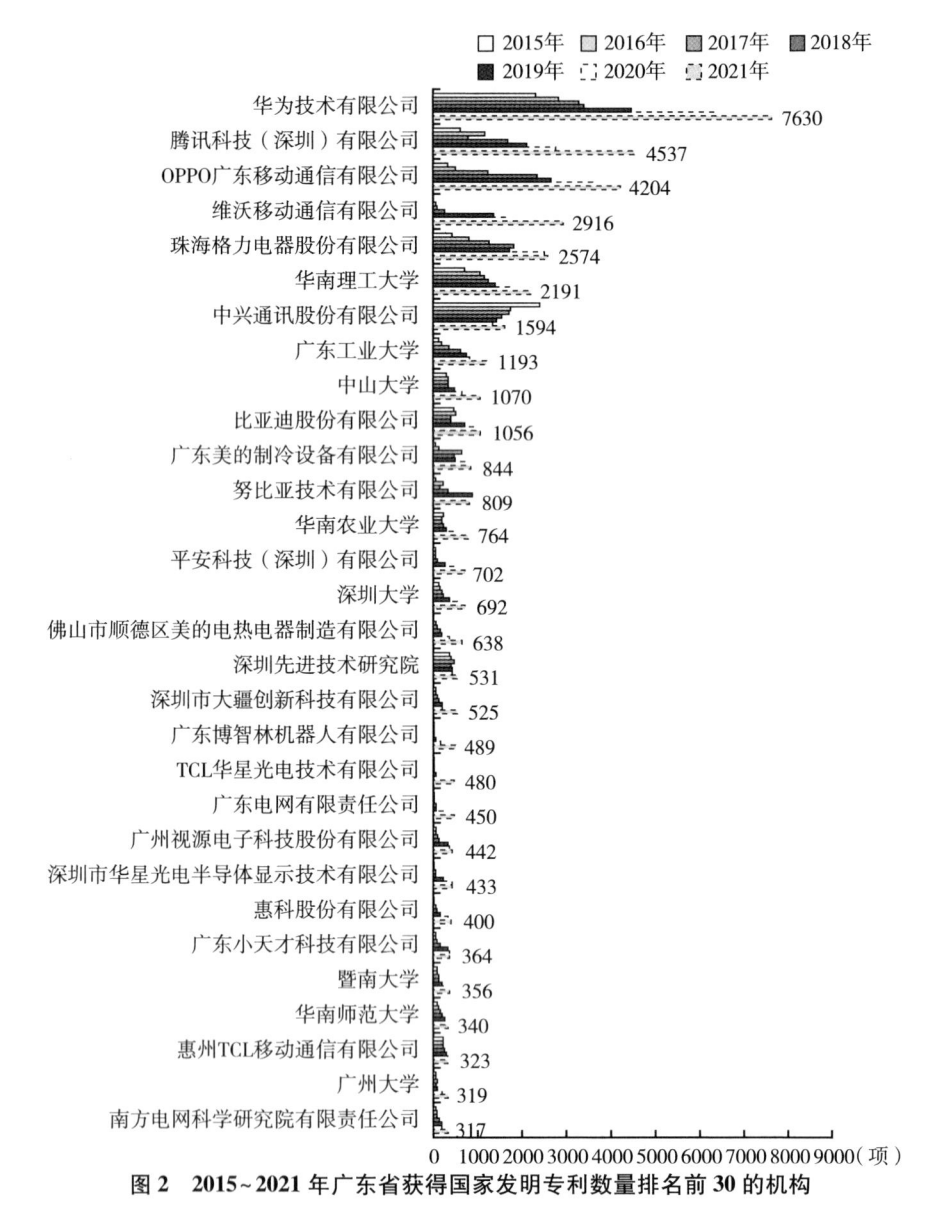

图 2　2015~2021 年广东省获得国家发明专利数量排名前 30 的机构

资料来源：武汉大学科教管理与评价研究中心《2021 年广东省国家发明专利统计分析报告》。

2010 年后开始重视企业与高校、科研机构与企业的合作，数量和比重均提升较快；广州则在不断强化原有高校和科研机构的基础上，迅速拓展为以企业-企业为主，广州企业-企业合作所占比重由2000年的24%增加到2020年的72%；深圳的科研机构-企业合作所占比重由2000的1%增加到2020年的9%（见表1），表明两个城市都从自身劣势出发，寻找多样化的合作方式，以打破路径依赖或锁定。同时也可发现，两市在科研创新主体上存在明显不同，彼此之间互补性强，深度合作空间巨大。

表1 广州、深圳不同类型创新主体间发明专利合作次数及占比

单位：次，%

年份	高校-企业 广州 总量	高校-企业 广州 比重	高校-企业 深圳 总量	高校-企业 深圳 比重	科研机构-企业 广州 总量	科研机构-企业 广州 比重	科研机构-企业 深圳 总量	科研机构-企业 深圳 比重	企业-企业 广州 总量	企业-企业 广州 比重	企业-企业 深圳 总量	企业-企业 深圳 比重
2000	86	51	66	2	42	25	16	1	41	24	3261	97
2010	695	31	801	3	246	11	956	3	1266	57	27237	94
2020	2518	20	1206	3	1072	8	3655	9	9244	72	35363	88

（三）科技创新链条：广州重"基础"、深圳重"应用"

从科技创新链条上看，广州科技创新主要围绕华南理工大学、广东工业大学等高校的基础研究进行应用延展，而深圳科技创新主要围绕华为、中兴、腾讯等高新技术企业的产品应用进行延伸开发。本文利用Ucinet软件绘制广州、深圳2000、2010、2020年3个年份的创新主体合作网络图（见图3）。广州科技创新网络的核心-边缘结构特征较为明显，形成相对分离的多个技术领域集群，结构上以基础研发活动密集的华南理工大学、广东工业大学、中山大学等高校为中心，以大量中小企业的产品开发应用为边缘，形成一个规模庞大、联系紧密的网络子系统，其他创新主体较为零散地分布于网络边缘，呈现多簇群、分散化的特征。深圳科技创新网络的核心-边缘结构也较明显，但网络结构相对均衡，形成以试验开发活动密集的华为、腾讯、中兴等高新技术企业为核心、以高校科研机构为次中心、以大量中小企业为边缘的网络，网络总体分布较为均衡，呈现密布的多中心特征，形成多

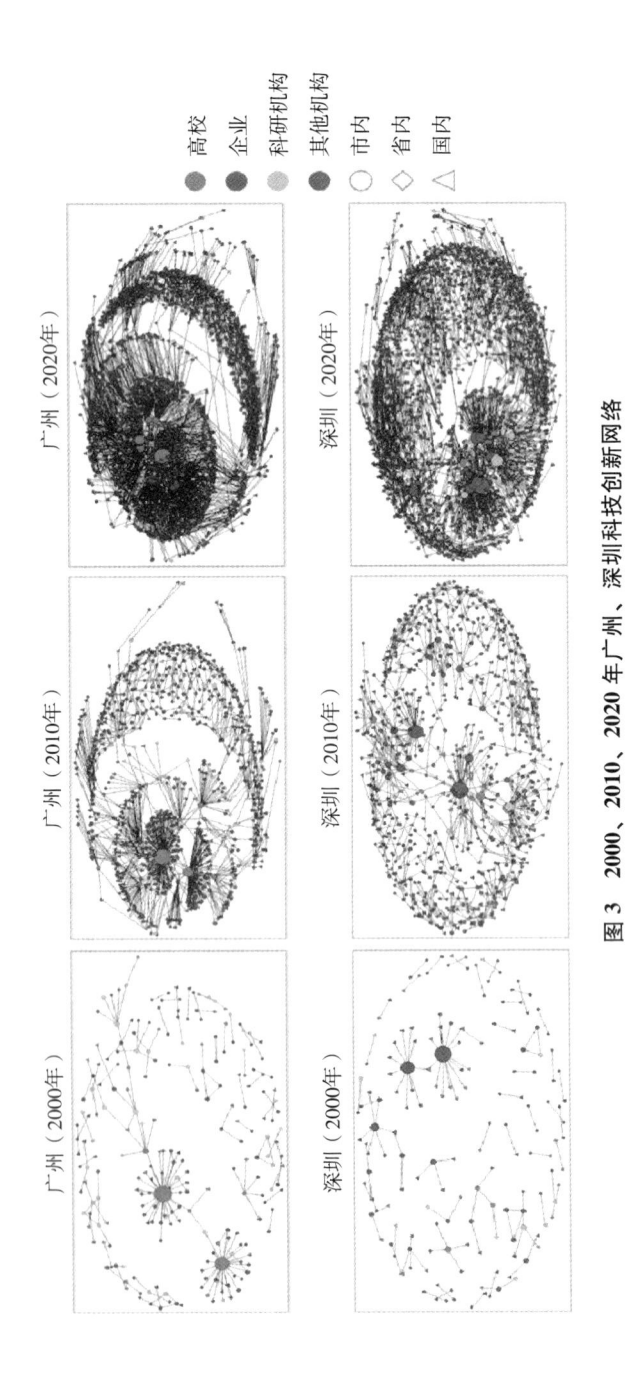

图 3 2000、2010、2020 年广州、深圳科技创新网络

个核心子网络，层级结构并不明显。近年来，随着高科技龙头企业的崛起和多个高校科研院所的引入落户，深圳科技创新网络密集区域的中心节点由华为、腾讯、中心等电子通信企业的"一枝独秀"，逐渐演化成企业、高校、科研机构多元主体的"百花齐放"，具有更高的连接度、稳定性和均衡性。

（四）科技创新合作：广州有"广"度、深圳有"深"度

联合申请发明专利是创新主体间合作创新的主要成果表现，本文利用国家知识产权局的联合申请发明专利数据，识别联合申请主体，构建全国创新合作网络，并利用社会网络分析方法分别测度广州、深圳创新主体合作创新网络特征（见表2）。合作创新是两市科技创新发展的共同趋势，但在合作特征上，广州的广度更广，深圳的深度更深。首先，两市的联合申请发明专利数近20年来迅速增加，导致两市的创新主体数、合作边数和合作次数都出现明显的上升趋势。其中，合作次数更是呈现跳跃式增长，说明广深两市的创新主体与全国各地的技术交流愈加广泛和频繁。其次，从时间维度上看，深圳的合作创新发展起步较早，在2010年就迅速发展；广州的合作创新则到了近几年才出现爆发式增长。再次，从合作联系广度和深度上看，广州的联合申请发明专利数和合作次数都远低于深圳，但创新主体数和合作边数则相反，这说明广州的创新合作对象更为广泛，深圳的创新合作则更具深度。广州的网络平均度历年都大于深圳，但加权平均度小于深圳，这说明广州每个创新主体平均所拥有的合作伙伴数量比深圳要多，但每个创新主体平均合作强度则比深圳要弱。也就是说，广州的创新合作优势主要在于广度，集聚了大量的创新主体加入创新合作朋友圈，而深圳的优势主要体现在合作深度，创新主体间的联系更加紧密、更具深度。最后，本文利用Ucinet软件测度了网络密度、平均路径长度和聚类系数等创新网络特征指标。从创新网络的结构特征上看，两市的合作创新网络化趋势非常明显，网络结构更加紧密且出现技术族群化趋势。广州的聚类系数要明显优于深圳，但深圳的提升速度较快，说明广州的创新联系在专业领域技术族群化上较为明显，在汽车、生物医药等多个传统优势领域基于技术邻近与组织邻近形成了局部紧密

合作的技术簇群；而深圳的创新联系早期以电子信息通信这一专业领域为主，后期随着生物医药、机械装备等相关产业发展，多元化趋势明显。

表2 广州、深圳创新主体合作创新网络特征

类别	2000年 广州	2000年 深圳	2010年 广州	2010年 深圳	2020年 广州	2020年 深圳
联合申请发明专利数（项）	198	3362	2093	24328	10531	24633
网络规模（创新主体数）（家）	219	157	924	792	2990	2339
关系数（合作边数）	174	107	929	690	3579	2299
加权关系数（合作次数）	236	3380	2629	29078	15522	40927
网络平均度	1.589	1.363	2.011	1.742	2.394	1.966
加权平均度	2.155	43.057	5.690	73.429	10.383	34.995
网络密度	0.0073	0.0087	0.0022	0.0022	0.0008	0.0008
平均路径长度	4.125	2.510	4.019	4.751	4.010	4.675
聚类系数	0.407	0.222	0.450	0.434	0.525	0.493

从广深两市与国内省外其他城市的专利合作申请数据来看，广深两市表现出以下特点。一方面，广深两市的对外联系城市数量呈现迅速扩张趋势。2020年，广州与129个城市共同拥有联合申请专利、建立创新合作联系，深圳则与123个城市建立联系，数量上略少。广州无论是对外联系广度还是强度，都随着时间的推移而急剧上升，但深圳的平均联系强度下降，对外联系聚焦在产业技术关联度高的少数城市上，更具针对性和专业化。另一方面，广深两市的合作城市范围广泛，都涵盖了东、中、西部的大多数主要城市，但总体上创新联系数量与空间距离呈负相关关系。广州的联系对象相对分散，主要面向直辖市和省会城市，联系排名前5的城市是北京、天津、武汉、上海和南京；深圳的联系对象相对集中，主要面向电子信息产业发达的城市，联系前5名的城市为新北、北京、常州、新竹和重庆，两市国内联系均较多集中在京津冀、长三角和港澳台等经济发达地区。

（五）科技创新领域：广州显"多元"、深圳专"电子"

根据IPC分类标准，从发明专利的技术行业类别上看，广州和深圳侧重

于不同领域的技术创新。广州的发明专利集中在医疗、机械装备、高分子化合物、化学等传统机械和化工领域，优势技术呈现多元化和结构演化的趋势特征。近年来，广州在依托传统化工、机械装备等优势基础工业发展先进制造业的同时，积极发展数字经济和新一代电子信息等战略性新兴产业，不断调整战略性主导产业，并在互联网技术、人工智能和电子商务技术领域发展迅速，使全市发明专利技术结构更加复杂和多元。深圳的发明专利则侧重于数字信息、数据处理、无线通信等新一代电子信息产业技术和光电领域，优势技术呈现集中和加强的特征，保持着较为"单一化"和"稳定化"的趋势特征。相较于广州，深圳的产业政策具备更为明显的战略性导向，重点培育未来产业、新兴产业，提出要在通信设备、智能装备、集成电路设计等领域培育大规模的产业集群。鲜明的产业政策导向使得深圳成为国内战略性新兴产业规模最大、集聚性最强的城市，技术结构集中且更具现代科技色彩。

四 广深"双城"联动协同创新的发展策略和政策建议

每一座城市都有其发展历史和城市特质，不同的城市需要走不同的科技创新发展道路。区域发展离不开城市间的协同创新，广深两市空间邻近、唇齿相依，应充分发挥各自资源特色，优势互补，协同共进，共建粤港澳大湾区国际科技创新中心。充分释放广深"双城"联动协同创新效应，着力构筑高质量科技创新供给体系、区域协同创新体系和应用转化服务体系，联手共建国际科技创新中心，是广深两市勇当排头兵的重要抓手。

（一）汇聚各级战略科技力量，构筑科技自立自强创新供给体系

坚持科技自立自强，广深"双城"联动协同创新，强化科技创新策源功能。紧紧把握新型举国体制下国家科技创新体系重组和"双区"建设契机，瞄准"四个面向"国家战略需求和国际前沿重点科技领域，积极承担国家重大科技战略任务，汇聚国家、省、市各级战略科技力量，合力进行政策干预和财政支持，大手笔引进综合性国家科学中心、国家重点实验室、

国家工程研究中心、国家技术创新中心等创新平台，构筑基于大院大所大装置大平台的高端创新平台体系，携手打造前沿科技领域的"国之重器"与世界级创新平台，构筑区域创新发展新动能新优势。首先，加大基础研究投入力度，稳步提升基础研究和应用基础研究能力，加快实现从无到有的基础性、理论性科学突破。其次，重点结合粤港澳大湾区的产业技术优势，紧紧围绕新一代电子信息、数字技术和人工智能、新材料新能源、生命健康等前沿尖端领域，以基础研究、共性技术、卡脖子关键技术和前瞻引领技术等为突破口，建设一批既紧密结合本地产业生产体系又积极响应国家战略需要的重大科技攻关平台和产业技术研究基地，培育形成本地化的核心技术和关键零部件供应体系。最后，充分利用粤港澳大湾区产业门类齐全、消费市场活跃、市场容量巨大、科技场景丰富等地区优势，推动全区域、全社会、全产业的科技应用场景建设，孵化培育新技术及其应用创新。

（二）打造开放型区域创新共同体，构筑科技互联互通区域创新体系

坚持科技互联互通，广深"双城"联动协同创新，强化科技创新枢纽功能。坚持自主创新和开放合作、协同创新相结合，以更加开放的胸怀和积极视野整合区域创新系统，积极融入全球和全国创新网络，提升对外、对内"两个扇面"的联系沟通能力，利用好国内、国外两个市场、两种资源，强化科技创新枢纽功能。首先，发挥广深两市创新资源禀赋优势和要素比较优势，打造精准对接产业技术的创新链条，构筑区域创新体系，全面提升区域协同创新功能。推动产业链、创新链、人才链和政策链相互贯通，深化广深两市及周边城市在创业孵化、科技金融、成果转化、技术转让和科技服务等领域的合作，构建"基础研究-技术攻关-成果转化-科技金融-高端人才"全过程创新产业链。其次，广深两市应携手推动广深港澳科技创新走廊建设，打造互联互通的"多中心、走廊型、网络化、组团式"区域创新格局，发挥"枢纽门户开放、中心极点引领、轴带走廊支撑、平台载体联动"的综合效应。依托综合性国家科学中心建设，重点建设"三城一体"（"三城

指明珠科学城、中子科学城和光明科学城）的世界级原始创新高地，撑起大湾区创新"脊梁"。最后，广深两市应利用粤港澳大湾区经济活动密度高、联系紧密、产业技术衔接度好等集聚规模经济优势，重点推动5G网络、智能网联汽车、物联网、区块链等新基建，搭建更多智能智造、智慧城市、车路协同、线上消费等科技应用场景和平台，抢占数字技术革命的制高点，建设新技术、新产品、新业态和新产业策源地。

（三）深化科技创新体制机制改革，构筑科技共享共荣创新服务体系

坚持科技共享共荣，广深"双城"联动协同创新，强化科技创新生态体系。以深化科技体制机制改革为根本动力，构建更具活力的创新生态，推动创新治理体系和治理能力现代化。首先，探索有利于资金、知识、技术、信息、人才等创新要素高效便捷流动和区域融通融合的政策举措，全面提升区域创新平台服务能力。其次，打造国际一流的创新创业生态系统，构建科学规范的人才治理体系和具有全球竞争力的人才制度，建设全球科技创新人才高地。打好人才引进、培育"组合拳"，为人才搭建创业干事的广阔舞台，真正做到"引得进、留得住、用得好"。最后，广深两市应联手构建科技金融服务体系，大力发展天使投资基金，完善多层次资本市场体系。推动科技金融深度融合，加速科技成果转化，联合打造全球创新资本形成中心和国际风投创投中心。打造链接国内外创新资源的技术转移网络和成果转化大数据平台，筹建知识产权和科技成果产权交易中心，培育专业技术经纪人队伍。

参考文献

周灿、曾刚、宓泽锋等：《区域创新网络模式研究——以长三角城市群为例》，《地理科学进展》2017年第7期。

周灿、曾刚、曹贤忠：《中国城市创新网络结构与创新能力研究》，《地理研究》2017年第7期。

吕拉昌、梁政骥、黄茹：《中国主要城市间的创新联系研究》，《地理科学》2015年第1期。

鲜果、曾刚、曹贤忠：《中国城市间创新网络结构及其邻近性机理》，《世界地理研究》2018年第5期。

党兴华、弓志刚：《多维邻近性对跨区域技术创新合作的影响——基于中国共同专利数据的实证分析》，《科学学研究》2013年第10期。

李丹丹、汪涛、魏也华等：《中国城市尺度科学知识网络与技术知识网络结构的时空复杂性》，《地理研究》2015年第3期。

Boschma, Ron A., Jan G. Lambooy, "Evolutionary economics and economic geography," *Journal of Evolutionary Economics* 9 (1999): 411-429.

段德忠、杜德斌、谌颖等：《中国城市创新网络的时空复杂性及生长机制研究》，《地理科学》2018年第11期。

李妃养、黄何、陈凯：《广东各地市创新能力评价研究》，《科研管理》2018年第S1期。

张惠璇、刘青、李贵才：《广东省城市创新联系的空间格局演变及优化策略》，《地理科学进展》2016年第8期。

许培源、吴贵华：《粤港澳大湾区知识创新网络的空间演化——兼论深圳科技创新中心地位》，《中国软科学》2019年第5期。

隋艳颖：《创新驱动发展战略下城市创新能力比较研究——以一线城市为例》，《首都经济贸易大学学报》2018年第1期。

吕国庆、曾刚、顾娜娜：《经济地理学视角下区域创新网络的研究综述》，《经济地理》2014年第2期。

Bathelt H, Malmberg A, Maskell P., "Clusters and knowledge: Local buzz, global pipelines and the process of knowledge creation," *Progress in Human Geography* 28 (2004): 31-56.

企业与产业篇
Enterprise and Industry Reports

B.5 广州高新技术企业创新调查报告

张赛飞 刘晓丽 杨莹*

摘 要： 课题组开展了针对广州高新技术企业的问卷调查，结果显示，2022年，六成企业研发强度超5%，八成企业研发强度未下降，九成企业的研发人员和高新技术收入占比均未下降，高新技术企业创新态势良好。从问题及影响因素来看，市场、人才、资金是严重困扰高新技术企业的三大问题，新产品市场开拓困难，微型企业最为突出。从发展预期来看，过半企业认为2023年广州经济增长速度将加快，近四成企业预计创新投入增长5%以上。从政策需求来看，六成企业急需获得研发经费投入支持，近七成企业期待获得更多贷款利率优惠，期待政府推动企业进行技术突破，给予技术人才相关政策支持，八成企业期望政府设立专项扶

---

* 张赛飞，广州市社会科学院科技创新研究所所长、副研究员，研究方向为区域创新；刘晓丽，管理学博士，广州市社会科学院科技创新研究所助理研究员，研究方向为企业创新、产业创新；杨莹，广州市社会科学院科技创新研究所助理研究员，研究方向为区域经济、科技创新。

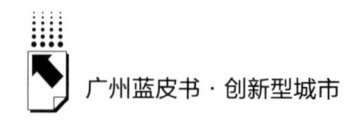

持资金支持中小企业数字化转型。基于调查分析结果，本报告提出要促消费拓市场并进，全面激发产品市场需求；推进企业技术创新，支持新产品研发与推广；加大金融支持力度，助力小微企业缓解资金困境；完善人才配套措施，加强骨干人才研修培训；设立专项扶持资金，统筹推进数字化转型；精心培育"链主"企业，提升产业链协同创新能力。

关键词： 企业创新　发展预期　政策需求

为及时了解广州企业创新的发展态势及政策需求，广州市社会科学院《广州创新型城市发展报告》课题组于2023年1月开展广州高新技术企业创新问卷调查，问卷由广州11个区的科技主管部门协助发放，包含了企业基本情况、创新现状、存在问题及影响因素、发展展望及政策需求四个部分的内容。此次问卷调查样本是注册地址为广州的企业，共回收有效问卷1056份。其中，高新技术企业的占比接近98%，覆盖了电子信息、新材料、先进制造与自动化、生物与新医药、高技术服务等领域。白云区、增城区、黄埔区、从化区的企业占比均超过10%，天河区、番禺区、花都区的企业占比均超过5%。本报告中的企业问卷调查结果仅代表1056家样本企业的情况。

一　样本企业基本情况

（一）小型企业占比近六成，民营企业占比超八成

从企业规模来看，样本中，微型企业占11.65%，小型企业占56.72%，中型企业占26.99%，大型企业占4.64%。从所有制来看，民营企业占81.53%，国有企业占8.43%，港澳台企业占2.84%，外资企业占2.46%。总体来看，此次调查小型企业占比近六成，民营企业占比超八成。

（二）先进制造与自动化和电子信息是主要行业领域，五成以上企业为科技型中小企业

样本企业涉及的行业主要有先进制造与自动化（21.97%）、电子信息（20.45%）、高技术服务（19.51%）、新材料（15.34%）、生物与新医药（11.08%）等（见图1）。从企业获得政府认定情况来看，56.06%的企业被认定为科技型中小企业，29.17%的企业被认定为省级"专精特新"中小企业（见图2）。

行业	占比(%)
先进制造与自动化	21.97
电子信息	20.45
高技术服务	19.51
新材料	15.34
生物与新医药	11.08
资源与环境	5.68
新能源与节能	5.59
航空航天	0.85

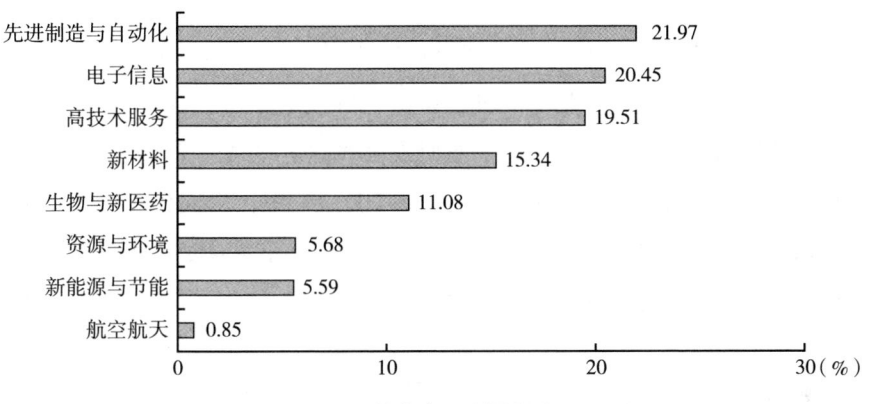

图1　样本企业所属行业

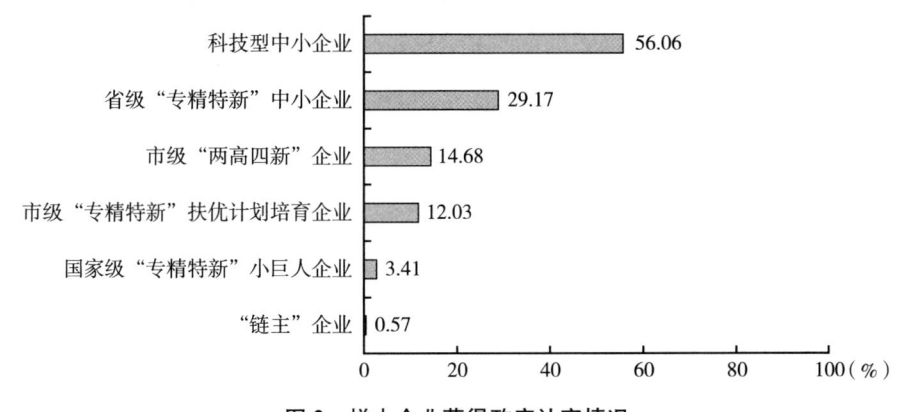

认定类型	占比(%)
科技型中小企业	56.06
省级"专精特新"中小企业	29.17
市级"两高四新"企业	14.68
市级"专精特新"扶优计划培育企业	12.03
国家级"专精特新"小巨人企业	3.41
"链主"企业	0.57

图2　样本企业获得政府认定情况

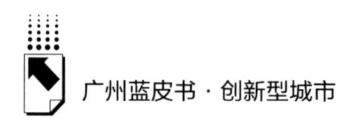

二 企业技术创新态势良好

本次调查中，六成企业研发强度超5%，八成企业研发强度未下降，其中，三成企业研发强度有所提升。近三成企业研发人员占比超30%，四成企业高新技术收入占比超80%，九成企业占比未下降。六成企业推出新产品，六成企业获发明专利授权。总体来看，企业技术创新活跃，态势良好。

（一）六成企业研发强度超5%，三成企业研发强度提升

2022年，25.57%的样本企业研发强度达到10%，37.88%的企业研发强度在5%（含）~10%，32.77%的企业研发强度在3%（含）~5%（见图3）。与2021年相比，51.52%的企业研发强度基本不变，34.94%的企业研发强度上升。九成企业研发强度达到3%以上，其中，六成企业研发强度超5%。八成企业研发强度未下降，其中，三成企业研发强度有所提升。表明样本企业保持较高的研发投入，非常重视技术研发。

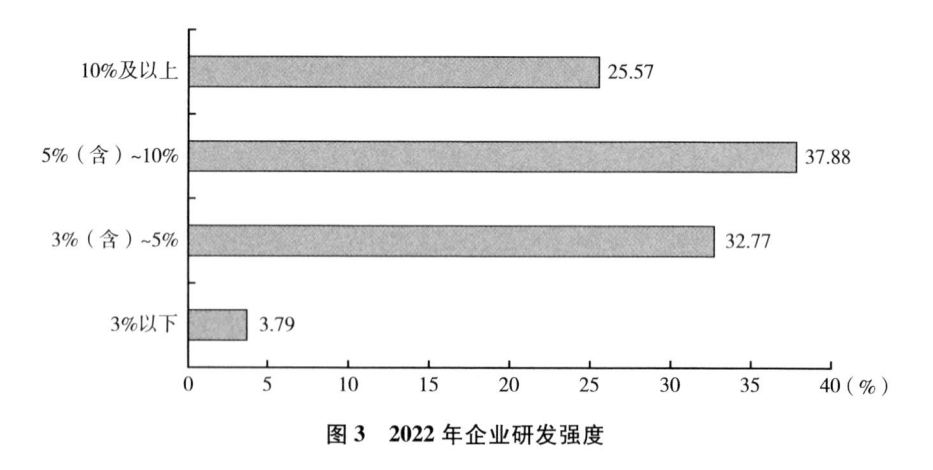

研发强度区间	比例(%)
10%及以上	25.57
5%（含）~10%	37.88
3%（含）~5%	32.77
3%以下	3.79

图3 2022年企业研发强度

（二）近三成企业研发人员占比超30%，九成企业占比未下降

2022年，11.93%的企业研发人员占比在50%及以上，17.61%的企业研

发人员占比在30%（含）~50%，63.35%的企业研发人员占比在10%（含）~30%，7.10%的企业研发人员占比在10%以下（见图4）。与2021年相比，70.08%的企业研发人员占比基本不变，22.16%的企业研发人员占比上升。总体来看，近三成企业研发人员占比超过30%，九成以上企业研发人员占比未下降，可见样本企业保持较高的研发人员投入，重视保障技术研发的人才支撑。

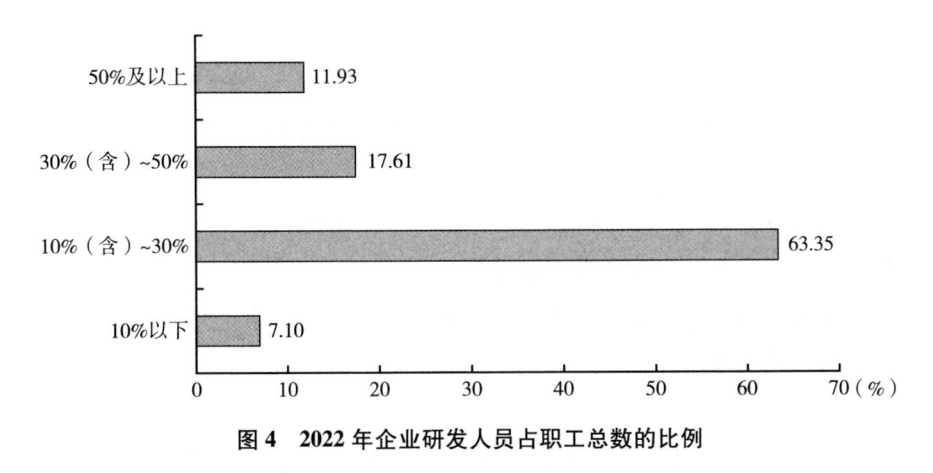

图4 2022年企业研发人员占职工总数的比例

（三）四成企业高新技术收入占比超80%，九成企业占比未下降

从企业高新技术产品（服务）收入占总收入的比重来看，2022年44.79%的企业占比在80%及以上，23.30%的企业占比在70%（含）~80%，21.50%的企业占比在60%（含）~70%，10.42%的企业占比在60%以下（见图5）。与2021年相比，66.67%的企业高新技术产品（服务）收入占比基本不变，24.05%的企业占比上升。四成企业高新技术收入占比超80%，九成企业占比未下降，高新技术产品与服务仍是企业开发的重点方向。

（四）六成企业推出新产品，六成企业获发明专利授权

2022年，64.68%的企业推出新产品或新服务，59.19%的企业获得国内

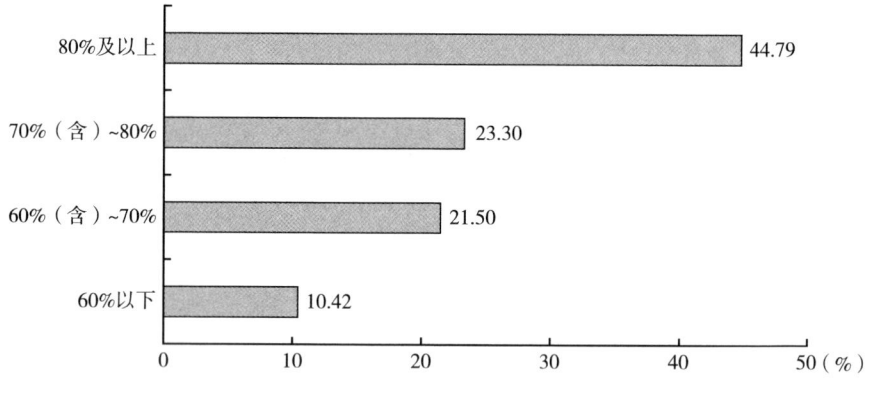

图5 2022年企业高新技术产品（服务）收入占总收入的比重

- 80%及以上：44.79
- 70%（含）~80%：23.30
- 60%（含）~70%：21.50
- 60%以下：10.42

发明专利授权，20.74%的企业研发获得国内领先技术，3.13%的企业研发获得国际领先技术，2.84%的企业获得国际发明专利授权（见图6）。总体来看，企业的新产品、新服务、专利等创新成果比较突出，部分企业还获得了国内外领先技术。

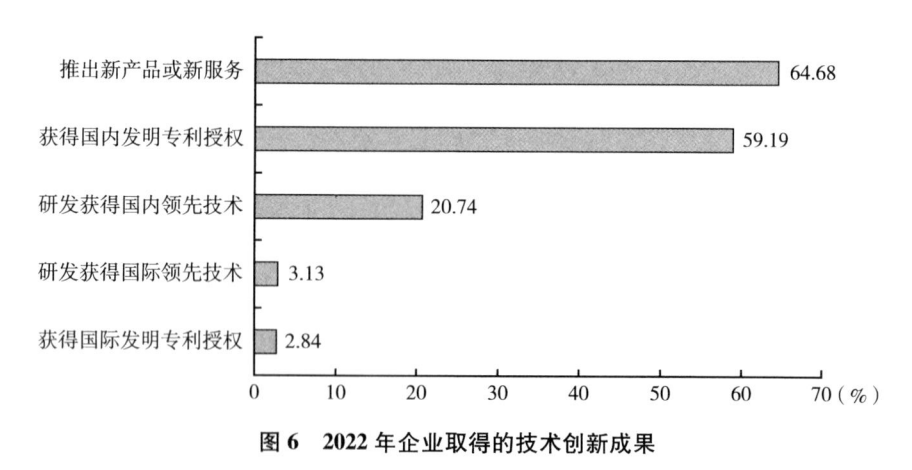

图6 2022年企业取得的技术创新成果

- 推出新产品或新服务：64.68
- 获得国内发明专利授权：59.19
- 研发获得国内领先技术：20.74
- 研发获得国际领先技术：3.13
- 获得国际发明专利授权：2.84

（五）近四成企业创新成果较难被模仿，九成企业申请专利保持创新竞争力

调查中，有0.66%的企业认为自身的创新成果非常容易被模仿，10.61%

的企业认为比较容易被模仿,49.24%的企业认为一般,37.88%的企业认为较难被模仿,1.61%的企业认为非常难被模仿。企业主要通过申请专利(90.25%)、申请注册商标(55.59%)、对技术秘密进行内部保护(42.05%)、申请版权登记(30.68%)等方式保持与提高创新竞争力(见图7)。总体来看,近四成企业创新成果较难被模仿,企业积极运用专利、商标、版权、技术标准等方式保持与提高创新竞争力。

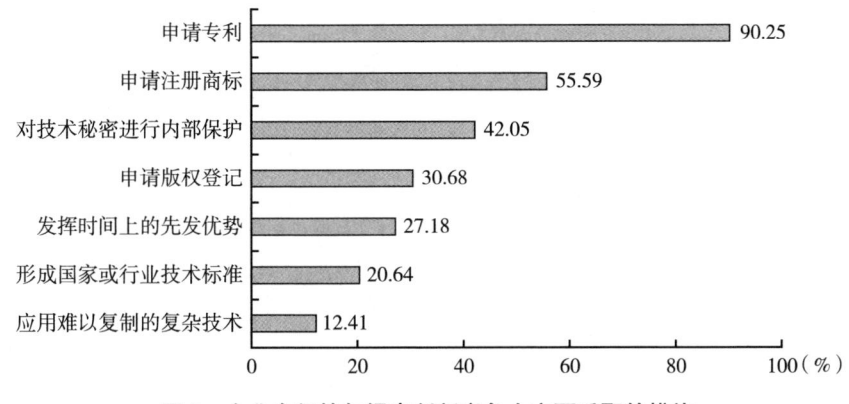

图7 企业在保持与提高创新竞争力方面采取的措施

措施	比例(%)
申请专利	90.25
申请注册商标	55.59
对技术秘密进行内部保护	42.05
申请版权登记	30.68
发挥时间上的先发优势	27.18
形成国家或行业技术标准	20.64
应用难以复制的复杂技术	12.41

(六)企业倾向于与广州本地机构合作,六成企业与高校、科研机构设立联合研发项目

调查显示,分别有51.52%、42.33%和17.61%的企业与广州本地高校、企业及科研机构开展技术合作;分别有26.14%、13.92%和8.52%的企业与广州以外,粤港澳大湾区内的企业、高校及科研机构开展技术合作;分别有22.82%、17.8%和8.81%的企业与粤港澳大湾区以外,中国境内的企业、高校及科研机构开展技术合作;有4.17%的企业与中国台湾企业开展技术合作,有9.85%的企业与国外企业开展技术合作(见图8)。从技术合作方式来看,47.06%的企业设立联合研发项目进行技术合作,20.27%的企业通过高校、科研机构派人进入企业授权技术开发服务进行技术合作,12.59%的企业与高校或科研机构合作建立应用研究开发机构,9.56%的企

业与高校或科研机构共同组建联合实验室。有32.58%的企业未与高校、科研机构开展技术合作。总体来看，企业倾向于与广州本地机构开展技术合作，与高校、科研机构设立联合研发项目是企业开展技术合作的最主要方式。

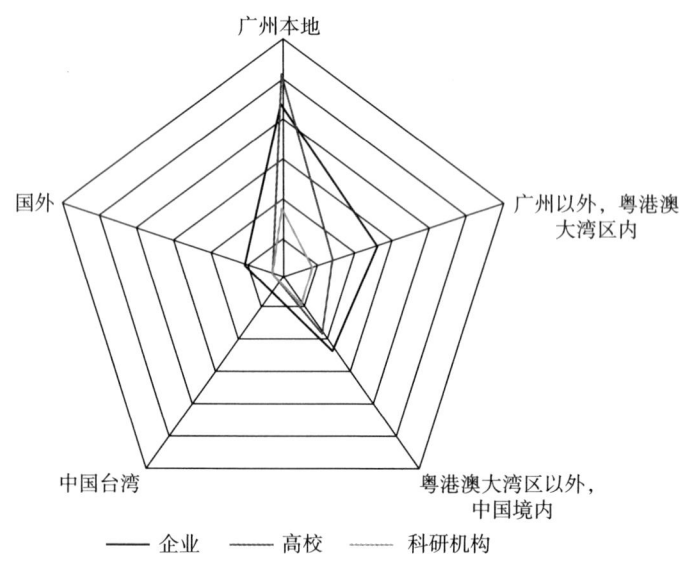

图8 企业与机构开展技术合作情况

（七）六成以上企业创新意愿强，不到5%的企业创新意愿较弱

从调查结果来看，2022年，15.72%的企业创新意愿非常强，46.12%的企业创新意愿比较强，33.71%的企业创新意愿中等，分别有4.07%和0.38%的企业创新意愿比较弱及很弱。47家创新意愿比较弱或很弱的企业创新意愿弱的原因主要有生产经营受外部因素影响，无暇顾及创新（78.72%）；创新所需要的资金、人才等要素相对缺乏（57.45%）；创新激励不足（25.53%）；仍处于早期发展阶段（21.28%）等（见图9）。可见，六成以上企业创新意愿强，外部因素影响及创新要素缺乏是企业创新意愿弱的主要原因。

原因	百分比
生产经营受外部因素影响，无暇顾及创新	78.72
创新所需要的资金、人才等要素相对缺乏	57.45
创新激励不足	25.53
仍处于早期发展阶段	21.28
体制机制僵化	6.38
在行业中已处于领先地位	6.38

图9　企业创新意愿或动力较弱的主要原因

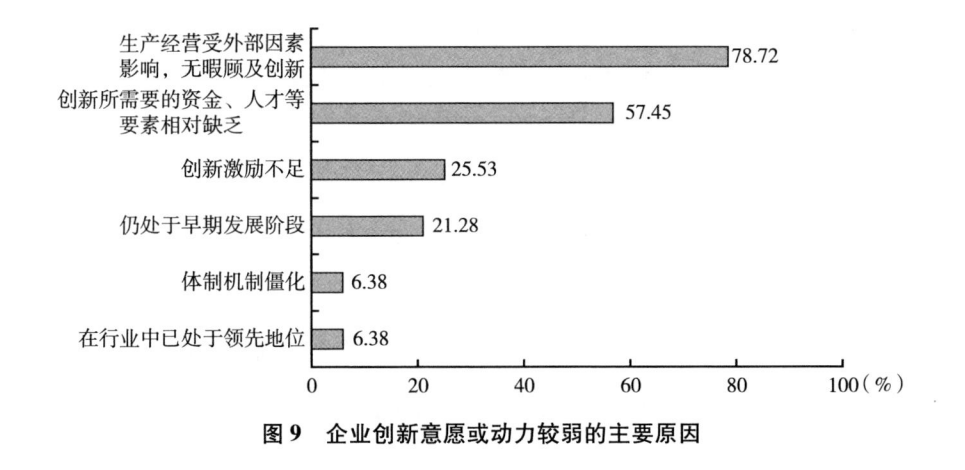

（八）超五成企业通过购买软件系统或云服务推进数字化转型

调查中，51.89%的企业通过购买其他企业的软件系统或云服务推进数字化转型，较上年提升7.07个百分点；44.98%的企业优化企业信息网络架构和环境，较上年提升5.66个百分点；34.75%的企业制定数字化转型规划，较上年提升14.31个百分点。此外，有27.08%的企业自主开发专有系统或数据中心，24.72%的企业配备了数字化转型专业人才，18.47%的企业设立了数字化转型专责部门，17.71%的企业使用工业互联网平台服务（见图10）。总体来看，过半企业通过购买软件系统或云服务推进数字化转型。

三　存在问题及其影响因素

2022年，广州企业积极开展创新活动，创新成果丰硕。但是，企业创新依然面临一些问题与困难。调查数据显示，33.05%的企业2022年面临的最突出问题是市场问题，21.97%的企业面临的最突出问题是人才问题，21.31%的企业面临的最突出问题是资金问题（见图11）。市场问题、人才问题、资金问题是严重困扰企业的三大问题。

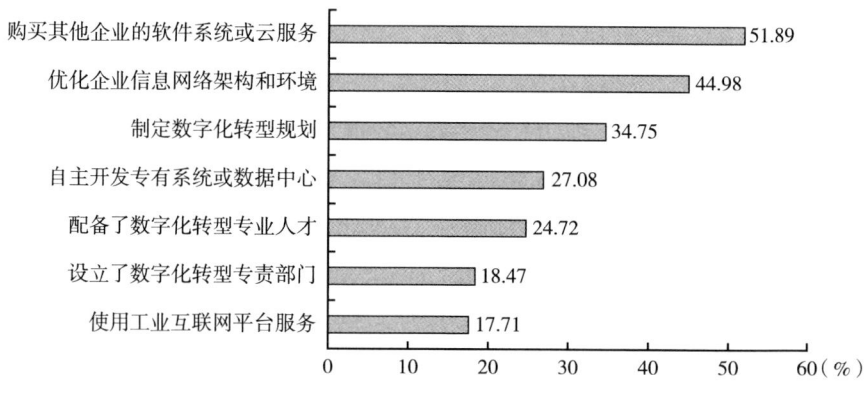

图10 企业推进数字化转型所采取的措施

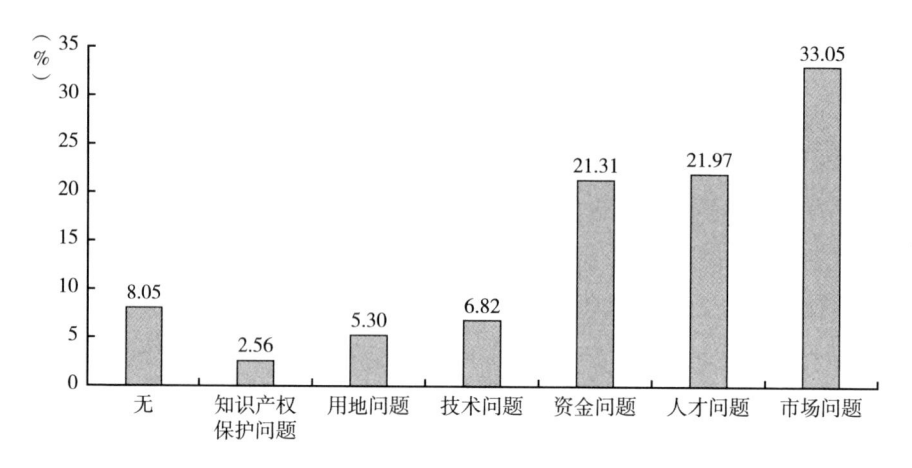

图11 2022年企业面临的最突出问题

（一）新产品市场开拓困难，微型企业最为突出

调查中，有349家企业面临的最主要问题是市场问题，其中最突出的问题是新产品市场开拓困难，占比达67.62%。此外，企业还面临市场存在不正当竞争（10.32%）和市场竞争不充分（10.03%）等问题（见图12）。分规模来看，不同规模的企业在市场方面面临的最突出问题均为新产品市场开拓困难，微型企业最为突出，占比达到77.78%，比大型企业高9.36个百分

点（见图13）。可见，新产品市场开拓困难是企业面临最突出的市场问题，微型企业新产品市场开拓更为困难。

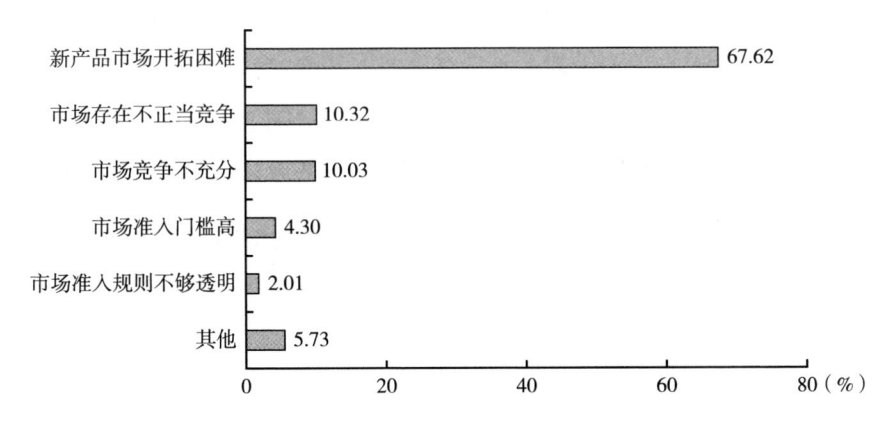

图12　2022年企业在市场方面面临的最突出的问题

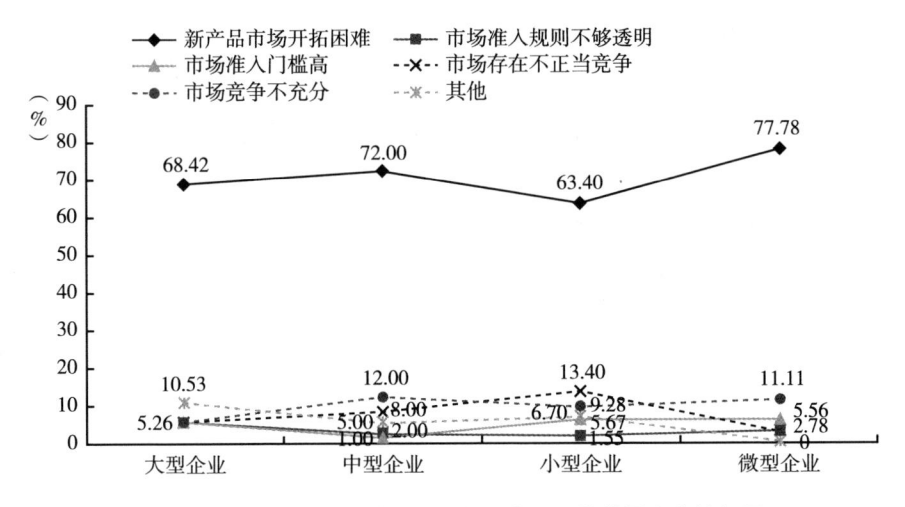

图13　2022年不同规模企业在市场方面面临的最突出的问题

（二）难以招到技术骨干人才，小型企业最为明显

本次调查中，232家企业面临最突出的问题是人才问题，主要面临难以招到技术骨干人才（45.69%）、难以招到技术领军人才（24.14%）和难以

留住人才（12.50%）等问题（见图14）。分规模来看，不同规模的企业在人才方面面临的最突出问题均为难以招到技术骨干人才，小型企业最为突出，占比达51.59%，比其他规模的企业高10个百分点以上（见图15）。可见，难以招到技术骨干人才是企业最突出的人才痛点，小型企业最为明显。除此之外，大型、中型企业还受难以招到技术领军人才的困扰，占三成以上。微型企业则在难以留住人才和难以招到市场营销人才方面存在较大的困难。

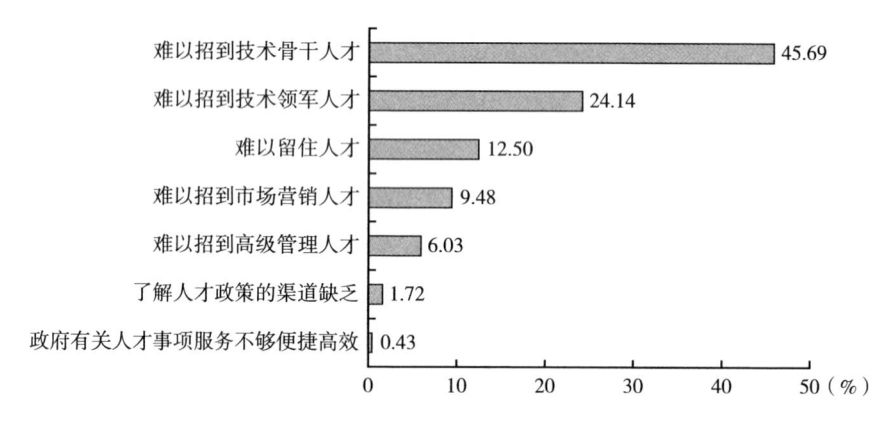

图14 2022年企业在人才方面面临的最突出的问题

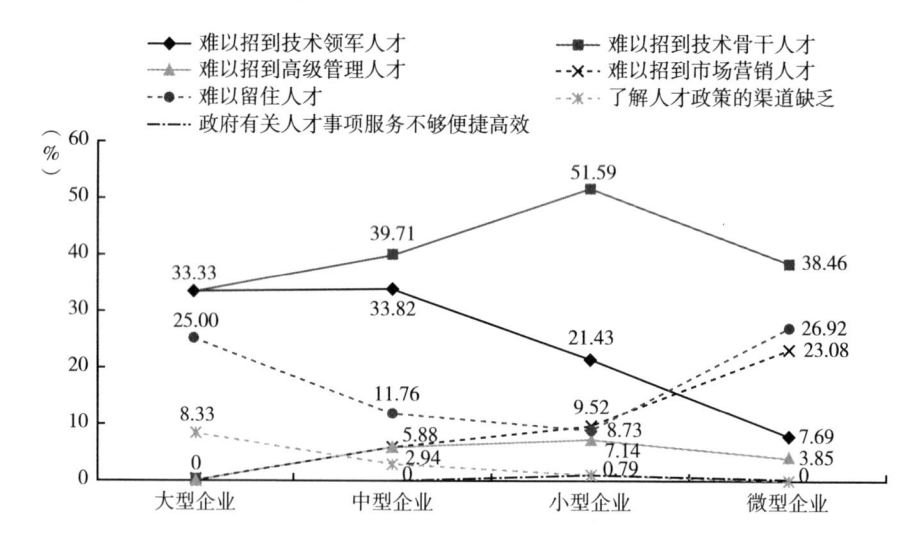

图15 2022年不同规模企业在人才方面面临的最突出的问题

（三）微型企业资金问题突出，借贷成本高是主要问题

本次调查中，28.46%的微型企业面临的最主要问题是资金问题，比重分别比大、中、小型企业高20.30个、9.86个、6.26个百分点。225家企业面临的最主要问题是资金问题，其中最突出问题是借贷成本太高，占比为52.89%。此外，还面临难以获得银行抵押贷款（16.00%）、难以获取风险投资（13.33%）和难以获得专利质押贷款（12.00%）等问题（见图16）。分规模来看，不同规模的企业面临的最突出问题均为借贷成本太高（见图17）。总体来看，微型企业资金问题更为明显，借贷成本高是企业面临的最突出的资金问题。

项目	比例（%）
借贷成本太高	52.89
难以获得银行抵押贷款	16.00
难以获取风险投资	13.33
难以获得专利质押贷款	12.00
其他	5.78

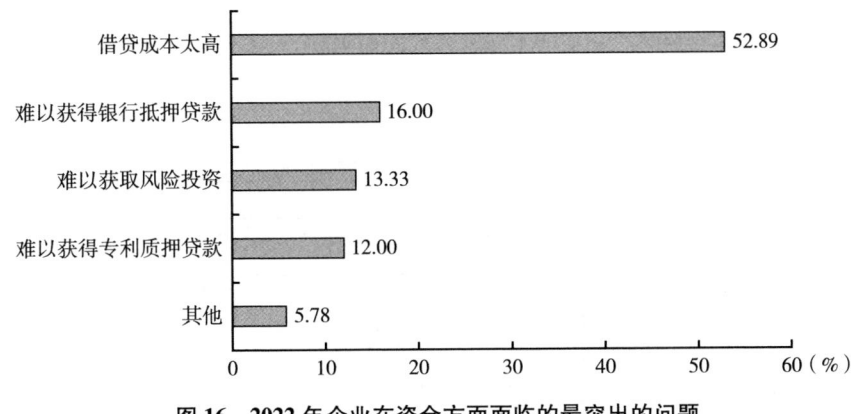

图16　2022年企业在资金方面面临的最突出的问题

（四）数字化转型仍有困难，三成微型企业尚未进行数字化转型

调查显示，84.85%的企业在推进数字化转型发展过程中面临不同程度的困难，包括缺乏专业人才（47.54%）、担心达不到预期效果（36.93%）、推进数字化发展的资金紧缺（33.62%）、市面上的数字化产品或工业互联网平台不契合企业需求（25.00%）、存在数据和商业机密泄露风险（19.51%）等（见图18）。分规模来看，大、中型企业推进数字化转型措施较为到位，小、微型企业推进数字化转型的措施还有待加强，近三成微型企业尚未进行数字化转型。总体来看，八成企业在推进数字化转型发展过程中仍面临困难，缺乏专业人才是最大的困难。

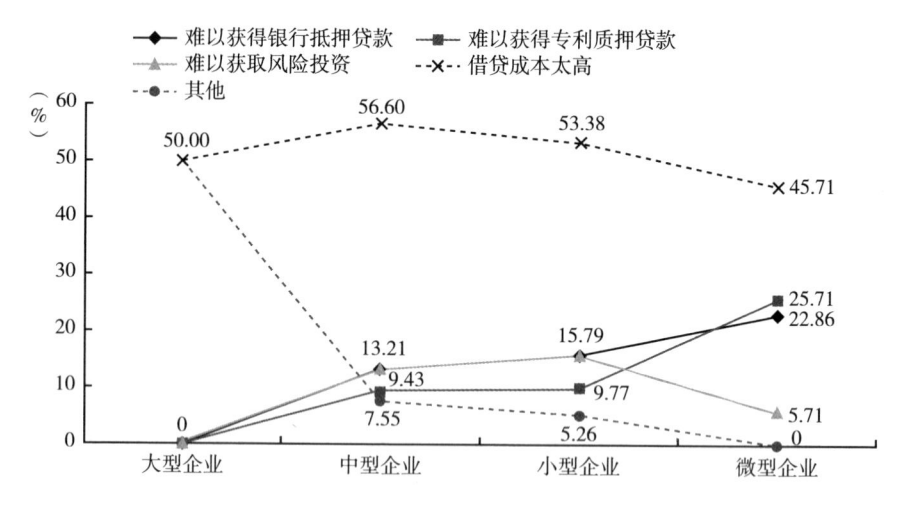

图17 2022年不同规模企业在资金方面面临的最突出的问题

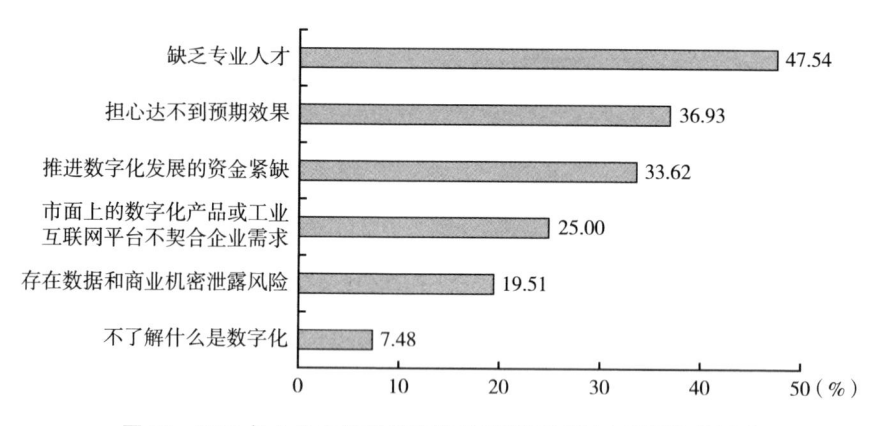

图18 2022年企业在推进数字化转型发展过程中所面临的困难

（五）资质要求是主要困扰，三成微型企业未享受创新扶持政策

从企业享受过的创新扶持政策来看，2022年有71.97%的企业享受过研发费税前加计扣除，16.38%的企业享受过研发投入奖励，10.13%的企业享受过高成长企业贷款贴息，9.85%的企业享受过科技型中小企业技术创新专题"免申即享"补助，5.78%的企业享受过项目研发后补助配套，

5.59%的企业享受过技术改造事后奖补，5.30%的企业享受过知识产权质押融资补贴等（见图19）。分规模来看，五成微型企业获得过研发费税前加计扣除政策，比大、中型企业低20个百分点以上。除此之外，微型企业享受其他创新扶持政策的比例微乎其微，有35.77%的微型企业没有享受过创新扶持政策。从获得创新政策支持方面存在的主要问题来看，42.14%的企业认为创新扶持政策对企业的资质条件要求过高、37.78%的企业认为获取政策信息的渠道不多、32.39%的企业认为政策支持力度不够、23.30%的企业认为缺乏编写申报材料的经验或专业人员、22.54%的企业认为申请扶持政策手续烦琐等（见图20）。总体来看，除研发费税前加计扣除政策外，企业享受其他创新扶持政策的比例并不高，微型企业享受创新扶持政策的比例更低。资质要求和信息渠道是困扰企业获得创新扶持政策支持的两大问题。

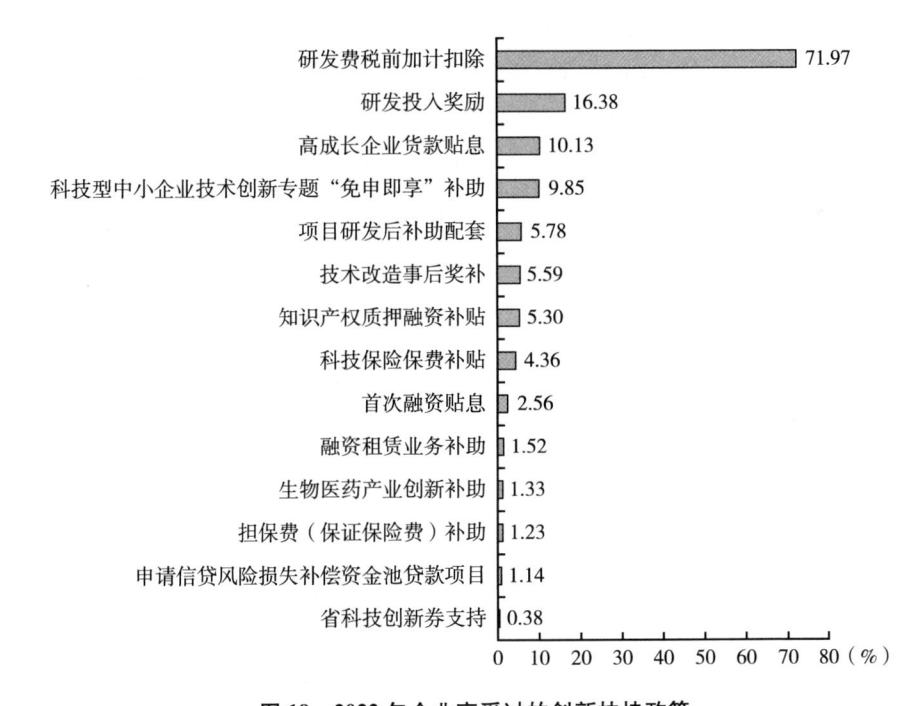

政策	比例(%)
研发费税前加计扣除	71.97
研发投入奖励	16.38
高成长企业贷款贴息	10.13
科技型中小企业技术创新专题"免申即享"补助	9.85
项目研发后补助配套	5.78
技术改造事后奖补	5.59
知识产权质押融资补贴	5.30
科技保险保费补贴	4.36
首次融资贴息	2.56
融资租赁业务补助	1.52
生物医药产业创新补助	1.33
担保费（保证保险费）补助	1.23
申请信贷风险损失补偿资金池贷款项目	1.14
省科技创新券支持	0.38

图19 2022年企业享受过的创新扶持政策

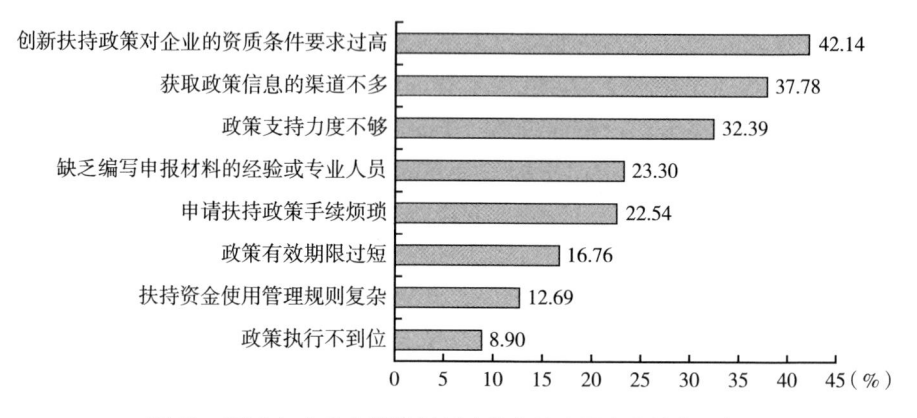

创新扶持政策对企业的资质条件要求过高	42.14
获取政策信息的渠道不多	37.78
政策支持力度不够	32.39
缺乏编写申报材料的经验或专业人员	23.30
申请扶持政策手续烦琐	22.54
政策有效期限过短	16.76
扶持资金使用管理规则复杂	12.69
政策执行不到位	8.90

图20 2022年企业在获得创新政策支持方面存在的主要问题

（六）产业链创新问题普遍，协同创新有待强化

调查中，有6家企业为"链主"企业。79.92%的企业认为产业链创新存在问题。30.87%的企业认为"链主"企业未与中小企业开展融通创新、技术创新合作；30.49%的企业认为缺乏具有生态主导力的产业链"链主"企业；28.31%的企业认为产业链行业联盟和协会不够完善，各类产业活动缺乏；21.69%的企业认为"链主"企业创新动力不足；21.50%的企业认为为"链主"企业创新能力不强；20.93%的企业认为为产业创新发展提供质量检测、现代物流等基础支撑的公共服务平台不多不强，服务不完善（见图21）。总体来看，近八成企业认为产业链创新存在问题，"链主"企业缺乏、"链主"企业创新带动力不足、产业链行业联盟不够完善是最主要的问题。

四 企业对2023年发展预期向好

调查结果显示，过半企业认为2023年广州经济增长速度将加快。近四成企业预计创新投入增长5%以上，小、微型企业创新经费、人员投入增速高于大、中型企业，2023年企业最为看好广州的生物医药与健康以及新一

广州高新技术企业创新调查报告

问题	百分比
"链主"企业未与中小企业开展融通创新、技术创新合作	30.87
缺乏具有生态主导力的产业链"链主"企业	30.49
产业链行业联盟和协会不够完善，各类产业活动缺乏	28.31
"链主"企业创新动力不足	21.69
"链主"企业创新能力不强	21.50
为产业创新发展提供质量检测、现代物流等基础支撑的公共服务平台不多不强，服务不完善	20.93

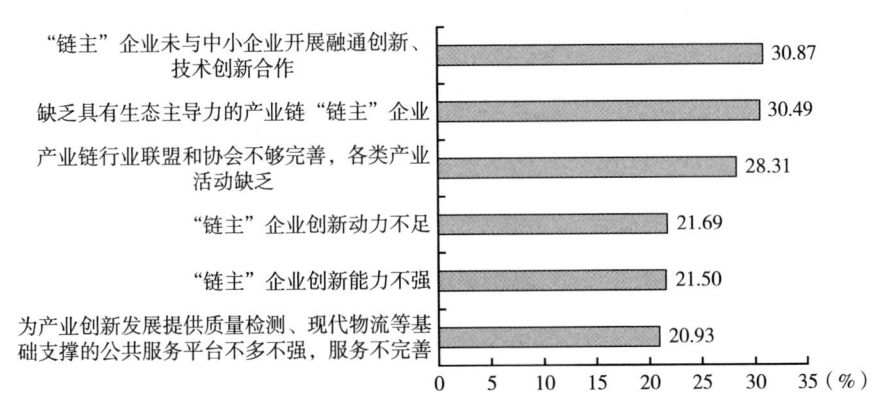

图 21 产业链创新存在的问题

代信息技术产业发展。总体而言，企业对 2023 年发展预期向好，小微企业创新要素投入增势强劲。

（一）过半企业认为2023年广州经济增长速度加快

调查中，13.83%的企业认为，与 2022 年相比，2023 年广州经济增长速度减缓，8.52%的企业认为增速不变，59%的企业认为增速加快，18.66%的企业认为难以判断。总体而言，过半企业认为 2023 年广州经济增长速度加快。

（二）近四成企业预计创新投入增长5%以上

调查结果显示，与 2022 年相比，企业预计 2023 年 R&D 经费投入、固定资产投资、从事研发和相关技术创新活动的科技人员增速在 5% 及以上的企业分别达到 43.28%、35.32% 和 38.74%（见图 22）。其中，48.76%的小、微型企业预计 R&D 经费投入增长 5% 及以上，比大、中型企业高 17.33 个百分点；41.97%的小、微型企业预计从事研发和相关技术创新活动的科技人员增长 5% 及以上，比大、中型企业高 10.24 个百分点。有 57.38%的企业预计高新技术产品（服务）收入增速在 5% 及以上。总体而言，近四成企业预计创新投入增长 5% 以上，小、微型企业预计创新经费、人员投入增速高于大、中型企业。

135

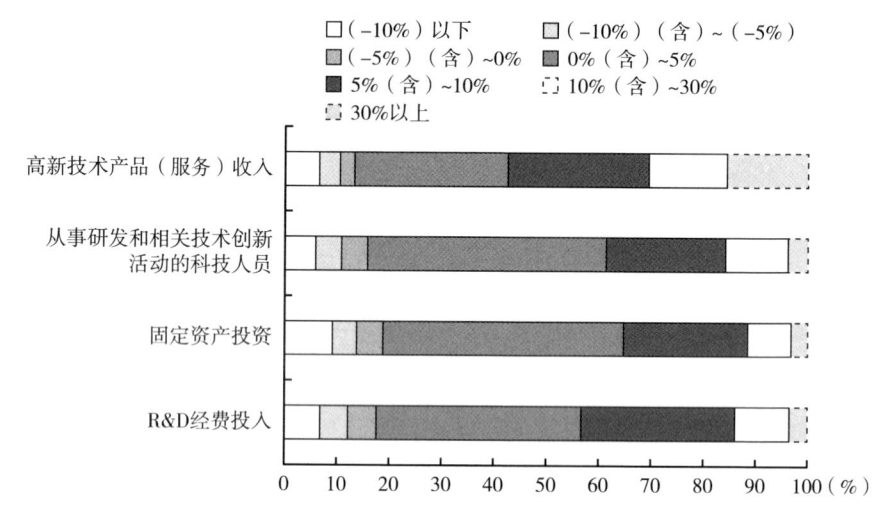

图 22　企业对 2023 年创新相关指标增长速度的判断

（三）企业看好生物医药与健康以及新一代信息技术产业发展

展望 2023 年广州战略性新兴产业的发展，24.34%的企业看好生物医药与健康产业，20.45%的企业看好新一代信息技术产业，14.58%的企业看好新能源与节能环保产业，14.39%的企业看好智能与新能源汽车产业，12.12%的企业看好智能装备与机器人产业，8.62%的企业看好新材料与精细化加工产业，3.60%的企业看好数字创意产业，1.61%的企业看好轨道交通产业（见图 23）。可见，2023 年企业最为看好广州的生物医药与健康以及新一代信息技术产业发展。

五　企业政策需求

从调查数据来看，8.33%的企业认为广州的创新支持政策环境在国内城市中是最好的，71.88%的企业认为较好，18.47%的企业认为一般。总体而言，企业普遍认为广州的创新支持政策环境在国内城市中是较好的。

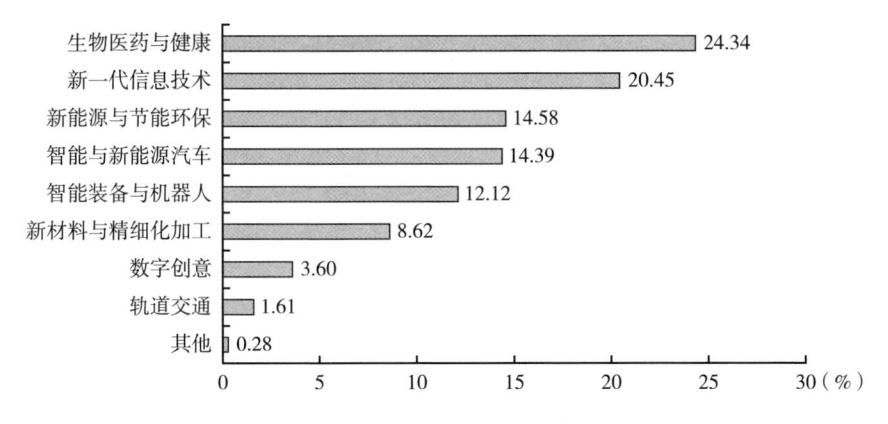

生物医药与健康	24.34
新一代信息技术	20.45
新能源与节能环保	14.58
智能与新能源汽车	14.39
智能装备与机器人	12.12
新材料与精细化加工	8.62
数字创意	3.60
轨道交通	1.61
其他	0.28

图 23 企业对广州战略性新兴产业的发展的看好情况

（一）近七成企业期待政府推动企业进行技术突破

调查中，6.82%的企业认为广州企业创新能力在国内城市中处于最强水平，76.14%的企业认为处于较强水平，16.19%的企业认为处于一般水平。对于广州推进企业创新的重点方向，企业主要期待政府推动企业进行技术突破（69.22%），推动企业发展新模式、新业态（58.90%），推动企业应用数字技术（40.91%），推动企业开展基础研究（33.62%），推动"链主"企业、大型企业发挥创新引领带动作用（32.67%）（见图24）。总体来看，推进企业创新的各类措施中，企业最为期待政府推动企业进行技术突破。

（二）六成企业急需获得研发经费投入支持

调查数据显示，企业急需获得的政府支持主要包括研发经费投入支持（63.73%）、信贷支持（30.87%）、协助引进人才（29.92%）、产学研合作支持（23.86%）、加大技术市场培育力度（18.56%）、创业投资基金支持（18.18%）、加强知识产权保护（16.38%）、数字化转型帮助（13.92%）、创造公平的市场环境（13.73%）、公共研发（技术）平台支持（13.45%）等（见图25）。整体而言，企业需求最强烈的是研发经费投入支持。

推动企业进行技术突破 69.22
推动企业发展新模式、新业态 58.90
推动企业应用数字技术 40.91
推动企业开展基础研究 33.62
推动"链主"企业、大型企业发挥创新引领带动作用 32.67

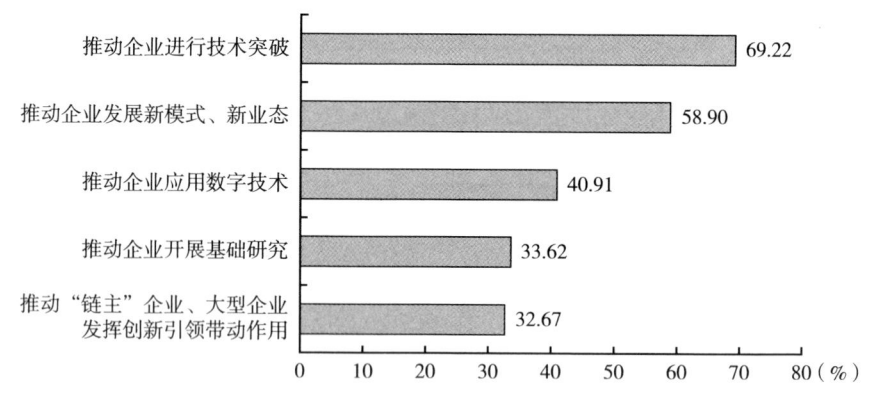

图24 广州推进企业创新的重点方向

研发经费投入支持 63.73
信贷支持 30.87
协助引进人才 29.92
产学研合作支持 23.86
加大技术市场培育力度 18.56
创业投资基金支持 18.18
加强知识产权保护 16.38
数字化转型帮助 13.92
创造公平的市场环境 13.73
公共研发（技术）平台支持 13.45
编制发布《广州市创新产品目录》，支持创新产品产业化应用 5.68

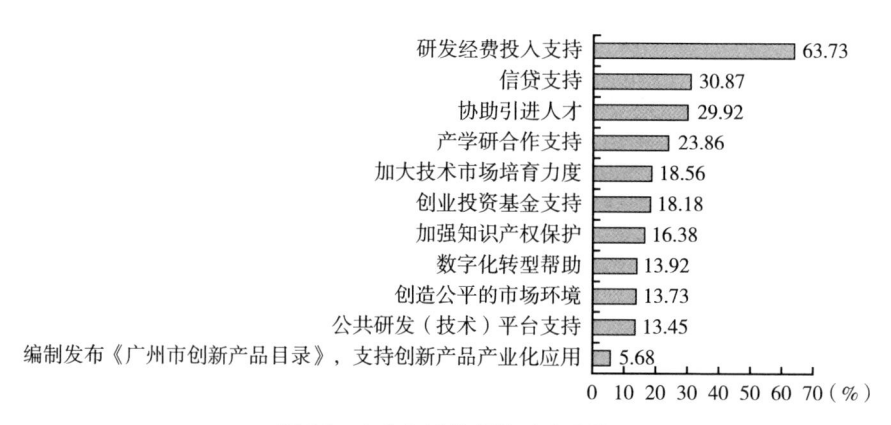

图25 企业急需获得的政府支持

（三）近七成企业期待政府给予技术人才相关政策支持

人才问题是严重困扰企业的三大问题之一。调查显示，企业认为能够帮助企业培养或留下技术人才的措施包括企业期待在住房、医疗及子女教育等方面给予技术人才相应政策支持（69.22%），支持企业技术骨干人才参加研修培训（66.48%），鼓励理工院校与企业建立联合培养机制（42.05%），聚焦新产业、新业态、新基建、新职业开展职业技能培训与评价（35.80%），对接企业需求编制《技术人才目录》并定期向社会发布

(17.61%)（见图26）。总体来看，企业对技术人才住房、医疗、子女教育、研修培训方面的政策需求强烈。

措施	百分比
在住房、医疗及子女教育等方面给予技术人才相应政策支持	69.22
支持企业技术骨干人才参加研修培训	66.48
鼓励理工院校与企业建立联合培养机制	42.05
聚焦新产业、新业态、新基建、新职业开展职业技能培训与评价	35.80
对接企业需求编制《技术人才目录》并定期向社会发布	17.61

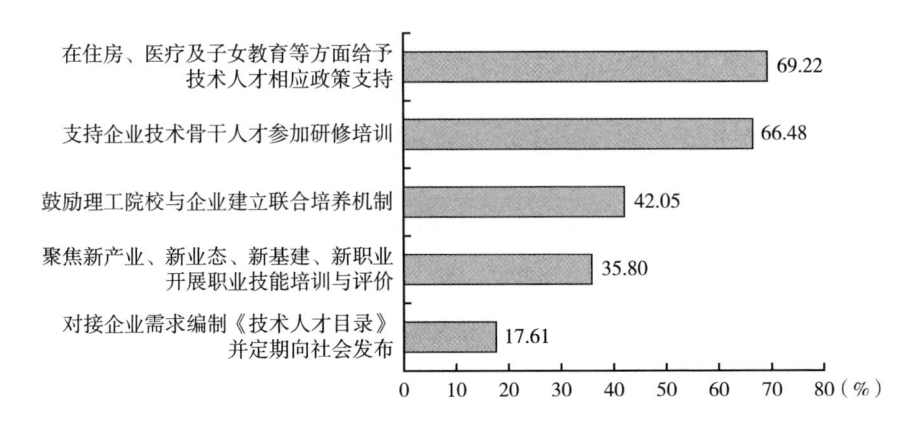

图26 能够帮助企业培养或留下技术人才的措施

（四）近七成企业期待获得更多贷款利率优惠

调查显示，在政府帮助企业缓解资金困境方面，68.09%的企业期待获得更多贷款利率优惠，54.73%的企业期待大力推进专利、商标、版权等多种类型的知识产权质押融资，50.00%的企业期待增加科技信贷产品及工具，35.61%的企业期待协助企业获取风险投资（见图27）。可见，近七成企业期待获得更多贷款利率优惠，企业对知识产权质押、科技信贷产品也需求强烈。

（五）企业更希望通过"揭榜挂帅"的方式推进关键核心技术攻关

调查中，32.67%的企业认为"揭榜挂帅"式的资助方式最有利于广州推进关键核心技术攻关，22.16%的企业认为"赛马"式、21.21%的企业认为"里程碑"式、14.77%的企业认为定向包干式、8.71%的企业认为中期评估式最有利于广州推进关键核心技术攻关。总体来看，企业更希望通过"揭榜挂帅"的方式推进关键核心技术攻关。

```
获得更多贷款利率优惠                                           68.09
大力推进专利、商标、版权等
多种类型的知识产权质押融               54.73
资
增加科技信贷产品及工具                      50.00
协助企业获取风险投资              35.61
              0    10   20   30   40   50   60   70（%）
```

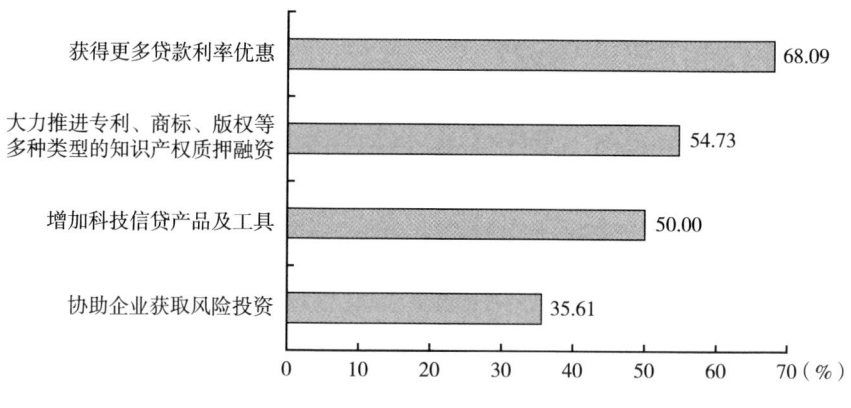

图27 政府帮助企业缓解资金困境的举措

（六）过半企业期待"链长制"促进技术供需对接、推广与应用

调查结果显示，近八成企业产业链创新存在问题，企业期待"链长制"促进技术供需对接、推广与应用（52.08%），加强产业协同和技术合作攻关（48.58%），优化产业生态系统（48.01%），搭建政企沟通交流新平台（44.32%），培育更多"链主"型企业（35.51%），推进跨界融合互动（12.12%）（见图28）。可见，过半企业期待"链长制"促进技术供需对接、推广与应用，近五成企业期待"链长制"加强产业协同和技术合作攻关以及优化产业生态系统。

（七）八成企业期望政府设立专项扶持资金支持中小企业数字化转型

调查结果显示，八成企业在推进数字化转型发展过程中面临困难。在支持中小企业数字化转型方面，企业期望政府设立专项扶持资金（80.87%）、完善数字化转型公共服务平台建设（44.03%）、鼓励行业协会或联盟开展应用推广活动（35.98%）、遴选企业先行免费试用有关产品或平台（29.26%）、引导龙头企业构建数字化发展生态（21.88%）、评比标杆企业（19.79%）（见图29）。可见，企业对政府设立专项扶持资金支持中小企业数字化转型的需求非常强烈。

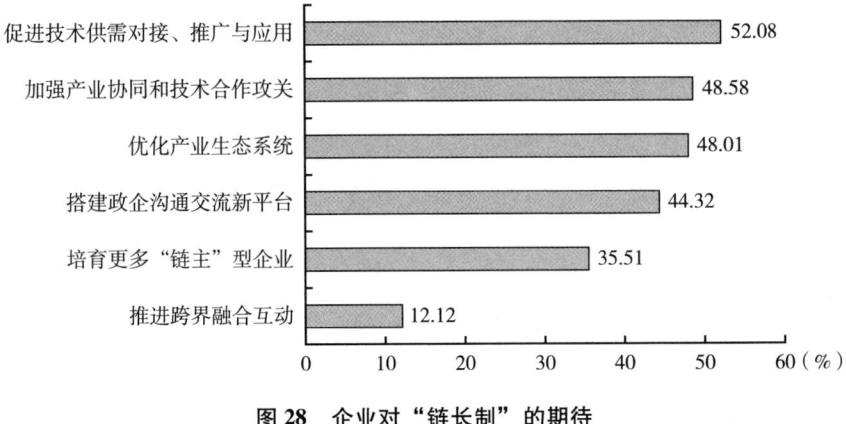

图28 企业对"链长制"的期待

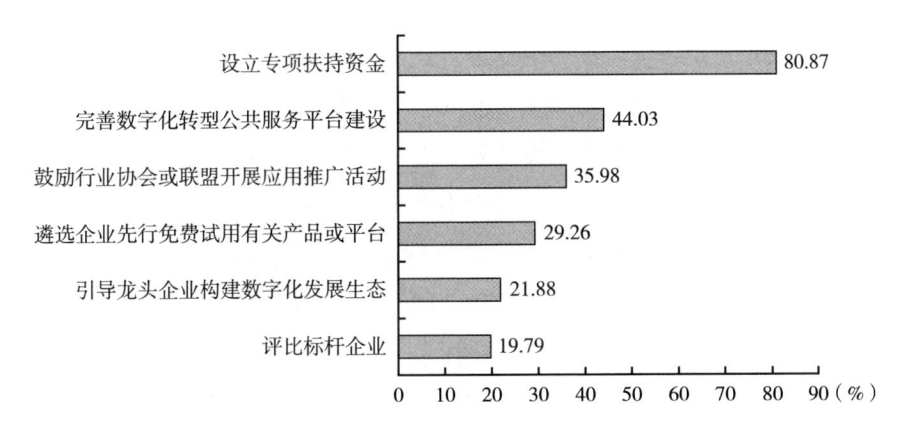

图29 企业期望政府支持中小企业数字化转型的举措

六 对策建议

调查结果显示，中小微企业在新产品市场开拓、技术骨干人才招聘、资金获得、数字化转型等方面面临更严峻的困难，因此，帮助中小微企业纾困解难，助力中小微企业实现高质量发展是当前阶段的重要任务。

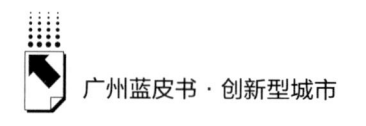

（一）促消费拓市场并进，全面激发产品市场需求

市场问题是企业2022年面临的最突出问题。建议大力开展促消费系列活动，努力激活国内国际市场需求，支持企业开拓市场。一是加快国际消费中心城市建设，构建产业型、流量型、服务型消费体系，汇聚全球消费资源，广聚国际消费客群。二是引导中小企业通过直播电商、社交电商等新业态拓展销售渠道。鼓励第三方跨境电商平台开展"广货出海"业务，推动中小企业抱团出海。三是组织开展支持企业开拓市场专项资金项目。四是聚焦重点行业，组织开展专项产销对接活动。

（二）推进企业技术创新，支持新产品研发与推广

近七成企业期待政府推动企业进行技术突破，建议政府加大推进企业技术创新力度，支持新产品的研发与推广。一是大力支持中小企业主动承担各级研发计划项目。在市重点研发计划重点专项中，面向科技型中小企业设立相关子方向，精准支持具备条件的中小企业承担市科技任务，开展关键核心技术攻关，提升企业研发能力。二是支持中小企业购置、更新改造研发设备、软件，提升在细分领域的产品研发创新能力。三是推动中小企业发展新模式、新业态，支持中小企业采用新技术、新工艺提高产品竞争力。四是编制发布《广州市创新产品目录》，支持创新产品产业化应用。

（三）加大金融支持力度，助力小微企业缓解资金困境

针对小微企业资金问题突出、借贷成本高的困境，建议加大金融支持力度，助力小微企业缓解资金困境。一是加大对小微企业研发经费投入、创业投资基金、信贷支持等创新的支持力度。探索开展多样化的抵押质押，提升小微企业融资能力。二是发挥普惠贷款风险补偿机制、科技型中小企业信贷风险损失补偿资金池、中小微企业融资风险补偿资金的作用，引导信贷资金更多投向普惠小微领域。三是完善"免申即享"机制，通过数据匹配、协同审核的方式，主动告知企业，给予符合条件的企业免予申报、直接享受政策。

（四）完善人才配套措施，加强骨干人才研修培训

不同规模的企业都对技术人才住房、医疗、子女教育、研修培训方面的政策需求强烈。建议政府进一步落细落实企业技术人才住房、医疗及子女教育等方面的支持政策，实施企业骨干人才激励计划，并给予中小企业骨干人才相应名额。鼓励中小企业以顾问指导、培训咨询、短期兼职、人才租赁、项目合作等多种形式实现高层次人才柔性引进。探索企业核心人才培育计划，支持企业技术骨干人才参加研修培训，为优质中小企业高级管理、技术人员提供公益性系统化培训。支持鼓励理工院校与企业建立联合培养机制，聚焦新产业、新业态、新基建、新职业开展职业技能培训与评价。

（五）设立专项扶持资金，统筹推进数字化转型

在本次调查中，八成企业在推进数字化转型发展过程中仍面临困难，八成企业期望政府设立专项扶持资金支持中小企业数字化转型。建议借鉴上海经验，设立数字化转型专项资金，统筹推进数字化转型。实施开放的数字化转型人才政策，探索设置数字化转型特设岗位。鼓励数字化服务供应商针对中小企业数字化转型需求，开发低成本、轻量化、灵活便捷的数字化转型工具、产品和服务。完善数字化转型公共服务平台建设，鼓励行业协会或联盟开展应用推广活动。

（六）精心培育"链主"企业，提升产业链协同创新能力

在本次调查中，过半企业期待"链长制"促进技术供需对接、推广与应用，近五成企业期待"链长制"加强产业协同和技术合作攻关以及优化产业生态系统。建议进一步细化落实"链长制"，优化产业创新生态系统，精心培育一批"链主"企业，大力支持"链主"企业主导全产业链创新。支持"链主"企业主动扶持中小企业技术创新和产业发展，鼓励中小企业主动融入产业链、扩大市场规模、提升专业化能力，实现产业链和产业集群竞争力的全面提升。推动搭建产业链在线需求对接和云签约平台，引导

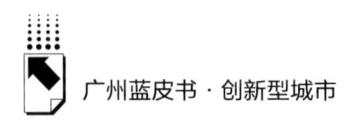

"链主"企业在平台上发起技术研发需求、供应链需求、投资需求、孵化需求、服务需求等各类合作需求。

参考文献

陈健、陈志：《如何支持"链主"企业主导全产业链创新？——以美国太空探索技术公司（SpaceX）为例》，《科技中国》2021年第8期。

顾蓓蕾、井润田、马喜芳：《疫情中的企业发展：历次大规模问卷调查的管理启示》，《上海经济研究》2022年第8期。

侯宝锋、苏治、史建平：《融资难、融资贵与小微经营者信心——基于全国工商联和蚂蚁金服小微企业联合问卷调查的分析》，《中央财经大学学报》2022年第7期。

李涵、吴雨、邱伟松等：《新冠肺炎疫情对我国中小企业的影响：阶段性报告》，《中国科学基金》2020年第6期。

马喜芳、井润田、顾蓓蕾：《新冠肺炎疫情对企业影响机理的理论构建与探索性调查研究》，《管理学报》2022年第11期。

王庆年、张丽：《后疫情时期企业生产经营现状及财税、金融支持效果分析——基于4099户企业的问卷调查研究》，《北方金融》2021年第1期。

张辉、王庭锡、孙咏：《数字基础设施与制造业企业技术创新——基于企业生命周期的视角》，《上海经济研究》2022年第8期。

郑琼洁、姜卫民：《数字经济视域下制造业企业数字化转型研究——基于企业问卷调查的实证分析》，《江苏社会科学》2022年第1期。

B.6
广州前沿新材料产业创新现状分析与对策研究

曾祥州 孟维伟*

摘 要: 前沿新材料是具有战略性、前瞻性和颠覆性的新材料,是未来产业发展的制高点,具有重要引领作用和重大应用前景。本文结合专利、产业、企业、人才、资本等多维数据,对广州前沿新材料产业展开专利信息分析,发现:广州前沿新材料产业专利创造活跃,创新企业、创新人才集聚;黄埔区在纳米材料、生物医用材料等细分领域竞争优势明显;以企业为主体、产学研相结合的自主创新体系初步构建,以知识产权为价值导向的硬科技投资逐步兴起。但与此同时,还存在产业链竞争优势不明显、企业技术创新主体作用不足、产业创新人才梯队建设亟待强化、产学研创新协同效应偏弱等问题。在以上分析的基础上,本文从产业集群载体建设、企业"引培"、产学研协同创新、知识产权培育、科技金融产品和服务创新等方面提出了促进广州前沿新材料产业高质量发展的对策建议。

关键词: 前沿新材料 发明专利 创新人才 广州

为深入贯彻习近平总书记关于知识产权工作的系列重要讲话精神,认真

---

* 曾祥州,广州知识产权保护中心中级统计师、知识产权师,研究方向为知识产权情报、统计分析;孟维伟,广州知识产权保护中心高级工程师,研究方向为科技政策、区域创新。

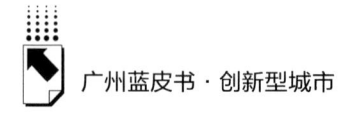

落实《广州市战略性新兴产业发展"十四五"规划》《广东省培育前沿新材料战略性新兴产业集群行动计划（2021~2025年）》等重点工作部署，本文遵循产业专利导航理念，以知识产权、产业、企业、人才、资本等多维数据融合为基础，对广州前沿新材料产业展开专利导航分析研究，以推动广州前沿新材料产业专利信息分析与产业运行决策的深度融合、专利创造与产业创新能力的高度匹配，加强专利布局对产业竞争地位的保障，为广州前沿新材料产业创新发展规划、产业发展基础夯实、关键核心技术攻关、产业链发展水平提升提供决策支撑。

一 发展现状

（一）广州专利申请活跃度高，区域比较优势明显

作为典型的专利密集型产业，广州前沿新材料产业发展迅速，产业体系逐步完善，专利创新产出尤为活跃。截至2022年底，广州前沿新材料产业发明专利公开量达23276[①]件，位列北京、上海、深圳之后，全国排名第4；近5年年均增速达18.8%，比全国年均增速（8.2%）高出10.6个百分点，全国排名第4；发明专利授权量（10691件）、有效发明专利量（8758件）均在全国排名第3，仅次于北京、上海；发明专利授权量年均增速达28.4%，比全国年均增速（10.7%）高出17.7个百分点；海外布局专利量446件，占比为0.8%，全国排名第5；中国专利奖获奖专利26件，占比为5.6%，全国排名第2；维持10年以上专利863件，占比为1.8%，全国排名第5，各项数据均处于国内领先水平。

[①] 本文中专利、创新企业、创新人才等数据均从PatNavi全球产业科技情报分析系统检索并整理而得。

（二）集聚了广东省约1/5的创新企业和2/5的创新人才，为未来产业发展奠定坚实基础

截至2022年底，广州从事前沿新材料领域的创新企业共有2086家，全国各地市排名第6，落后于苏州、上海、北京、深圳与无锡，但近5年年均增速达25.7%，比全国年均增速（15.8%）高出近10个百分点，高于苏州、上海和北京。企业分布方面，广州拥有国家高新技术企业954家，全国排名第7；上市公司55家，全国排名第7；专精特新中小企业174家，全国排名第10；瞪羚企业152家，全国排名第2；国家知识产权优势企业65家，全国排名第4（见表1）。广州前沿新材料产业创新人才共有39525人，在全国排名第3，仅次于北京和上海，近5年创新人才年均增速为22.0%，比全国年均增速（15.8%）高出6.2个百分点。人才分布方面，广州拥有国家高层次人才580人，其中院士10人、长江学者40人；科技企业家1290人；技术高管1903人（见表2）。擅长领域集中在高分子纳米复合材料制造（128人）、无机纳米材料制造（105人）、高端医用耗材及检测试剂（97人）、高端植介入医用材料（56人）等细分领域。

表1 2022年国内重点地市前沿新材料产业特色企业分布情况对比

单位：家

企业指标	重点地市数量/排名	北京	上海	苏州	广州	深圳
科技型中小企业	数量	599	1298	2346	996	1470
	全国排名	10	3	1	4	2
上市公司	数量	111	128	92	55	142
	全国排名	3	2	4	7	1
龙头企业	数量	8	7	2	2	3
	全国排名	1	2	4	4	3
隐形冠军	数量	164	205	95	52	133
	全国排名	2	1	5	19	3

续表

企业指标	重点地市数量/排名	北京	上海	苏州	广州	深圳
国家高新技术企业	数量	1571	1647	2037	954	1740
	全国排名	4	3	1	7	2
近三年成立	数量	322	452	727	300	437
	全国排名	5	2	1	7	3
专精特新中小企业	数量	645	908	180	174	123
	全国排名	2	1	8	10	13
专精特新小巨人企业	数量	150	192	81	44	102
	全国排名	2	1	5	19	3
瞪羚企业	数量	921	98	97	152	25
	全国排名	1	4	5	2	16

注：科技型中小企业指依托一定数量的科技人员从事科学技术研究开发活动，取得自主知识产权并将其转化为高新技术产品或服务，从而实现可持续发展的中小企业；龙头企业指发明专利申请量进入全国排名前100的企业；隐形冠军指在某个细分行业或市场占据领先地位，拥有核心竞争力和明确战略，其产品、服务难以被模仿和超越的企业。

表2 广州前沿新材料产业创新人才分布情况国内重点地市对标比较

单位：人

人才指标	数量/排名	北京	上海	苏州	广州	深圳
创新人才	数量	105814	75825	28545	39525	29028
	全国排名	1	2	7	3	6
国家高层次人才	数量	2443	1086	245	580	287
	全国排名	1	2	13	5	11
技术高管	数量	2732	3613	4626	1903	3245
	全国排名	4	2	1	6	3
科技企业家	数量	1798	2570	3321	1290	2176
	全国排名	4	2	1	6	3

注：创新人才指有发明专利申请的发明人；国家高层次人才指院士、长江学者、创新人才推进计划、博士后创新人才支持计划等高端人才；技术高管指在企业中担任董事、监事、高管，同时拥有专利申请的发明创造工程师；科技企业家指有专利申请的企业法定代表人。

（三）以天河、黄埔为核心区域的产业集群初步呈现，在纳米材料、生物医用材料、新能源材料等细分领域竞争优势明显

广州前沿新材料产业基础好，市场需求与供给旺盛，空间集聚度较高。广州依托中国纳米谷、华南新材料创新园、广州云埔工业园等聚集区建设，在纳米材料、生物医用材料以及新能源材料等细分领域专利布局优势明显，在天河区与黄埔区已率先形成产业集聚优势（见表3）。以天河区为例，高端医用耗材及检测试剂技术的发明专利公开量1899件、全国区县排名第5，创新企业68家、全国区县排名第24，创新人才4244人、全国区县排名第4；高分子纳米复合材料制造技术的发明专利公开量1738件、全国区县排名第8，创新企业132家、全国区县排名第46，创新人才3597人、全国区县排名第4；无机纳米材料制造技术的发明专利公开量1072件、全国区县排名第8，创新企业95家、全国区县排名第11，创新人才2791人、全国区县排名第5。

表3　2018~2022年广州各区前沿新材料产业创新资源分布

广州各区	发明公开专利(件)	创新企业(家)	研究团队(家)	创新工程师(人)
天河区	7951	313	90	13738
黄埔区	4300	706	28	6316
海珠区	2720	133	43	5358
越秀区	2370	78	73	5890
番禺区	2027	232	25	4136
白云区	1247	225	30	2363
增城区	904	132	5	591
南沙区	719	146	8	1234
花都区	526	136	5	622
荔湾区	396	45	16	724
从化区	113	43	4	223

注：研究团队指高校、科研机构及事业单位。

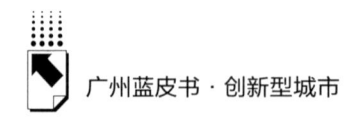

（四）超六成授权发明专利产自高校院所，以企业为主体、产学研相结合的自主创新体系初步构建

广州前沿新材料领域的高水平创新平台与高校院所资源丰富，包括国家级重点实验室5个以及高校院所、研究机构80余个。截至2022年底，广州高校院所发明专利授权量2584件，约占全市发明专利授权量的61.3%，远高于全国高校院所发明专利授权量的占比（40.1%）；公开发表前沿新材料领域科技论文约1.42万篇，全国排名第6，广东省排名第1，创新活跃度较高。产学研合作方面，广东省超1/3的产学研合作专利申请发生在广州，涉及专利数量多达838件，全国排名第5，其中与高校院所合作最多的企业是中科院广州化学有限公司，累计共有48件合作申请，与企业主体合作最多的高校院所是华南理工大学，累计共有218件合作申请。专利运营转化方面，发生转让交易的专利数量为2860件，占全国的4.1%，全国排名第5，约36.7%发生在高校院所与企业间；发生技术许可的专利数量为253件，占全国的4.4%，全国排名第5，约54.1%发生在高校院所与企业或企业主体间。以华南理工大学（7557件）、广东工业大学（2927件）、中山大学（2922件）等高校为代表的高水平创新平台在高分子纳米复合材料、无机纳米材料、高端医用耗材检测等关键领域发挥着基础研究与技术攻关的重要作用。

（五）近九成被投企业发明专利公开量高于全国平均水平，以知识产权为价值导向的硬科技投资逐步兴起

截至2022年，广州前沿新材料产业领域发生股权融资事件共479起，融资规模超500亿元，仅次于深圳（1264起），在省内排名第2，占广东省前沿新材料产业投资事件总量的20.2%[①]。2018~2022年，广州前沿新材料产业领域发生股权融资事件218起，涉及企业99家。经统计，获得股权投资的企业发明专利公开总量为10849件，平均每家被投企业发明专利公开量

---

① 资料来源：中国证监会、证券交易所官网相关资料及新闻报道。

为109件，远高于全国平均水平。阿里巴巴、腾讯投资、广州基金、广州金控、广汽资本、粤财基金等更加关注生物医用材料、纳米材料、新能源材料及第三代半导体等细分领域的企业，达安基因、达瑞生物、冠昊生物等明星企业多次获得资本加持。2018~2022年，广州前沿新材料产业上市企业38家，企业数量占广州所有上市企业的15%，而这些企业发明专利公开总量占广州所有上市企业的54.3%，表明在前沿新材料领域拥有核心专利技术的优质企业更容易获得资本青睐。

综上所述，广州前沿新材料产业的产业发展基础较好，自主创新体系不断完善，企业、高校、人才创新实力突出，发明专利公开量、专利布局活跃度、创新企业数量、创新人才数量、产业集中度、投融资活跃度等指标稳居全国前列，在专利产出、创新企业和创新人才等规模与增长方面展现不俗的发展潜力，产业发展正步入快速增长阶段。

二 主要问题

（一）产业发展仍处于培育阶段，对标头部区域产业链竞争优势不明显

近些年，国内前沿新材料产业蓬勃发展，京津冀、长三角、珠三角等地区形成齐头并进、竞相发展格局。广州虽然已初步形成前沿新材料产业聚集效应，但对标北京、上海、深圳、苏州等城市仍存在不小的差距。截至2022年底，广州前沿新材料产业发明专利公开量为23276件，分别是北京（60199件）的38.7%、上海（52685件）的44.2%、苏州（29899件）的77.8%；广州创新企业数量为2086家，分别是北京（3452家）的60.4%、上海（4617家）的45.2%、苏州（5088家）的41.0%、深圳（3054家）68.3%；广州创新人才数量为39525人，分别是北京（105814人）的37.4%、上海（75825人）的52.1%。在产业细分领域，广州重点发展的超材料、第三代半导体材料等领域，对标北京、上海也存在较大差距，例如，广州超材料领域发明专利公开量为78件，分别为北京、上海的16.8%、

29.0%，创新企业 6 家，分别为北京、上海的 30.0%、46.2%，创新人才 242 人，分别为北京、上海的 19.1%、34.0%；广州第三代半导体材料领域发明专利公开量为 823 件，分别为北京、上海的 30.3%、21.8%，创新企业 24 家，分别为北京、上海的 19.7%、14.8%，创新人才 1166 人，分别为北京、上海的 27.0%、26.9%。

（二）产业链企业技术创新主体作用不足，引领带动效应尚未显现

广州企业主体拥有的专利量占比较低，仅占广州前沿新材料产业发明专利公开量和有效发明专利量的四成。截至 2022 年底，前沿新材料产业全国专利排名 100 强企业中，广州仅有 4 家企业，北京有 19 家、上海有 9 家、深圳有 7 家。虽然广州在高性能纤维、新能源材料等细分领域已培育出金发科技、天赐高新等龙头企业，而其他如金属基复合材料制造、第三代半导体材料、高性能钢材等细分产业仍处于"有产业没龙头，有龙头没生态"的困境。从企业分布看，近 3 年广州新注册企业共 300 家，分别是北京（322 家）的 93.1%、上海（452 家）的 66.4%、深圳（437 家）的 68.6%，新进入初创企业的数量储备值得进一步关注；专精特新中小企业共 174 家，全国排名第 10，分别是北京（644 家）的 27.0%、上海（907 家）的 19.2%、深圳（123 家）的 1.4 倍；专精特新小巨人企业共 44 家，全国排名第 19，分别是北京（150 家）的 29.3%、上海（192 家）的 22.9%、深圳（102 家）的 43.1%；隐形冠军共 52 家，全国排名第 19，分别是北京（164 家）的 31.7%、上海（205 家）的 25.4%、深圳（133 家）的 39.1%。以上情况说明广州具有较强市场竞争力和产业链整合能力的知识产权龙头企业较为稀缺，产业培育与企业孵化仍有较大的工作空间。

（三）产业创新人才梯队建设亟待强化，高分子增材制造材料、碳复合材料、超导磁体材料等领域核心人才紧缺

虽然广州前沿新材料产业创新人才总量多达 39525 人，仅次于北京和上海，全国排名第 3，但在人才梯队建设，尤其是顶尖人才储备方面仍存在一定差距。例如，广州拥有国家高层次人才580人，全国排名第5，分别是北京（2436人）的23.8%、上海（1102人）的52.6%；技术高管1903人，全国排名第6，分别是北京（2664人）的71.4%、上海（3807人）的50.0%；科技企业家1290人，全国排名第6，分别是北京（1806人）的71.4%、上海（2451人）的52.6%，这些国家高层次人才、富有创新精神与发明能力的技术高管以及科技企业家才是推动产业发展、引领产业变革的"关键少数"，值得特别重视。此外，部分关键细分领域的创新人才情况也格外值得关注，例如，超材料制造、玻璃纤维及制品制造、高性能碳纤维及制品制造、高性能钢材、金属基复合材料制造等领域创新人才资源不足，全国排名均未进入前10，尤其高分子增材制造材料、碳复合材料制造、超导磁体材料制造等关键领域创新人才总量不足50人，国家高层次人才、院士等核心人才更是紧缺，支撑产业关键技术攻关与核心竞争力提升的人才梯队建设亟待强化。

（四）本地科教资源赋能产业创新发展的显示度不高，产学研创新协同效应偏弱

本地雄厚丰沛的科教人才资源为广州打造成为具有国际影响力的前沿新材料产业高地提供了有力支撑。但对标北京、上海和深圳，广州在产学研合作方面还存在不小差距。截至2022年底，广州前沿新材料产业产学研合作专利申请量共计838件，占广州前沿新材料产业发明专利公开量的3.6%，而北京产学研合作专利申请量为2855件，是广州的3.4倍；上海为1878件，是广州的2.2倍；深圳为980件，是广州的1.2倍。在产学研合作专利转化方面，广州有58件产学研合作专利发生过转让交易记录，而深圳为162件、北京为151件、上海为69件，均高于广州。此外，广州本地高校院所在前沿新材料产业的"沉睡未转化"专利居多，对产业链补链、延链环节的技术创新支撑稍显不足。以华南理工大学为例，共计拥有前沿新材料领域专利7498件，其中发生过转让的专利104件，占比仅为1.38%，其中向广州市内主体转让102件，涉及广州新视界光电科技有限公司、广东粤海

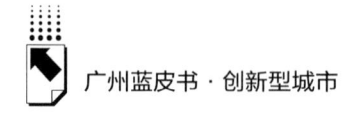

华进科技股份有限公司、广州智焜生物科技有限公司等，主要集中在纳米材料、光电材料、高性能纤维材料、生物医用材料等产业链优势环节，在新能源材料、新型复合材料、磁性材料等产业链薄弱环节的创新成果不多，与企业主体间的产学研协同融合程度仍需进一步加强。

（五）产业专利无效诉讼事件呈现高发态势，需警惕国外公司的专利"卡脖子"风险

截至2022年底，全国前沿新材料产业涉及专利无效宣告案件有643起，共涉及492件专利，主要集中在高端医用耗材及检测试剂（139件）和高分子纳米复合材料制造（114件）领域，广州专利权人涉及无效宣告案件12起，占广东省总量的32.4%，省内排名第1。全国前沿新材料产业涉及专利侵权、权属纠纷等专利共379件，主要分布在生物医用材料（78件）、纳米材料（151件）、新能源材料制造（46件）和石墨烯（42件）等领域，广州共有7件，其中作为被告涉及的专利6件，以专利侵权纠纷为主，日本荣研化学株式会社、德国赢创德固赛等国外公司均参与到针对本地企业的专利无效诉讼中，专利布局与保护意识显著。广州前沿新材料产业海外发明专利公开量为446件，全国排名第5，分别是北京（1574件）的28.3%、上海（842件）的53.0%、深圳（1041件）的42.8%，本地企业的海外知识产权布局明显不足，未来"走出去"的知识产权风险防范值得提早关注。

三 对策建议

（一）推进产业集群载体建设，提升产业链核心竞争力

当前广州前沿新材料产业链纵向延伸和横向联动发展模式尚未形成，产业化集群发展与产业化创新驱动两者缺一不可。建议以推动创新链与产业链深度融合为主线，重点在"强链"与"补链"上下功夫，扎实推进前沿新材料产业"建圈强链"，充分发挥广州已集聚形成的纳米材料、生物医用材料以及新能源材料等产业优势，持续优化广州开发区、广州科学城、从化高新区、华南新材料创新园、广州云埔工业园等产业园区建设，针对目前制约广州产业链、创新链发展的薄弱环节，加强前沿新材料产业集群集聚区和周边其他优势产业的协同创新，通过内部挖掘、招企引智等方式补齐3D打印材料、超材料、石墨烯材料等弱项短板，持续打造多学科交叉研究平台和创新载体，探索建设产业共享人才培育、专业技术订单式服务的联合创新体。

（二）开展中小企业梯队"引培"工程，引导更多中小企业走向专精特新之路

截至2022年底，广州前沿新材料产业聚集了中小企业996家，近5年增长率高达25.7%，这些中小企业是未来产业创新发展不可或缺的重要力量，将其培育成为单项冠军、上市企业更有助于提升对产业链关键环节的掌控能力。结合产业专利导航的方法构建广州前沿新材料产业企业引培库，实施专精特新中小企业梯队"引培"工程。在外部引入方面，对照产业链薄弱环节领域，瞄准省内、省外在相应技术领域具有一定创新实力及未来发展潜力的创新企业清单，通过招商引进、技术合作、投资并购等方式，补足产业链短板，促进产业链配套区域化、供应链多元化。在内部培育方面，按照初创期、发展期、上市准备期进行企业分层培育，形成企业分层清单以及差异化精准服务清单，以培育更多技术主导型、市场驱动型"链主式"企业和专精特新中小企业为目标，优化公共服务与市场服务的供给模式，支持产业集聚区建设差异化、特色化中小企业公共服务平台，将知识产权、财税、法律、咨询等多元服务融入产业创新链，助力中小企业从IP到IPO高质量发展。

（三）突出"高精尖缺"导向，加快培养高层次领军人才和紧缺急需人才

广州前沿新材料产业高层次人才规模小，核心人才资源短缺，支持华南理工大学等高等院校以及前沿新材料领域龙头企业依托项目和平台等培养、集中纳米材料、光电材料、高性能纤维材料、生物医用材料领域领军人才，

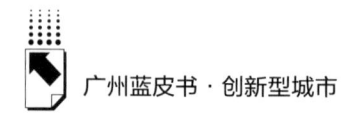

支持具有创新实力、拥有核心专利技术的创新人才向高性能纤维、新型半导体、高性能磁性材料等领域核心关键领域集聚。鼓励本地高校、科研院所与骨干企业深入合作，共建示范性实习实践基地，搭建高校师生挂职锻炼平台，推动基础理论与产业实践交叉融合与创新。加快建立高校院所和前沿新材料企业"双元制"人才培育机制，实现人才培养与企业需求的"无缝对接"。高端人才培养既要立足本地，也要积极引进，可以以优惠的政策引进产业薄弱或缺失环节的外部创新性人才，引进具有创新实力、拥有核心专利技术的创新人才或与其合作。

（四）深度挖掘产学研协同创新潜力，推动高校知识产权成果向前沿新材料产业转移转化

广州高校院所在纳米材料、生物医用材料等领域具有很好的技术储备基础，超六成的发明专利成果集中在本地高校院所手中。建议围绕前沿新材料领域"卡脖子"技术攻关、基础创新能力提升等需求，持续实施"揭榜挂帅"攻关计划，针对前沿新材料关键领域制定年度技术攻关清单，支持高校院所、新型研发机构和龙头企业组建创新联盟进行联合攻关，制定产业链首席专家聘任和咨询机制，将骨干企业纳入产业链智库单位，鼓励骨干企业主动开放供应链与创新链，与中小微企业、高校院所等在研发、供应链等层面开展深度合作。运用先进数字化技术搭建产业科技成果转化数智平台，提供成果供需发布、创新评价、智能匹配和自动推送等功能，提升高校沉睡知识产权成果向前沿新材料产业转移转化的对接效率，打造前沿新材料全国产学研融合及科技成果孵化转化高地。

（五）加强产业关键核心技术知识产权培育，建立常态化知识产权风险预警机制

建议常态化开展前沿新材料产业细分领域专利导航工作，建立细分领域专利数据库，全面掌握产业发展动态，及时推送产业发展情报，尤其是加强高性能纤维、新型半导体、高性能磁性材料等关键核心技术领域的专利导航

分析。充分运用人工智能和大数据工具手段，开展专利申请前评估与预审工作，提高专利质量和授权率，培育核心技术高价值专利，推动前沿新材料产业知识产权协同运营中心建设，发挥知识产权产业大数据资源优势，构筑前沿新材料产业核心技术专利池，驱动产业高价值专利培育布局、知识产权交易运营、知识产权维权援助等常态化开展，助力产业链核心技术攻关。加大国内外专利布局动态、知识产权侵权风险、行业技术情报的大数据监测力度，建立常态化产业预警机制，有效防范知识产权风险，保障产业链安全稳定。

（六）创新以知识产权为核心价值导向的科技金融产品和服务，解决中小企业融资难、融资贵的需求

建议加强政策引导，支持前沿新材料中小微企业利用知识产权等无形资产解决融资需求，加强知识产权质押融资贴息举措，进一步发挥知识产权质押风险补偿基金作用，降低金融机构和担保机构质押融资风险。充分发挥创投基金、知识产权基金作用，为前沿新材料产业中小微企业提供天使投资、股权投资、投后增值等多层次服务。设立政府引导、市场驱动下的前沿新材料产业专项基金，优化前沿新材料企业营商环境。建议银行、担保、保险等金融机构创新科技金融产品和服务，综合运用人工智能和大数据技术，以知识产权为核心价值导向，研发适用于质押融资等场景的智能化知识产权评估工具，高效开展知识产权评价和企业科技实力评估，建立优质客户白名单筛选机制，加大对中小微企业知识产权质押融资、信用贷款、首贷和续贷的投放力度，及时防范知识产权质押融资风险。

（七）研究开展专利与标准融合试点工作，探索专利与标准融合工作机制与落地路径

建议研究构建以企业为主体、以市场为导向、政产学研金才相结合的专利与标准融合政策体系，紧贴企业需求，强化政策集成，大力推进技术专利化、专利标准化、标准产业化的"三化融合"。聚焦知识产权密集且标准化

基础较好的前沿新材料细分产业领域，以龙头骨干企业为核心，探索建设以专利与标准融合为重点的产业知识产权联盟，推进实施企业运营类和产业规划类专利导航项目，构建含有必要专利的高价值专利组合或专利池，推动转化形成若干国家标准、行业标准、团体标准，加大前沿新材料领域企业、行业协会、高校院所和服务机构的专利标准化知识普及力度，举办标准制定经验和标准必要专利实务经验分享交流论坛，强化专利标准化工作信息沟通，加强专利与标准融合创新人才培养。

参考文献

余伟业：《广州市新材料产业现状及发展对策分析》，《新材料产业》2019年第6期。

王昶、周思源、耿红军：《中国新材料创新突破的路径及政策保障》，《科技导报》2020年第11期。

范建永、丁坚：《知识产权金融服务的市场创新研究》，《中国发明与专利》2019年第5期。

周箴、曾军、周雪花：《标准和专利结合的实现》，《第十六届中国标准化论坛论文集》，2019。

B.7 推进广州智能网联与新能源汽车产业高质量发展对策研究

傅郭鑫 盛秀婷 孙 佳*

摘 要： 广州是全国三大汽车生产基地之一，智能网联与新能源汽车产业作为全市重大支柱产业，综合实力领跑全国，在自动驾驶、燃料电池汽车示范应用等多方面处于国内先进行列。本文详细阐述了推进广州智能网联与新能源汽车产业高质量发展的重要意义，梳理了全球、全国汽车发展概况，系统分析了广州智能网联与新能源汽车产业的发展基础、面临形势与挑战、存在不足，最后从核心技术攻关、创新生态、产业融合发展、基础设施建设、示范应用等方面提出了推进广州智能网联与新能源汽车产业高质量发展的对策建议。

关键词： 汽车产业 智能网联与新能源汽车 高质量发展 广州

一 广州智能网联与新能源汽车产业高质量发展意义

（一）有利于为国家战略输出"广州方案"，对推动国家抢占全球汽车产业制高点具有重大意义

近年来，智能网联与新能源汽车产业已经成为全球汽车产业发展的战略

---

* 傅郭鑫，工业和信息化部电子第五研究所工程师，研究方向为工业质量、质量可靠性、科技创新；盛秀婷，工业和信息化部电子第五研究所工程师，研究方向为科技创新、人工智能、产业规划；孙佳，工业和信息化部电子第五研究所工程师，研究方向为工业质量、产业规划、科技创新。

方向，世界各国纷纷加快战略部署，制定发展规划，通过技术研发、示范运行、标准法规、政策支持等举措，争相抢占全球智能网联与新能源汽车产业发展高地。发展智能网联与新能源汽车产业已被纳入国家顶层规划，是我国由汽车大国迈向汽车强国的必由之路，是落实"碳达峰、碳中和"国家战略、推动绿色低碳发展的重要举措。广州作为全国三大汽车产业聚集地之一，具有完善的智能网联与新能源汽车产业链，在自动驾驶、燃料电池汽车示范应用等多方面处于国内先进行列。推动广州智能网联与新能源汽车产业高质量发展，是广州充分发挥科技引领支撑产业作用、助力国家抢占全球汽车产业制高点的重大机遇。

（二）有利于为湾区发展打造"广州标杆"，对推动粤港澳大湾区国际科技创新中心建设具有重大贡献

推动广州智能网联与新能源汽车产业高质量发展，是广州落实湾区规划纲要的重要手段，有利于广州充分发挥粤港澳大湾区核心引擎作用、攻克智能网联与新能源汽车领域关键核心技术、提升产业创新能力、打造区域现代化经济体系，助力湾区建设。同时，有利于广州紧握粤港澳大湾区建设机遇，加强与深圳、香港、澳门、惠州、珠海等湾区城市协同发展，实现创新链、产业链、资金链、人才链等多链条协同联动，形成以广州为核心的"整车生产+核心零部件"产业格局，全面助力粤港澳大湾区加快战略性新兴产业发展，高水平打造世界级智能网联与新能源汽车产业高地。

（三）有利于为城市经济提速赋能，对推动广州实现老城市新活力具有重大作用

广州作为国家中心城市，城市经济实力、科技实力、综合竞争力位居全国前列，营商环境优异，是发展智能网联与新能源汽车产业的沃土。结合城市资源禀赋和产业基础，大力发展智能网联与新能源汽车产业，是培育城市发展新动能、增进人民福祉的历史性机遇。探索智能网联与新能源汽车产业创新发展路径，可助力广州实现产业跨越式发展，协同带动先进制造、高端

芯片、人工智能、信息通信、北斗定位、新能源等其他产业发展，同时带动招商引资、人才引育，加速城市经济转型升级。加速智能网联与新能源汽车产业发展，可有效解决城市汽车社会面临的交通安全、道路拥堵、能源消耗、环境污染等问题，填补末端物流配送、环卫作业、公共交通等领域劳动力缺口，全方位增进人民福祉，推动科技赋能美好生活，充分实现"老城市新活力"，满足人民群众美好生活需求。

二 全球及全国汽车产业发展概况

（一）全球汽车产业发展概况

1. 全球汽车产销量呈小幅回暖趋势

2018~2020年消费者购车热情降低、汽车销量不断下降，全球汽车产量持续下滑，2021年居民生产生活用车需求增加，产量、销量均出现小幅增长。2021年全球汽车产销量分别约为8015万辆、8210万辆，同比分别增长3.3%、5.3%。中国是全球最大的汽车生产国，产量占世界总产量的32.7%，其后依次是美国（11.4%）、日本（9.8%）、印度（5.5%）和韩国（4.3%）。[①]

2. 全球汽车产业创新实力持续增强

截至2022年6月1日，全球126个主流国家与地区专利局汽车产业领域专利注册数目超过162万条，与2021年同期相比净增长超17万条。我国专利申请量拔得头筹，高达44万条，其后依次为美国（19.6万条）、日本（14.8万条）、德国（8.6万条）。与2021年同期相比，我国净增长超过14万条。我国专利集中在车辆座椅方面，占比为6.6%；车载电路及流体管路占比为6.3%；电动车辆的电池充电方法方面占比为5.9%，并且相较于

---

① 数据来源：产量数据来自世界汽车工业协会（OICA），销量数据来自《中国汽车产业发展年报2021》。

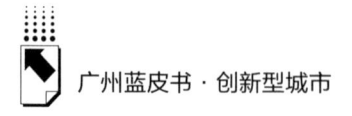

2021年同期，此项净增长达到10738条，增长率高达71.53%。美国专利主要集中于燃油发动机的电器控制方面，占比高达11.04%，其次为汽车座椅。日本则主要集中于车辆安全方面，占比为15.02%。[1]

3. 全球汽车产业投融资热度降温

在全球经济遭受冲击不确定性加剧等多重因素影响下，全球融资环境收紧，2022年汽车产业投融资事件数量及融资额分别为445件、2287.6亿元，分别同比下降12.6%、40.8%。2022年第4季度同样呈现融资降温现象，融资数量及融资额分别为95件、528.26亿元，较2021年第4季度分别下降了30.7%、31.5%。[2]

（二）我国汽车产业发展概况

1. 汽车产业规模快速增长，产销量稳居全球第1

我国汽车产业发展迅速，目前已建成全球规模最大、产业链完整、配套齐全的汽车产业体系。2022年，我国汽车产量为2702.1万辆，同比增长3.4%；销量为2688.4万辆，同比增长2.1%；产销量连续14年稳居全球第1，成为全球最大、最活跃的市场。其中，新能源汽车产业由政策驱动转向市场驱动，进入加速发展期，2022年新能源汽车产量为705.8万辆，同比增长96.9%；销量为688.7万辆，同比增长93.4%；产销量连续8年保持全球第1位。2022年，我国汽车制造业工业增加值同比增长6.3%。[3]

2. 汽车出口量跃居全球第2

根据中汽协数据，2022年我国汽车出口量同比增长54.4%，达311.1万辆，占全年总产量的11.5%，汽车出口量超过德国，正式成为全球第二大汽车出口国。其中，乘用车出口252.9万辆，同比增长56.7%；商用车出口58.2万辆，同比增长44.9%。新能源汽车出口67.9万辆，同比增长120%，占总出口量的21.8%，成为中国汽车出口量增长的重要支柱之一。

---

[1] 数据来源：智慧芽全球专利数据库，截至2022年6月1日。
[2] 数据来源：根据IT桔子提供数据整理而得。
[3] 数据来源：产量数据来自国家统计局，销量数据来自《中国汽车产业发展年报2021》。

据预测,"十四五"期间我国汽车出口总量有望超越日本成为全球最大汽车出口国。2022年,整车出口前10的企业分别是上汽、奇瑞、特斯拉、长安、东风、吉利、长城、江汽、北汽和重汽。从出口量来看,上汽一骑绝尘,达90.6万辆,奇瑞位居第2,特斯拉位居第3。从增速上来看,吉利出口19.8万辆,同比增长72.4%;奇瑞出口45.2万辆,同比增长67.7%。[1]

3. 汽车企业总量呈快速增长趋势

近年来,本土汽车企业品牌竞争力大幅提升。在汽车供应链的强大支持下,吉利、比亚迪、奇瑞等中国本土品牌加速崛起并向全球推广。根据企查查数据,近10年我国汽车企业总量逐年递增,呈现快速发展势头。截至2022年,我国汽车企业数量达到16.07万家[2],同比增长10.1%,2012~2022年年均复合增长率高达11.5%。从变动来看,2022年全国汽车企业新增量较2021年整体有所提升,尤其2022年第4季度新增量为近两年最高值,新增企业数量高达4599家。

4. 汽车产业投融资呈放缓势头

2021年,全国汽车产业投融资事件达335件,融资总额高达1515.88亿元,占全球比重达65.8%、39.2%;2022年融资事件为331件,融资总额1329.33亿元,均较上一年有所下降。受多重因素影响,在全球汽车产业发展放缓背景下,我国仍是全球汽车产业投融资的热点,2022年融资事件、融资额占全球比重上升至74.4%、58.1%。2022年第4季度,融资事件数量虽有所下降,但融资额较2021年同期小幅增长,同比提升了1.2%。[3]

三 广州智能网联与新能源汽车产业发展基础

广州是全国三大汽车生产基地之一,已形成东部、南部、北部三大汽车产业集群,以及番禺、花都、黄埔、南沙四大智能网联与新能源汽车自主品

---

[1] 数据来源:中国汽车工业协会。
[2] 数据来源:根据企查查提供数据梳理而得,时间截至2022年12月21日。
[3] 数据来源:根据IT桔子提供数据整理。

牌创新基地，率先启动建设国家基于宽带移动互联网智能网联汽车与智慧交通应用示范区，获批智慧城市基础设施及智能网联汽车协同发展试点城市，搭建智能网联汽车示范区运营中心、智能网联汽车电子产业发展促进会、智能网联汽车专家技术委员会等，综合实力领跑全国。

（一）产业链体系完善，产业规模实力领跑全国

1. 形成完善的全产业链体系

多年来，广州不断推进北、东、南三翼汽车产业集群优势互补、协同发展，构建了涵盖上游、中游、下游的完整产业链。同时，广州在产业链各环节加大跨行政区域协作配合力度，围绕传统汽车产业链拓展新材料、电子通信、智能装备等链条环节。2021年广州汽车产业集群总产值为6118亿元，占全国的比重为7.06%；全市汽车年产量为296万辆，同比增长4.4%，占广东省的87%，占全国的11%，整车产量连续3年位居全国第1[1]；新能源汽车产量为14.99万辆，同比增长87.9%。2022年上半年，全市汽车产业完成工业产值3099亿元，同比增长7.5%，占全国的比重为7.58%；整车产量为151万辆，同比增长7.9%。[2]

2. 龙头企业实力显著

目前，广州汽车企业数量为9000多家，其中规上企业593家、单项冠军企业7家、专精特新"小巨人"企业20家和高新技术企业278家，拥有广汽传祺、广汽埃安、小鹏汽车等全球知名整车厂。2022年《财富》世界500强企业排行榜中，广汽集团居186名，连续10年上榜，稳居200强。截至2022年底，东风日产连续5年销量破百万，累计销量超过1500万辆，累计产值超1.9万亿元[3]；小鹏汽车市场认可度不断提高，市值近5000亿元；

---

[1] 数据来源：《广州市人民政府关于印发广州市建设国际消费中心城市发展规划（2022~2025年）的通知》。

[2] 数据来源：《中国新能源汽车城市商业地理④｜广州：千亿"汽车之城"发力万亿"智车之城"》，21世纪经济报道，2022年9月16日。

[3] 数据来源：《站上1500万辆新起点 东风日产继续乘风破浪》，《中国青年报》2023年01月12日T03版。

小马智行成为中国融资最多的自动驾驶初创企业，累计获得资金超10亿美元；文远知行拥有全球领先自动驾驶技术，估值超过30亿美元。

3. 主导产品知名度和市场占有率全国领先

广州培育了一批智能网联汽车整车、电池、车载导航等主导产品，引导国产品牌智能网联功能搭载率不断提升。整车方面，2021年广汽埃安销量为12.7万辆，其中B端销售市场占比达43%[1]。小鹏P7全年累计交付6万余台，一举揽下造车新势力销量冠军宝座。零部件方面，泰斗微电子、导远电子、星舆科技、中海达等龙头企业聚集，卫星导航定位企业数量约占全国同类企业总量的20%，其中巨湾技研自主研发的第一代储能器——巨湾XFC极速电池最大充电速度为普通电池的6倍，最大充电功率为480kw，0~80%充电时间仅为8分钟[2]；天赐材料作为国内电解液龙头企业，在电解液市场占有率达30%[3]，常年稳居第1。

（二）创新链成效显著，科技支撑产业作用凸显

1. 拥有一批高水平创新研发平台

全市智能网联与新能源汽车领域共有国家级企业技术中心5家、国家联合工程研究中心2家、国家联合工程实验室1家，省级新型研发机构6家、省级企业技术中心27家、省级工程技术研究中心41家，有效支撑产业创新发展。广州依托华南理工大学，联合北大、清华、西安交大、中科院自动化所等优势科研机构和龙头企业，协同建设人工智能与数字经济广东省实验室（广州），着力提升人工智能、智能网联汽车等技术原创能力和应用转化能力。广州建立广东省智能网联汽车创新中心，打造开放创新平台，支撑产业良性发展，形成智联协同新模式。

2. 开展重点领域关键核心技术攻关

广州围绕智能网联与新能源汽车"卡脖子"领域，持续开展专项研发

---

[1] 数据来源：广汽集团。
[2] 数据来源：中国日报网。
[3] 数据来源：《2021年中国电解液行业市场竞争格局分析》，前瞻产业研究院。

攻关。广州通过重点领域研发计划的实施，率先突破一批"卡脖子"技术，抢占了部分关键核心技术制高点，2020~2022年共支持18个智能网联汽车产业相关项目。高云半导体成功量产国内首款通过车规认证的国产FPGA芯片；广州JFE钢板有限公司实现了国内首家DP780/980双相钢的冷轧工业化生产；鸿基创能建成年产30万平方米的高性能膜电极自动化生产线，与进口主流产品相比性能提升35%、成本下降50%[①]。

3. 龙头企业创新引擎作用凸显

广汽集团已自主研发并掌握动力电池、纯电电驱、机电耦合、电控等新能源"三电"核心技术，开发了GEP 2.0全铝纯电专属平台，自主研发的弹匣电池已在AION.Y等车型上搭载量产，与腾讯、华为合作发布的ADiGO（智驾互联）生态系统处于业内领先地位，并且在行业内首次实现中方自主技术向合资企业输出的重大突破；东风日产已具备新能源和智能化自主开发能力，完成了整车控制器、电池成组技术开发，导入了5G、智能语音交互等设备，处于国内第一梯队；小鹏汽车聚焦自动驾驶、智能网联技术，取得国内外核心专利超2000项，性能指标达到国际领先；小马智行L4级自动驾驶全栈式技术解决方案获中运传媒杯·创业大赛的特等奖，并与英伟达深入合作，推出自研车规级计算单元方案，搭载英伟达DRIVE Orin™（SoC）系统级芯片，实现了计算单元从工业级别到车规级别的里程碑式突破。以广汽集团、小鹏汽车为代表的企业不断强化产业链垂直整合能力，培育更具竞争力的二、三级供应商。在新能源"三电"领域，采用多种方式补足产业链，加快实现"三电"系统的革命性突破，培育了巨湾技研等一批新能源电池项目。

（三）供应链高效齐全，助力产业发展安全稳定

1. 推动零部件企业集聚发展

广州支持零部件企业强链补链，提升汽车零部件供给水平及本地配套

---

① 数据来源：《广州市智能与新能源汽车创新发展"十四五"规划》。

率。广州优势的整车制造商、良好的产业生态带动汽车零件企业加速在穗集聚，共汇聚了4000多家全球汽车零部件一、二级配套供应商，吸引了小马智行、文远知行、百度阿波罗、沃芽科技、AutoX等国际知名自动驾驶企业落地，以及培育了佳都科技、高新兴集团、华为电动技术等一批智慧交通与物联网核心设备及解决方案提供商，赋能车路协同建设和应用示范，进一步提升产业在智能网联优势环节的集聚度。

2. 汽车企业数量增长趋势由缓变快

近10年，广州汽车产业相关企业数量逐年递增，从2012年的721家增至2022年的2387家[①]，增长了231%，2018~2021年增速有所放缓，但在2022年回归迅猛增长势头，增速高达25.7%[②]。从季度变动来看，2022年四个季度广州汽车企业新增量较2021年均有所提升，其中第四季度新增量为159家，是2021年同期的3倍多。从各区企业分布上看，企业集聚态势初步显现，全市汽车企业主要集中在白云、花都、增城、番禺四大区域。

3. 建设专业化供应链服务体系

一是成立产业联盟和协会服务产业发展。广州成立了粤港澳大湾区自动驾驶产业联盟、广州市新能源智能汽车发展促进会、广州市智能网联汽车电子产业发展促进会等多个联盟和协会，集聚行业内多家企业、科研院所，合力开展政策和战略研究、关键共性技术开发、标准法规制定、测试示范等。集群机构组织和支持开展超过50次各类公共服务活动，联合广东省汽车工程学会共同创办了"粤港澳大湾区智能网联汽车五山思享会"，每月围绕智驾技术、道路测试、车路协调、示范运营等主题邀请各细分领域行业专家举办分享会，并协同投资家网共同举办"粤港澳大湾区智能网联汽车发展趋势论坛"以线上直播的方式分享。二是加快建立各类公共服务平台。广州拥有工信部电子五所、中国电器院、中汽中心华南基地、国机集团等一批国家级公共检验检测平台，数量居全国前列，能力覆盖智能网联整车软硬件系

---

① 数据来源：根据企查查提供数据梳理而得，时间截至2022年12月21日。
② 数据来源：根据企查查提供数据整理而得。

统、零部件、汽车电子等全链条，以及可靠性、功能安全、信息安全等全面性能检测。三是推动金融服务融入产业发展。广州已建立全面完善的科技金融体系，吸引全球资本对智能网联与新能源汽车企业开展投融资业务，企业融资能力全国领先。

四 广州智能网联与新能源汽车产业发展面临形势与挑战

（一）我国汽车产业供应链安全面临挑战

近年来全球智能网联与新能源汽车销量增长迅猛，许多国家将智能网联与新能源汽车作为发展重点。芯片过于依赖进口已经成为我国智能网联与新能源汽车产业发展的制约点，根据海关总署数据，2021年中国进口的芯片总量为6354.8亿个，同比增长16.9%，进口金额约4326亿美元，同比增长23.6%。[①] 与此同时，国内一般以外国的原型机为基础开发自己的机型，可能存在发动机部件供应不足等问题。广州智能网联与新能源汽车产业将面临更为严峻的外部发展环境。

（二）我国其他城市具有较强竞争力

目前，我国汽车产业已经进入高质量发展阶段，面对汽车产业加速重塑，广州智能网联与新能源汽车产业与国内其他城市存在激烈竞争。北京、上海、重庆等城市全力巩固汽车产业发展优势，相继出台了智能网联与新能源汽车产业发展规划、行动方案、实施政策及道路测试管理细则，营造良好产业环境；合肥等城市也在智能网联与新能源汽车领域加速发展，形成了各自的特色优势。相比之下，广州新能源汽车产业规模偏小，2022年新能源

---

① 数据来源：海关总署。

汽车渗透率约为27%，与深圳（41%）、上海（38%）[①]等城市相比，仍有较大差距。

（三）粤港澳大湾区内竞争态势加剧

目前，广州整车生产规模在全省遥遥领先，珠三角地区汽车零部件企业1000多家，其中广州占据1/2以上。粤港澳大湾区内形成了以广州为核心的"整车生产+核心零部件"产业格局，但周边城市汽车产业在新兴领域加速发展，对广州在大湾区内汽车产业的主导地位形成威胁。如深圳拥有研发实力强、国际化程度高的比亚迪、华为、腾讯等汽车及关联行业龙头企业，在"三电"技术、人工智能、操作系统等领域具有明显优势；惠州拥有TCL、德赛、比亚迪、华阳、联想、龙旗、伯恩等一大批龙头企业，在汽车电子、新能源等领域拥有独特优势。

五 广州智能网联与新能源汽车产业发展存在不足

广州智能网联与新能源汽车产业创新发展仍然面临一些瓶颈障碍，突出表现为以下几个方面。

（一）技术创新能力亟须突破

尽管广州智能网联与新能源汽车产业发展迅速，但研发创新能力亟须突破。一方面，电机、电控技术与国际先进水平还存在较明显差距，电机驱动控制器功率密度、电机峰值功率和最高转速等技术指标还有较大的提升空间。先进基础工艺如汽车芯片、发动机等关键基础零部件面临严重的"卡脖子"问题，核心零部件本地化配套较低、自主把控能力弱。另一方面，现阶段汽车自动驾驶、操作系统、车联网等智能化、网联化和共享化技术发展水平显著滞后于电动化技术的发展。

---

① 数据来源：汽车之家研究院、21世纪新汽车研究院《2022中国城市新能源汽车发展指数》。

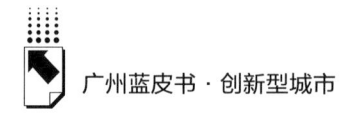

（二）产业链供应链有待完善

一方面，广州车规级芯片、"三电"系统、智能传感器及关键材料领域较为薄弱，车规级芯片 MCU、IGBT 等高端核心组件进口依赖度偏高。另一方面，汽车零部件产业发展滞后于整车制造业，整车与零部件产值比约为3∶1，持续低于全国、全省水平。本土汽车零部件品牌长期游离于市场边缘，产能规模和市场占有率较低，难以为智能网联与新能源汽车产业链供应链安全提供有力保障。

（三）配套基础设施不足

广州充换电基础设施不能完全满足智能网联与新能源汽车产业发展需求，整体利用率仅为10%，充电桩配套建设要求执行不到位，区域分布不均衡，运营企业数量过多、盈利欠佳、服务质量良莠不齐，运行维护和安全隐患排查力度不足，老旧小区消防改造难，电力扩容成本高。

（四）人才方面较为紧缺

根据2023年1月最新的《广州市重点产业紧缺人才目录》，智能网联与新能源汽车产业人才紧缺数量位居全市所有行业前3，其中自动驾驶定位工程师、自动驾驶软件工程师和智能驾驶技术研究员紧缺指数达到五星，占据了全市4个五星紧缺指数岗位的1/2。

（五）应用场景有待拓展

广州智能网联与新能源汽车产业规模偏小，智能网联与新能源汽车保有量、渗透率与上海、深圳等城市相比仍有较大差距。现有智能网联与新能源汽车车型无法全面覆盖市场需求，七座商务车等无可选产品，在面向中远途的中巴车以及环卫、医院、市场监测、港口作业、执法执勤等专业用车方面，智能网联与新能源汽车性能指标还难以满足实际使用需要。

六 推进广州智能网联与新能源汽车产业发展的对策建议

（一）支持核心技术攻关，全面提升技术创新能力

一是提升整车集成技术。持续提升"三电"轻量化和集成技术能力，提升整车"三电"系统综合性能；突破智能汽车电子电气架构平台、计算平台、线控底盘与线控系统、智能驱动、车载专用网络、多源传感信息融合感知等核心技术，提升整车算力水平。二是突破关键零部件技术。重点推动"三电"系统、车规级芯片（功率芯片及控制类、计算类芯片等）、智能驾驶系统、智能座舱系统、中央运算单元、燃料电池（质子交换膜、催化剂、碳纸等）、智能传感器（多功能摄像头、毫米波雷达、激光雷达等）等基础材料和关键零部件核心技术的研发及应用，加强自主产品应用。三是完善安全保障技术。持续完善虚拟仿真测试-封闭道路测试-开放道路测试三级智能汽车测试评价体系，开展车辆网络安全、软件升级安全和数据安全测试验证技术研究，推进国产车规级芯片等核心部件安全性可靠性技术，鼓励在动力电池研发生产阶段开展可回收利用设计。四是布局战略前沿技术。依托重大创新平台和高等院校，深度开展智能网联与新能源汽车战略前沿技术研究，适度超前部署固态电池、新型电池等领域前沿技术，赋能智能网联与新能源汽车产业高质量发展。

（二）构建新型创新生态，持续优化产业发展环境

一是统筹推动产业发展。推进实施《广州市智能与新能源汽车创新发展"十四五"规划》《广州市智能网联与新能源汽车产业链高质量发展三年行动计划》，编制智慧城市基础设施与智能网联汽车协同发展中长期规划，研究出台新能源汽车消费和应用、通行等政策细则，加快推动智能汽车发展战略对接实施、技术研发、生态构建、服务供给、运行监督、法规制定等工

作，统筹谋划全市新能源智能汽车产业发展。二是建成广州市新能源智能汽车大数据监测平台。加快建成新能源智能汽车大数据监测平台，实现动态掌握车辆运行、充电设施运营情况，构建汽车端、路侧端、云端一体化新型产业体系，为合理引导智能网联与新能源汽车使用和制定政策措施提供大数据支撑。三是深化完善智能网联与新能源汽车信息服务。加强车辆产品管理，强化新能源中小客车指标申请信息服务，鼓励推广应用安全可靠、技术先进的新能源汽车，促进新能源汽车产业全生命周期低碳绿色发展。四是强化智能网联与新能源汽车质量安全保障。加强智能网联与新能源汽车安全体系建设，规范产品安全性设计，强化供应商管理，严格生产质量管控。加大数据管理和隐私保护力度，建设广州智能网联与新能源汽车大数据采集和安全监测平台。

（三）推动产业融合发展，完善产业链供应链体系

一是发挥整车企业带动作用。引导自主品牌整车企业与自动驾驶、"三电"等关键零部件企业开展协同攻关，加大研发创新、市场开拓、品牌提升、充换电设施布局建设等投入力度，不断扩大市场占有率。推动东风日产、广汽丰田、广汽本田等合资企业加快电动化转型，支持广汽传祺、广汽埃安、小鹏汽车、东风启辰、北汽（广州）等自主品牌企业创新发展。二是大力拓展新能源汽车产品矩阵。推动自主品牌新能源汽车产能扩建，加快完善不同车型纯电动、插电混动（含增程式）、燃料电池、油电混动等技术路线产品矩阵布局，加紧开发投放七座商务、商用车等车型的节能与新能源汽车产品。三是实施精准靶向招商。研究制定智能网联与新能源汽车产业链急需紧缺行业领域目录和引进企业目录，依托五大国际汽车零部件产业基地，引进布局一批"三电"系统、车规级芯片、激光雷达等补链强链项目，提升"三电"系统和智能控制软硬件等关键零部件本地化配套率，着力发展部件制造业。

（四）加强基础设施建设，搭建高效充电服务网络

一是加快充换电基础设施建设。扩大充电基础设施规模和容量，深入

推进构建完善、高效、布局合理的充电服务网络，开展智能有序充电插座应用试点工作，深入完善城市公共充换电基础设施网络建设，不断提高新能源汽车补能便利性。二是优化充换电设施建设布局。保障中心城区公用充换电设施建设用地需求，增强电力供应能力，加快商业体公共快充设施疏解性节点建设；加强非中心城区公共充换电设施规划建设，提升目的地等公共充换电区域配套，力争实现"乡镇全覆盖"。市电动汽车充电基础设施补贴资金对非中心城区建设公共充换电设施给予适当倾斜。鼓励建设充换电一体站。三是提升充换电基础设施管理水平。针对充电桩建设分布不合理、业主配建难、管理不到位、安全隐患多等问题，清理制度障碍，制定具体措施，切实解决问题。推动智能有序充电插座在老旧小区建设，先行开展试点项目工作，总结经验后结合实际予以推广。对于新建住宅小区、商业服务业建筑、旅游景区、交通枢纽、公共停车场等，严格落实配建充电设施相关要求，提升充换电相关保障能力。围绕基础配套加快充电桩建设，逐步在广州构建起"超级快充+快速换电+传统快充+小区慢充"的多层次充电服务生态。

（五）积极推动示范应用，助推商业化运营提速发展

一是扩大推广应用规模。进一步扩大市政、公务、港口工程领域新能源汽车应用规模，深入完善公交、巡游和网约出租领域纯电动化，推动各级党政机关公务租车优先使用新能源汽车，不断提高新能源汽车保有量。积极开展区域智能网联汽车道路测试，逐步扩大智能网联汽车测试道路范围，推动智能网联汽车商业化运营，打造"5G+车联网"示范区。二是加快燃料电池汽车示范应用。统筹推进氢能基础设施配套建设、氢能与燃料电池汽车产业培育。着力培育氢燃料电池汽车产业链，多渠道增加氢源供应，为燃料电池汽车示范应用提供经济、安全稳定的氢源保障。支持黄埔建设燃料电池汽车产业集聚与应用示范核心区。三是加快建设公共服务平台。加强与博世、电装等国内外创新创业平台或核心零部件企业沟通，积极支持智能网联与新能源产业链重大项目落户广州。支持广汽智联新能源汽车产业园的建设，加快

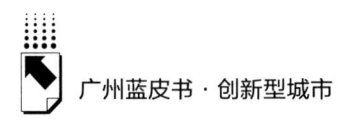

自主品牌智能网联与新能源汽车产业集聚。建设5G+车联网先导应用环境构建及场景试验验证公共服务平台，并以此为契机建成先导应用环境，搭建数据和应用服务平台，实现安全管理和身份认证功能，建设知识产权体系。

参考文献

宋豆豆：《广州汽车新政：高标准稳链强链补链　加快新能源汽车推广应用》，《21世纪经济报道》2022年7月21日第1版。

苏力：《广州开建自主可控　汽车全产业链群》，《南方日报》2022年7月5日第AA1版。

蒋丽：《广州培育世界级汽车制造业集群对策研究》，《汽车工业研究》2022年第1期。

曾庆洪：《关于加快推进智能网联新能源汽车发展的建议》，《中国科技产业》2022年第2期。

王慧艳、巫细波：《广州：构建汽车产业双循环新格局》，《中国工业和信息化》2021年第7期。

国家统计局广州调查队课题组：《广州汽车产业优劣势分析》，《中国国情国力》2020年第2期。

张超文：《新能源汽车产业升级呈三大变化　将推动智能网联化》，《能源研究与利用》2018年第4期。

马小毅：《新能源汽车在广州的发展》，《交通与运输》2017年第1期。

B.8
广州生物医药与健康产业发展现状与对策建议

刘小倩 黄春萍*

摘 要： 本文通过梳理广州生物医药与健康产业发展现状，发现广州该产业的总体规模在持续扩大，产业集聚发展格局明显，市场主体活力不断激发，科技创新水平不断增强，产业载体建设成效显著，产业链体系相对完备以及产业发展环境日趋完善等。同时，广州生物医药与健康产业也存在创新驱动发展仍需加强、医药制造业竞争力有待提升、龙头企业竞争力不强、创新资源整合不够充分、企业融资能力有待提升等问题。最后本文提出加强顶层设计、加快自主创新、注重强链补链、扶持龙头企业、完善各类要素保障和深化湾区产业协作等对策建议。

关键词： 生物医药与健康产业 产业政策评估 广州

生物医药与健康产业是广州重点发展的战略性新兴产业之一，是广州加快构建现代化经济体系、巩固提升实体经济能级的重要抓手。经过多年发展，广州生物医药与健康产业已具备较好的发展基础，产业规模不断加大，发展特色日益显著，在全国具有一定地位。"十四五"时期，全球生物医药与健康产业正处于技术创新的高峰期，我国生物医药与健康产业处于爆发式

---

* 刘小倩，粤港澳大湾区战略研究院业务助理，研究方向为产业经济、科技创新；黄春萍，粤港澳大湾区战略研究院业务助理，研究方向为区域经济。

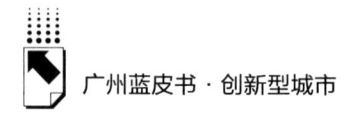

发展的战略机遇期,各类资本、技术、企业纷纷布局生物医药与健康产业。生物医药与健康产业作为广州三大新兴支柱产业之一,发展机遇与挑战并存。本文在梳理"十三五"时期广州生物医药与健康产业情况以及各部门出台政策文件的基础上,总结了其发展成效与瓶颈,并提出下一步产业发展的对策建议,以期助推广州生物医药与健康产业实现高质量发展。

一 生物医药与健康产业发展现状

(一)产业总体发展成效

1. 产业总体规模持续扩大

2020年广州生物医药与健康产业规模已突破千亿元,产业增加值达1376.81亿元,占战略性新兴产业增加值的20.38%(八大新兴产业中排第2),占全市GDP的5.5%,发展成为广州新兴支柱产业。"十三五"期间,广州生物医药与健康产业发展势头较好,年均增长7.20%,高于全市GDP的年均增速(4.62%)。[①]

2. 产业集聚发展格局明显

广州生物医药与健康产业获国家发改委批复为全国首批生物医药产业集群之一,也是连续3年(2018~2020年度)获国务院激励表彰的战略性新兴产业集群。广州已形成以"两城一岛"[②]为核心,广州粤港澳大湾区生命健康产业创新区、广州白云生物医药健康产业基地、广州国际医药港等特色园区协调发展的"三中心多区域"的生物医药与健康产业格局。其中,广州开发区作为主战场,目前,集聚生物医药企业约3000家,营收规模突破1700亿元,位列全国生物医药产业发展第一梯队,年产值占广州的六成以

[①] 资料来源:《迈向产业新赛道 激活发展新动能——"十三五"时期广州新兴产业发展情况分析》,广州市统计局,2023年1月16日。

[②] "两城一岛"指:广州科学城、中新广州知识城、广州国际生物岛。

上，其中包括高新技术企业约467家、上市企业17家，[①] 涉及药品、器械、试剂等领域的研发、生产、销售全链条；同时，基因与细胞治疗、新型疫苗和mRNA制药等新兴领域优质企业也在加速集聚中。

3. 市场主体活力不断激发

企业数量多、涵盖领域广，全市生物医药与健康企业6400多家，总数保持全国第3，包含163家药品生产企业、1244家医疗器械生产企业和1855家化妆品生产企业。企业竞争力不断增加，2020年以来新增8家上市公司，总数达47家，总市值超过3000亿元，位居全国第4。[②] 高技术企业达1000家，独角兽企业持续增长，2018~2020年共新增2家"独角兽"企业和15家"未来独角兽"企业。

4. 科技创新水平显著增强

截至2021年底，广州拥有省内所有医学"双一流"高校和10多家知名学府，生物医药与健康领域相关高等院校14家，新型研发机构22家，国家重点实验室6家、省级重点实验室94家、市级重点实验室109家（2021年广州有国家重点实验室21家，省级重点实验室256家，市级重点实验室195家），[③] 分别占全市国家重点实验室、省级重点实验室、市级重点实验室总数的29%、37%、56%。专利技术方面，广州生物医药与健康领域专利申请量呈整体上升趋势，2015~2019年年均复合增长率达6.7%，生物医药与健康领域发明专利授权量超1600件，其中干细胞与再生医学领域专利申请数量位居全国第1。在医疗器械方面，截至2020年，广州医疗器械产品注册量共计9550件（占全国的5.3%，全国排名第3），同比增长39.3%。在药品方面，2020年，广州获批药品临床试验批件共23件，占全省的39.6%，共拥有上市药品40个。[④]

---

① 资料来源：《广州开发区：奋力推动生物医药产业高质量发展》，人民网，2022年6月15日。
② 资料来源：《广州：全球生物医药与健康产业新高地正在崛起》，广州市人民政府，2022年6月10日。
③ 资料来源：《共攀生物医药产业高峰！广州环东广场打造"创投会客厅"》，南方+，2022年9月6日。
④ 资料来源：《生物医药创新"百花齐放"，去年40个药品上市》，广州日报，2021年2月8日。

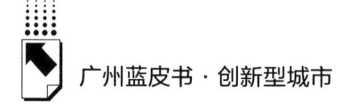

5.产业领军人才加速集聚

广州大力实施"广聚英才计划",充分发挥"1+4"羊城人才计划和各类科技人才政策优势,构建起"诺奖人才-院士人才-国家级人才工程人才"的高端人才格局,在生物医药与健康领域集聚了5名诺贝尔奖获得者、23名两院院士、229位国家重大人才工程入选者等专家,汇集了钟南山、徐涛、侯凡凡、宋尔卫等一批领域内具有影响力的院士专家。[1] 产业储备人才资源丰富,开设生物医药专业院校6所,在校人才培养数达到11万人。

6.产业载体建设成效明显

广州具有广州科学城、广州国际生物岛、中新广州知识城、粤港澳大湾区生命健康产业创新区、广州白云生物医药健康产业基地等多个专业园区。其中广州国际生物岛已成为广州生物医药与健康产业的核心引擎,2020年广州国际生物岛生物医药产业产值已达80亿元,汇聚了500多家生物医药企业,其中世界五百强项目7个、上市公司总部5家、研究院所近40家、药物临床机构36家。[2]

7.产业链体系相对完备

广州生物医药与健康产业已形成从技术研发、临床研究、转化中试、制造产业化、上市应用到流通销售的完整产业链,中游企业主体众多,实力雄厚。上游部分,广州拥有众多高校、科研院所、医院等研发平台,涌现了赛业(广州)生物科技、玻思韬、瑞博奥(广州)生物科技、国标检验检测等行业龙头企业。中游部分,培育了广药集团(化学药、中药)、香雪制药(现代中药)、百奥泰(生物类似药)、一品红(儿科药)、铭康(溶栓药)、锐博(核酸药)等细分领域龙头企业,引进了百济神州(抗癌生物药)、诺诚健华(抗癌生物药)、龙沙(CDMO)等国内外顶尖企业。下游部分,药品和医疗器械流领域代表企业有大参林、海王星辰、广东国药、阿里健康大

---

[1] 资料来源:《广州:全球生物医药与健康产业新高地正在崛起》,广州市人民政府,2022年6月10日。
[2] 资料来源:《广州国际生物岛"十年磨一剑":打造世界顶尖的生物医药和生物安全研发中心》,广州市黄埔区人民政府,2021年8月12日。

药房等。

8.产业发展环境日臻完善

一方面,利好政策不断完善。广州围绕生物制药、现代中药、化学药、医疗器械和健康服务等领域,在研发创新、生态服务、企业引育、金融扶持、现代流通、要素保障等方面全面发力,政策精准度和实效性不断提升,具有生物医药与健康产业专有性,高度契合生物医药与健康产业的发展特点。另一方面,广州营商环境不断优化。广州连续多年被《福布斯》评为中国大陆最佳商业城市。广州开发区作为广东省首个营商环境改革创新实验区,创新"承诺制信任审批""企业开办无费区""定制式审批服务"服务模式,率先开展知识产权运用和保护试点,发行生物医药知识产权证券化产品。

(二)细分领域发展特征

1.化学药产业稳步增长

广州是我国南方制药工业基地,化学药生产实力强,世界制药产业转移和专利到期的专利药品品种数量不断增多,为广州的化学制药行业带来了新的机遇。化学制药由化学原料药和化学药品制剂两部分组成,化学药品制剂占大头,化学原料药相对来说占比小一点。2021年,广州化学药品制剂制造业产值占医药制造业的比重为27.4%,2018~2021年年均增长7.2%。[①] 白云山化学制药厂是我国研发、生产头孢菌素产品品种最多、工艺最先进的厂家之一;广州南沙龙沙有限公司是全球烟酰胺和左旋肉碱的最大生产商和供应商,其生产的产品通过国内国际各项相关认证及检测,广泛应用于医药、食品、化妆品、饲料、精细化工等多个领域。

2.中成药制造成果丰硕

广州中成药生产历史悠久,拥有多个百年以上老字号企业,品牌资源

---

① 资料来源:《厘清内部发展脉络 探索广州工业中长期发展路径》,广州市统计局,2022年4月18日。

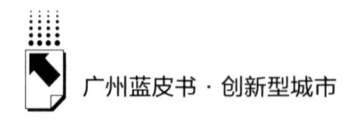

丰富，产业化实力雄厚。截至2021年，广州有中成药生产企业40多家。其中，在全国具有影响力的企业有白云山和黄中药、中一药业、奇星药业、香雪制药、星群药业等，还有陈李济、王老吉、潘高寿、敬修堂等企业享誉海内外。广州中成药的各项技术指标均位居全国前列，如工业总产值、工业销售、利润等，有多个年销售额超亿元的中药大品种。2021年，广州中成药制造业占医药制造业总产值的比重达25.7%，2018~2021年年均增长9.9%。[①]

3. 生物药产业加速增长

近年来，广州大力发展生物制药产业，与国家、省科技联动，加大对生物技术基础创新和产业化平台建设的投入力度，先后在疫苗、单克隆抗体、干细胞等领域建立技术创新平台，推动广州生物制药行业的创新和产业化进程，逐渐形成区域产业优势和特色。2021年，广州生物药品制造业发展最快、占比最高，实现工业总产值150.78亿元，占医药制造业的30.8%，2018~2021年年均增长42.4%。2022年，广州生物药品制造业实现工业增加值172.34亿元，占医药制造业的65.5%，增长1.3倍。[②]

4. 医疗仪器设备及器械制造业特色鲜明

医疗器械产业作为广州传统产业，在国家和省市政策的支持下快速发展，医疗仪器设备及器械制造规模以上企业数量从2018年的27家增长到2021年的84家。目前广州在体外诊断、高值医用耗材、治疗康复设备等细分领域构筑产品研发和制造优势。在体外诊断领域，广州涌现了达安基因、万孚生物、益善生物、安必平等行业领先企业，集中布局于分子诊断、免疫诊断、POCT等重点子领域；在医用耗材领域，广州集聚了近60家企业，涌现了冠昊生物、迈普再生医学、阳普医疗、创尔生物、科莱瑞迪等行业重点企业，产品集中在高附加值的植介入器械；在医用装备领域，广州涌现了百特、GE、贝恩医

[①] 资料来源：《厘清内部发展脉络　探索广州工业中长期发展路径》，广州市统计局，2022年4月18日。

[②] 资料来源：《厘清内部发展脉络　探索广州工业中长期发展路径》，广州市统计局，2022年4月18日。

疗、普东医疗等大型企业,集中分布于彩超、血凝透析、治疗设备、消毒灭菌设备等子领域。

5.检验检测领域优势显著

2021年,广州医学检验产业规模近500亿元,该产业近年来保持着中高速增长态势,技术研发能力、经营企业数量等多项指标位居全国前列。广州医学检验产业发展起步早、先发优势足、发展基础好,拥有以金域医学、达安基因、万孚生物、华银检测等为代表的龙头企业。截至2021年底,广州体外诊断领域生产企业数量在深圳、上海、北京等重点城市中排名第1;截至2021年底,广州在体外诊断领域共有6家上市企业,与杭州市并列全国第2(北京拥有11家)。广州医学检验检测产业已形成以体外诊断、医学检测为主的细分领域,第三方医学检测机构市场规模与体外诊断市场规模均为全国最大。

(三)产业发展主要问题

1.上游创新驱动发展仍需加强

一方面,创新研发投入不足。2019~2021年,广州医药制造业每年的研发费用占营业收入的比重均在4%以上,低于国内长三角地区(5%),与国际医药巨头(10%~15%)差距更大。作为广州龙头的广药集团,受制于风险管控、薪酬体系和业绩考核等体制机制障碍,2019~2021年研发投入占收入比重分别为0.91%、1%、1.27%,远低于行业平均水平。另一方面,创新资源整合不够充分。广州的创新平台散布在各大学、科研院所和企业中,缺乏有效的集中管理和协同机制,容易出现重复研究、资源浪费和缺乏成果共享等问题;新药和医疗器械的发现与验证均在医院,在科研成果转化过程中沟通协调难度较大,存在产品的知识产权及收益分配标准缺失等问题。此外,广州行业协会的会员单位间开展全产业链合作较少,企业市外寻求临床资源合作与市内大量科研资源闲置矛盾并存。

2.中游医药制造竞争力有待提高

2021年,广州规上医药制造业总产值为499.98亿元,相比全国其他重点城市产业规模较小，低于苏州（618.03亿元）、深圳（504.65亿元）、杭州（858.60亿元）、上海（1097.33亿元）、北京（3930.29亿元）等地。① 一方面，化学药以仿制药为主，创新能力有待提升。2020年，广州有13个化学药获批上市，均为仿制药，缺乏化学新药或原研药。另一方面，生物药规模偏小，产业结构体系不全。广州生物制药企业大部分处于初创期，仍在孵化，尚未到临床和生产阶段，缺乏足够的抗风险能力，盈利能力弱，集群规模效应还不明显，集约化水平相对较低。此外，广州疫苗领域竞争力较为薄弱，疫苗产品研发生产单位不多，上市人用疫苗产品只有诺诚生物的狂犬病疫苗，其他的人用疫苗基本在研发阶段。

3. 下游医药研发外包服务不足

目前，国内知名且颇具规模的医药外包企业大多集中在北京和长三角地区（见表1），广州各类CRO企业规模较小，具备中试及生产功能的合同生产企业（CDMO/CMO）② 更为匮乏，广州企业想要开展科研、临床前研究、临床试验和中试等服务，需要到省外、国外进行。此外，企业在大型科研仪器设施开放共享、科研资源共享等方面的支持力度也不够。

表1 国内上市医药外包企业地理分布

上市公司	证券代码	类型	城市
药明康德	603259.SH	CRO、CDMO	上海
泰格医药	300347.SZ	CRO	杭州
凯莱英	002821.SZ	CDMO	天津
康龙化成	300759.SZ	CRO	北京

---

① 资料来源：各地统计局。
② CRO：医药合同研发机构，是指通过合同形式为制药企业和研发机构在药物研发过程中提供专业化服务的机构。CMO：医药合同生产机构，是指以合同定制形式为制药企业提供中间体、原料药、制剂的生产以及包装等服务的企业。CDMO：医药合同研发生产机构，是指以合同定制形式为制药企业提供制药工艺的开发、设计及优化服务，并在此基础上提供从公斤级到吨级定制生产服务的企业。

续表

上市公司	证券代码	类型	城市
博腾股份	300363.SZ	CDMO	重庆
九洲药业	603456.SH	CDMO	台州
金斯瑞	1548.HK	CDMO	南京
药石科技	300725.SZ	CRO	南京
昭衍新药	604127.SH	CRO	北京
方达控股	1521.HK	CRO	上海
美迪西	688202.HK	CRO	上海
维亚生物	1873.HK	CRO	上海
成都先导	688222.SH	CRO	成都
博济医药	300404.SZ	CRO	广州

资料来源：网上收集资料整理所得。

4. 龙头企业竞争力不强

与北京、上海、深圳等城市相比，广州生物医药与健康产业在上市公司数量和实力上都处于相对弱势，具有国际竞争力的骨干领军企业不足，主营业务对区域产业的带动作用有限，对产业链上下游延展提升不足。如在2021年中国医药工业百强榜中，广州仅有广药集团上榜。2021年，生物医药与健康产业上市公司中，广州白云山医药集团总市值为521.18亿元，与江苏药明康德（3472.7亿元）、江苏恒瑞医药（3243.42亿元）等国内医药头部企业差距巨大。[①]

5. 人才队伍建设相对不足

广州生物医药领域基础研究人才居多且相对稳定，中层骨干人才流失问题严重，特别是从研发到转化的产业化人才不足，整个产业链人才衔接不紧密，不利于创新发展。一方面，高层次复合型人才不足。企业对基础研究、新技术人才的投入有限，中层实干型人才常因得不到实实在在的政策支持而

---

① 资料来源：《2021年中国医药生物行业上市企业市值排行榜》，中商情报网，2022年1月5日。

频繁流动，高校、科研院所偏上游和基础学术型人才及团队的创新成果大量停留于实验室阶段，上下游两种不同的体系导致生物医药人才衔接不紧密。另一方面，人才层级不高，研发人员以本科为主，本科占50%以上。以广州国内15家上市生物医药企业为例，本科学历的研发人员占比主要集中在44%~60%，硕士研究生学历的研发人员比例多数集中在10%~35%，博士研究生学历的研发人员除白云山医药、百奥泰生物、金域医学三家保持两位数外，其余公司博士拥有量呈现个位数。而上海研发人员学历以硕博为主，占比在50%以上，其中硕士研究生学历研发人员占比在40%以上。[①]

二 生物医药与健康产业政策评估

（一）政策成效

1. 政策体系不断优化

近年来，广州密集发布了《广州市加快生物医药产业发展实施意见》《广州市生物医药产业创新发展行动方案（2018~2020年）》《广州市生物医药全产业链发展推进方案》等系列文件（见表2），涉及意见、规定、方案等，全方位促进生物医药与健康产业加速发展。2020年，广州发布《广州市加快生物医药产业发展若干规定（修订）》，进一步完善了生物医药与健康产业发展的顶层设计和政策框架，并从细分领域出台了《广州市生物医药与高端医疗器械产业高质量发展行动计划（2021~2023年）》《广州市关于加快推动医学检验产业集群发展的实施方案》等一系列文件，涉及创新研发、企业做大做强、功能平台载体、成果转移转化等。各部门与各区政府也相继出台配套政策，形成省、市、区产业政策体系，持续推进政策落实落细。

2. 政策支持覆盖面更广

从项目出发，政策围绕创新研发、临床试验、生产制造、技术提升、

---

① 资料来源：各上市公司2021年年报。

市场应用等生物医药与健康全产业链各环节,对项目全生命周期给予扶持。以市场应用为例,《广州市加快生物医药产业发展若干规定(修订)》提出了增加医保政策给予广州药品和医疗服务项目支持,如支持中药饮片和独家中药品种增补纳入省医保目录,支持民族药纳入国家医保药品目录等措施。从要素视角出发,政策提供人才、技术、资金、空间、市场等全面保障。如在人才方面,政策进一步通过考核体系的调整,从支持研究型病房建设、改善研究者创新环境、促进科研成果转化和支持离岗创业等业界反映最强烈的方面入手,进一步激发临床机构人才智力和活力。从主体出发,政策扶持涉及生物医药与健康产业链上的高校、科研机构、医院、行业组织、企业、投融资机构以及相关从业人员,乃至广大患者等各类型市场主体。

表2 广州生物医药与健康产业政策出台情况

序号	文件名称	制定单位
1	《广州市人民政府办公厅关于加快生物医药产业发展实施意见》(穗府办〔2018〕2号)	广州市发展改革委
2	《广州市生物医药产业创新发展行动方案(2018~2020年)》(穗科创字〔2018〕292号)	广州市科技创新委员会
3	《广州市加快生物医药产业发展若干规定(修订)》(穗府办〔2020〕1号)	广州市发展改革委
4	《广州市生物医药全产业链发展推进方案》(穗发改〔2020〕82号)	广州市发展改革委
5	《广州市生物医药与高端医疗器械产业高质量发展行动计划(2021~2023年)》	广州市发展改革委
6	《广州市关于加快推动医学检验产业集群发展的实施方案》	广州市发展改革委

资料来源:网上收集资料整理所得。

3.政策扶持资金创新高

广州生物医药与健康产业扶持资金不断加大,特别是对企业、研发机构、医疗机构和临床研究人员等产业主体的资金扶持力度大幅度提升。以创新研发奖励为例,2018年《广州市加快生物医药产业发展若干规定

（试行）》提出，对本市企业取得第二类、第三类医疗器械产品首次注册证书的产品分别给予20万元、50万元的奖励。2020年《广州市加快生物医药产业发展若干规定（修订）》提出，对本市企业取得第二类、第三类医疗器械产品首次注册证书的，经评审，按核定费用分别给予最高不超过300万元、500万元的奖励。此外，"十三五"期间，广州在新兴产业发展资金中共安排9.46亿元支持广州生物医药与健康领域公共服务平台、产业化示范工程、创新能力项目，以及配套国家、省支持项目等71个项目建设。

（二）重点城市政策对比分析

1. 政策前瞻性有待提升，专项政策缺乏

广州目前出台的生物医药与健康产业相关政策主要参考上海自由贸易试验区临港新片区管理委员会发布的《中国（上海）自由贸易试验区临港新片区生物医药产业发展"十四五"规划（2021~2025）》、苏州政府印发的《苏州市生物医药产业发展规划（2018~2022）》等国内主要城市的政策，前瞻性不足，缺乏长远发展的规划蓝图。

2. 财政扶持力度和广度待加强，资金扶持力度需加大

在药品临床研究方面，各城市都基本以临床Ⅰ、Ⅱ、Ⅲ阶段来进行研发补贴，其中深圳补贴强度最高，针对Ⅰ类新药完成Ⅲ期临床最高奖励3000万元，而广州最高奖励不超过1000万元（见表3）。在仿制药一致性评价方面，深圳最高奖励500万元，同时还补贴研发费用，而广州每品种给予200万元的资金支持。广州财政资金投入覆盖面需扩大。与深圳相比，广州在一些领域缺乏具体的扶持资金，如药品上市许可持有人制度、医疗器械注册人制度，投资额10亿元以上、20亿元以下的新建生物医药产业项目，生物医药重大产业公共平台，园区建设资助等领域。深圳还专门针对处理危险废弃物的专业机构，给予每吨处置费用1000元，每年最高不超过1000万元的补贴。上海、苏州、杭州都较注重产业化及销售情况，针对企业营收和产品销售给予补贴，广州缺乏相关方面补贴。

表3 重点城市药物和医疗器械研发领域扶持政策对比

类别	细分类别	广州	深圳	苏州	上海
新药	研发投入	—	研发费用40%	项目资金20%≤200万元	—
	临床批件	Ⅰ期:300万元 Ⅱ期:500万元 Ⅲ期:1000万元	≤800万元	Ⅰ期:100万元 Ⅱ期:150万元 Ⅲ期:250万元	—
	完成临床	Ⅰ期:≤300万元 Ⅱ期:≤500万元 Ⅲ期:≤1000万元 在广州开展临床试验的: Ⅰ期:≤450万元 Ⅱ期:≤750万元 Ⅲ期:≤1500万元	Ⅰ类新药: Ⅰ期:1000万元 Ⅱ期:2000万元 Ⅲ期:3000万元 化2、生2~5、中2~6: Ⅰ期:300万元 Ⅱ期:800万元 Ⅲ期:1500万元	实际费用20% Ⅰ期:≤100万元 Ⅱ期:≤200万元 三期:≤400万元	Ⅰ类新药: 不超过研发投入40% Ⅰ期:500万元 Ⅱ期:1000万元 Ⅲ期:3000万元 改良型新药: 不超过研发投入20% Ⅱ期:500万元 Ⅲ期:1000万元
仿制药	全国前三通过一致性评价药品	200万元	实际投入20%,≤500万元	实际投入20%,≤500万元	—
医疗器械	注册证(二类、三类)	二类:≤300万元 三类:≤500万元	研发费用40% 二类≤300万元 三类≤500万元	二类≤50万元研发费用10%; 三类≤300万元研发费用20%	首次取得医疗器械注册证并在本市生产的产品,不超过研发投入40%,最高500万元

资料来源：《广州市加快生物医药产业发展若干规定（修订）》（穗府办〔2020〕1号）、《深圳市促进生物医药产业集聚发展的若干措施》（深府办规〔2020〕3号）、《关于加快推进苏州市生物医药产业高质量发展的若干措施》（苏府办〔2019〕69号）、《上海市人民政府办公厅关于促进本市生物医药产业高质量发展的若干意见》（沪府办规〔2021〕5号）。

3.缺乏强有力的产业专责部门

与北京（市科委设医药健康科技处）、上海（市科委设生物医药处）、深圳（市科委设生物科技处）、成都（高新区设生物产业发展局）等城市相比，广州和各区均没有生物医药的专设机构负责整体谋划推进，在整体工作

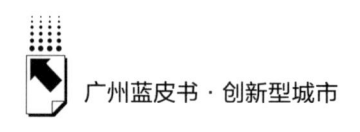

统筹，工作专注度、连贯度和推进速度上呈现碎片化现象。

4. 专业支撑机构发展基础不足

广州市科技局仅有下属的广州生物工程中心现已与机关脱钩实行企业化运作；市生物产业联盟、市医药行业协会等行业组织的固定人员少、架构松散，难以长期稳定地支撑行业研究、项目策划、活动举办等一系列重大工作。

三 推动广州生物医药与健康产业高质量发展的对策建议

（一）加强顶层设计，提高统筹协调水平

一是争取设立专职部门负责生物医药与健康产业发展，紧盯全产业链、全周期、全流程发展，创建生物医药与健康产业部门间常态化协调机制。二是细化产业管理职责分工，明确市、区的生物医药与健康产业主管部门及各相关部门的工作分工。三是落实"链长制"责任分工，链长与链主企业统筹推进产业链企业发展、招商引资、项目建设、人才引进、技术创新等重大事项。四是对标北京、上海、苏州等国内先进城市，从产业政策体系、产业主体和实力、创新能力和产品、产业链生态四个方面，系统制定生物医药细分产业链三年行动计划。

（二）加快自主创新，提升成果转化能力

一是强化源头创新和基础性技术突破，加快推动呼吸国家实验室、人类细胞谱系大科学研究设施、国家生物信息中心大湾区节点建设。加快布局建设国家生物安全四级实验室（P4）和一批生物安全三级实验室（P3）。二是支持中科院广州生物医药与健康研究院、华南生物医药研究院等新型研发机构紧贴市场需求与国内外高校、科研机构、医疗机构、企业合作，形成一批具有前瞻性、引领性、颠覆性的生物医药技术创新成果。加强生物医药企

业与高校、科研院所合作成立技术创新联盟组织，共同建立产学研紧密结合的公共研发服务机构和共性技术平台。三是搭建医药创新企业、临床试验机构和临床研究者沟通联系和服务的平台，推动政产学研资合作，实现临床研究服务能力的大幅提升与生物医药产业全链条的精准对接。鼓励医校研企资合作，通过医-校-研-企-资对接等线上线下活动，实现项目孵化与成果转化的精准、高效对接。四是加大与上海、北京、深圳等地临床资源的合作力度，探索以咨询、授课、培训的形式邀请各地临床专家进行指导。联合国内科技影响力前20名的医院和临床专业，协同广州相关临床试验资源，为广州企业临床需求提供对接通道。

（三）注重强链补链，推动产业集群发展

一是聚焦生物制药、现代中药、化学药、医疗器械和健康服务五大领域，绘制精准高效的生物医药与健康"产业链图谱"，找准产业链的关键节点、问题节点、缺失节点，促进链群多元化提升、集群化提升。二是支持第三方服务平台、离岸创新基地建设，鼓励企业将研发和生产委托外包，发展符合国际标准的转化医学、合同研发（CRO）、合同生产（CMO）、合同研发生产（CDMO），加快产品上市进度。三是推动产业区域协同发展，各相关部门要加强对跨区项目的辅导和指导，加快构建全链条数字化产业信息平台，探索完善区区合作的成本分担和利益共享机制。四是进一步优化完善产业政策，扩大产业政策覆盖面。积极争取现有政策的突破，争取复制推广深圳、珠海横琴、海南乐城的政策在广州部分区域同等使用对待。加快建设粤港澳大湾区药械研发、生产、流通和使用的"软联通"机制，积极争取国家支持在广州设立粤港澳大湾区药品和医疗器械审批核查中心。探索争取在粤港澳大湾区试点医保药品目录动态调整机制。

（四）实施培优培强，扶持龙头企业壮大

一是加大链主引培力度。鼓励各区分别聚焦特色重点领域制定招商目录，开展"靶向招商"，招引世界500强、全球行业100强、国内行业50

强、细分领域5强企业及上下游关键节点配套企业,对有突破性、颠覆性、引领性的技术创新项目,按照"一事一议"的方式给予重点支持。二是推动龙头企业做优做强。集中优势资源,在生物制药、现代中药、高端植入器械、干细胞等领域,支持百济神州、香雪等龙头企业收购、兼并、重组上下游企业,形成一批企业集团。三是扶持一批优质企业做强。按照"选好选优、培优培强"的原则,对有创新研发技术的高企和科技小巨人重点培育,建立生物医药与健康未来领军企业培育库,支持企业通过科研创新、推进兼并重组、加强产业链整合等方式提升综合竞争力,推动广州一批生物医药与健康企业发展壮大成为行业领军企业。

(五)优化产业生态,完善各类要素保障

一是构建多层次人才引育格局。制定广州生物医药与健康产业急需紧缺人才目录,聚焦生物药、化学药、现代中药、医疗器械等前沿技术和专业,有针对性地引入急需的紧缺人才。绘制广州生物医药与健康产业人才开发路线图,框定目前及今后五年内广州生物医药与健康产业发展所需的人才类型、数量及需求。二是建立多元化资金投入体系。引入专业投融资基金和专业人才。借鉴上海经验做法,建立生物医药与健康产业资金逐年增加的机制,加大对生物医药与健康产业的扶持力度。降低对初创期企业的准入门槛,加大扶持力度。精细化制定产业发展不同阶段资金需求支持举措,加大对前期共性技术研发的财政投入。三是强化用地保障。在符合规划的前提下,优先保障重大生物医药与健康产业项目落地。

(六)深化湾区产业协作,加强国际合作交流

一是加快推动大湾区内产业合作。推动与港澳生物医药与健康科研合作,支持生物医药与健康龙头企业在港澳设立研发中心或孵化器,优先扶持粤港澳大湾区高端技术合作项目。支持生物科技企业赴港上市,依托粤穗开放基金支持重大科技创新项目、公共服务平台建设。继续深化广深、广佛和广清合作发展,在成果转化、人才、体制机制、创新环境等方面实现更高层

次、更大范围的共建共享。二是加强国际交流合作。支持在广州开展全球性生物医药产业论坛、大会，邀请海内外知名专家参与。邀请业内海内外专家学者、龙头企业代表、金融市场行业分析师等参与生物医药与健康产业政策制定，增强生物医药企业的获得感和根植性。

参考文献

梁云、岳霄霄、邵蓉：《粤港澳大湾区生物医药产业发展分析及建议》，《中国药房》2021年第21期。

侯红明、庞弘燊、宋亦兵等：《专利密集型产业现状分析及对策研究：以广东省生物医药行业为例》，《科技促进发展》2017年第7期。

陈黎：《广州生物医药公共技术平台建设需求实证研究》，《科技创业月刊》，2020年第7期。

科技与人才篇

Technology and Talent Reports

B.9
"三生融合"视角下广州科技创新空间发展格局与趋势研究

廖路思 张文涛 梁嵩翔*

摘　要： 创新成为新时期城市综合竞争的发展内核。广州城市发展呈现"商贸发展轴-金融发展轴-科技创新轴"的层进式空间趋势，表现为从以"点"到"面"再到多"点"多"面"的科技创新空间融合、点面交互协同发展的演变形态。本文基于城市空间发展体系文献调研与和总结归纳，以"三生空间"融合发展为视角，梳理广州科技创新空间发展趋势、特征与问题，剖析生态廊带与创新圈层机理框架，提出广州构建以"一环双核三廊"为主的科技创新空间递进策略，主张完善"一环"生态链条、提升"双核"服务功能、优化"三廊"产业结构，强化生态廊带与创新圈层的制度嵌入及逆向扩展，提升广州生态空间和科技创新空

---

* 廖路思，博士，粤港澳大湾区战略研究院博士后，研究方向为科技政策与区域发展；张文涛，博士，粤港澳大湾区战略研究院院长，研究方向为区域创新与科技政策；梁嵩翔，粤港澳大湾区战略研究院研究助理，研究方向为城乡规划。

间生产的叠生效应和空间竞争力。

关键词： 科技创新空间　制度嵌入　创新地理　科技生态系统

经济发展模式由要素驱动转向创新驱动，人地关系由城镇化、工业化、信息化单向主导转向人口、资源、环境与发展相协调，是中国贯彻新发展理念、加快迈入高质量发展新阶段的重要特征。经济发展总是在一定的空间里进行，生产空间、生活空间、生态空间良性交互的规模和质量决定了一个城市的可持续性和高竞争性。广州是具有全球影响力的大都市，创新发展和绿色发展正成为其构筑城市综合竞争力的显著指标。根据《广州蓝皮书：广州创新型城市发展报告（2022）》，广州创新型城市指数在2021年达到224.88，同比增长7.94%，创新能力呈现加快提升的势态。作为粤港澳大湾区战略布局的核心城市之一，广州伴生产业发展的科技创新空间布局越来越优化，但同时也面临人口增长、资源短缺、环境污染及创新布局不协调不充分等难题。本文以"三生空间"融合发展为视角，聚焦广州产业空间发展基础上的科技创新空间与生态空间的交互关系，从创新空间发展的"中心-外围"既有格局出发，以空间治理和产业升级为主线，梳理生态空间与创新圈层的机理框架，分析区域性科技创新空间与生态空间的交互发展关系，着力构建区域"生态+创新"叠生空间系统，提出以"一环双核三廊"为总体格局的广州科技创新空间发展及提升策略。

一　研究概述

（一）经济活动由中心到外围的地理集聚

新经济地理学注重空间的外部性特征，认为地理空间因素与区域创新空间分布有着重要关联，"中心-外围"的空间格局往往通过经济活动的地理

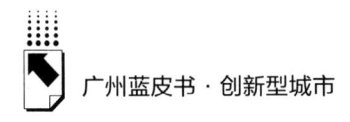

集聚形成。Krugman（1991）认为空间异质性，如资源禀赋差异、文化差异、政策差异等不仅影响区域分工，也作用于地区的产业集聚。随着新的经济形态在城市中心不断发展，部分企业、科研机构、实验室等开始向城市边缘区迁移，促进了城市边缘区的发展。作为创新与提高经济活动的要地，大都市通过产业、劳动力集聚对经济活动产生重要影响，人口和就业集中分布、集聚经济对企业及劳动力的空间作用使城市空间形成单中心、多中心空间结构。中心区域的正外部性表现为城市规模扩大促进周边地区发展，中心产业升级使相对低层次产业向外围扩散；负外部性表现为城市拥挤、生态环境污染、房价的巨大差异等。大都市边缘区发展多是由高新区、开发区等提供主要驱动力，是由盲目、无序向理性、有序空间增长的逻辑转换过程，创新要素主要通过产业要素、文化要素、生态要素对边缘区空间运行施加必要的影响。

（二）"三生空间"发展的有机结合

20世纪80年代，许涤新（1984）指出生产、生活、生态三者在人类活动与自然环境资源进行物质交换的过程存在辩证关系。随着我国经济快速发展，工业化、城镇化的高速推进使生态环境遭到破坏，给国土空间可持续发展带来挑战。党的十八大提出"促进生产空间集约高效、生活空间宜居适度、生态空间山清水秀"，将生产、生活与生态保护协调发展摆在更突出的地位。作为城市空间格局优化的抓手，生产空间、生活空间、生态空间（简称"三生空间"）成为落实空间功能规划与优化空间格局的重要基础。国内学者对"三生空间"开展了大量研究，主要涉及"三生空间"的理论内涵、耦合关系、功能类型、城乡优化布局、土地规划、评价体系等多个方面，但鉴于开展时间不长以及研究角度不同，整体上还处于起步阶段。从空间功能论上看，生产空间是以经济功能为主导，主要向人类生活提供物质产品与服务的空间；生活空间是以社会功能为主导，主要满足人类进行各种活动需求的空间；生态空间是以自然资源功能为主导，主要保障人类生存的自然条件与功效的空间。人类生存于生态空间并为了生活而生产，在生态空间开展的生活与生产活动，形成生活空间与生产空间，因此"三生空间"具有交织性、多重性、叠加性，生产、生态、生活之间存在不可分割、共生共灭的关系。然而，在区域发展"中心-外围"空间格局形成的过程中，功能空间的快速重构与无序扩张使生态空间遭到破坏，生产空间、生活空间、生态空间在功能融合、分配布局、空间配置等方面不协调，区域要素得不到有效利用，制约了城市的健康发展。空间功能是优化空间发展质量的重要抓手，"三生空间"的识别与优化已成为当前空间规划与构建区域发展策略的学术前沿。

大都市是社会经济发展的核心区域，也是生态问题突出区域。随着创新成为驱动生产空间加快发展的主要动力，在提升经济功能的同时协调社会（生产空间）与自然环境（生态空间）成为达到均衡空间发展格局、实现可持续发展目标以及推进城市空间功能从竞争走向融合发展的必然需求。"生态创新"（Eco-Innovation）概念在创造新产品、新工艺的科技创新与商业价值过程中被提出，要求在降低生态环境影响的同时实现资源的有效利用，强调经济效益与生态环境效益的平衡。生态创新系统作为特定范围内的创新系统，有知识与环境的双重属性，其目的是将生态环境保护与科技创新的知识、技术相结合，推动社会经济可持续发展。生态要素与城市发展有深厚的空间博弈关系，通过空间博弈反推生态要素在有效保护下与其他要素紧密结合，使经济发展与环境保护有机统一。环境资源的承载能力对产业优化升级有重要影响，产业集群受生态系统发展控制，表现为生态系统的高级形态。

（三）创新边界的尺度重组与空间治理的制度嵌入

城市空间治理是由治理环境、治理主体、治理方法和治理客体构成的相互影响、相互关联的复杂开放系统。在国土空间开发与保护方面，学者基于地理学与城乡规划研究路线，一方面将城市空间治理视为城市控制设计等实践领域的技术表现，另一方面把城市空间治理研究作为解决社会问题的一种方式。从地理学视角对城市空间治理复杂性进行的研究主要针对产业、环境等方面，在顶层设计、空间资源分配、空间协调发展等方面较为缺乏。随着城市空间发展形态改变，科技创新要素突破既有空间边界，从城市中心向城市边缘蔓延，形成地域重构的地域化（Territorialization）、去地域化（Deterritorialization）和再地域化（Reterritorialization）的尺度重组问题。基于政府、高校、产业的动态协调发展关系，Etzkowitz（1997）用三螺旋模型分析不同创新主体的互相作用与创新型社会的形成模式，强调各组织之间的网络协作与各参与者实现互利共赢。波兰尼的嵌入理论则指出，社会是一个复杂的综合系统，社会功能完善需要经济与政治、文化等其他多元因素协同发展。在这种综合系统中，地理空间的运转受到刚性政策规划的影响，制度嵌入概念为跨地域合作与治理提供有效安排与保障，促进地理空间发展与重构，为地理空间研究引入新视角。

二 广州科技创新空间发展历程

（一）广州城市发展轴线的空间变迁

城市发展轴线作为组织城市空间的重要手段，是对城市空间结构具有驾驭作用的一种空间要素。广州传统城市发展轴线由"越秀山-中山纪念堂-广州市人民政府办公大楼-人民公园-起义路-海珠桥"构成，其主体形成于民国时期。二十世纪八九十年代，广州形成以"燕岭公园-火车东站-天河体育中心-珠江新城-广州塔-海珠湖"为主要节点的新城市发展轴线，经过数次修正后，确定了广州新城市发展轴线北起黄埔大道，南至海心沙珠江新城内部，以广州新电视塔为界，分为南段和北段。除了传统城市发展轴线与新城市发展轴线，《广州市科技创新"十四五"规划》提出的广州科技创新轴被视为第三发展轴线，串联中新广州知识城、广州科学城、广州人工智能与数字经济试验区、南沙科学城等。总体来看，广州城市多中心轴线发展的空间形态逐渐成形，轴线发展呈现"传统发展轴-金融发展轴-科技创新轴"的层进式空间趋势。作为新一轮产业发展的重要引擎，科技创新轴将引领广州新时期创新驱动高质量发展并融入粤港澳大湾区和全球发展的城市空间竞争战略之中（见图1）。

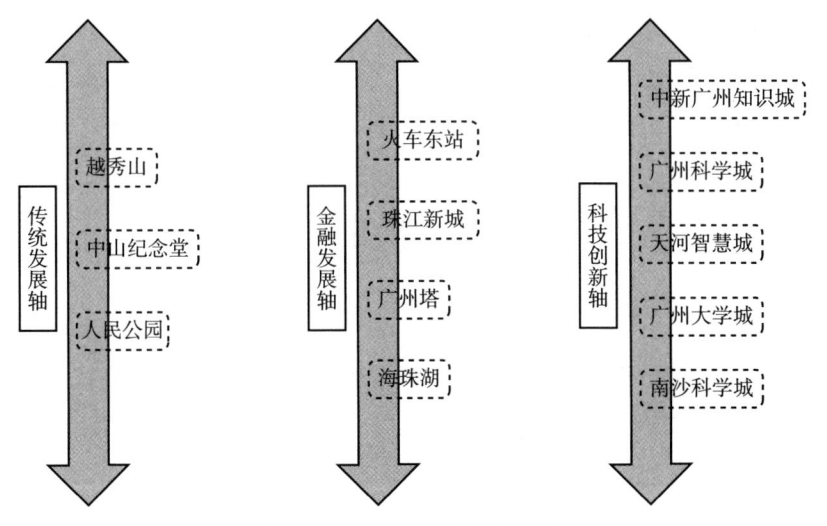

图 1 广州城市发展轴线变迁

资料来源：作者自绘。

（传统发展轴：越秀山、中山纪念堂、人民公园；金融发展轴：火车东站、珠江新城、广州塔、海珠湖；科技创新轴：中新广州知识城、广州科学城、天河智慧城、广州大学城、南沙科学城）

（二）广州科技创新空间发展脉络与特征

广州科技创新空间发展从"封闭""单一"到"开放""多元"模式，经历了单维高校、研究院所向多维产学研服一体化科技创新空间发展。一般认为广州科技创新空间的时间脉络大概分为四个阶段：初期（1990年前），创新空间呈以高校与科研机构为主体的点状分布；中前期（1990~2000年），创新空间呈以高新区、开发区、科技园等为主体的块状空间分布；中后期（2000~2020年），创新发展继续向板块交流与协同发展推进，科技创新空间通过建设创新型孵化器等平台从广州市中心向外围扩散；当前期（2020~2023年），广州科技创新空间得到进一步拓展，载体质量得到进一步提升，布局琶洲实验室、广州实验室、南沙科学城等并设立大量新型研发机构。概而言之，广州的科技创新空间呈现从以"点"到"面"再到多"点"多"面"融合、点面交互协同发展的演变形态。

随着中心城区与外围科技创新空间的快速联动，广州科技创新空间逐渐形成网络化发展格局。当前，广州科技创新空间呈现三种主要布局：一是围

197

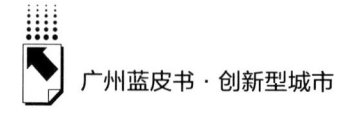

绕高校与科研院所的"大院大所"布局；二是围绕现有和在建交通枢纽的近轨式布局；三是围绕中心城区及区域公共中心的基于完善公共服务配套式布局。宋云等（2021）运用"城市人"理论和"四因说"分析广州科技创新空间发展的影响因素，认为广州科技创新空间集聚的外部性使城市外围空间在承载创新发展方面发挥越来越重要的作用。

（三）广州科技创新空间发展问题

作为承接城市发展产业升级和创新驱动的重要空间载体，科技创新空间正逐渐成为大都市空间治理的重要单元。广州科技创新空间获得相对快速发展，但仍面临诸多治理问题。第一，与国际科创枢纽定位有一定差距。广州建设了一批产业园区与科技园区，但缺乏对企业的成长规划，未能建立良好的集聚产业链，各主体服务水平差异较大。第二，科技创新空间发展参差不齐，中心区域对外围区域带动作用有待提升。部分园区缺乏对创新生态系统的有效打造标准，概念性科技创新空间建设没有得到落实，核心科技创新空间的辐射能力弱，科技创新廊带的联动发展机制与模式不完善。第三，缺乏整体规划，生态与创新协同发展模式有待培育。主要创新区块与其他科技创新空间发展的协调度不足，创新空间统筹发展模式有待形成，各区、部门缺乏政策的有效衔接，缺乏生态保护与创新科技发展的统筹规划与落地。郑国雄等（2021）以三螺旋理论为视角，面向政府-高校-产业的动态关系，研究了广州创新生态系统的构成与特点，发现广州的高校与科研机构落后于北京、上海，创新资本落后于北京、上海、深圳，金融市场发展相对滞后。

三 生态廊带与创新圈层的叠生空间生产

大都市科技创新空间在城市规划中的反磁力作用和市场快速发展的驱动作用下，形成"中心-外围"的空间圈层结构，并逐渐蔓延扩张至中心城区外围的生态过渡地带，由此形成了城市生态圈层与城市科技创新圈层的相对叠加，这种叠加具有生产空间发展的逻辑必然性，也有科技创新空间提升的生态适应性。这种必然的适应，就是空间圈层的叠生，是原有单因素空间的复合共生。以"三生空间"融合发展视角研究城市科技创新空间发展的新模式，有利于拓展必然性、有效性、创新性的空间生产视角，进而制定相应的空间治理策略。

（一）叠生空间的基本问题：产业基础上的科技创新与生态耦合关系

本文尝试构建创新地理圈层结构概念，并针对大都市发展"中心-外围"空间结构的科技创新空间与生态空间协调发展与治理问题，分析其空间主体交互共生关系，通过生态廊带与创新圈层叠加的有机结合模式重构科技创新空间体系框架。广州创新圈层发展表现出与生态延伸区叠生布局的雏形，主要代表包括"帽峰山森林公园板块+中心广州知识城""广州海珠国家湿地公园板块+广州大学城""白云山板块+白云湖数字科技城""生态新城板块+广州经济技术开发区"等。这种叠生布局的优势表现为以下四个方面。一是以生态为前提，促进边缘地区产业及创新公共服务设施建设，营造宜居宜业宜创的发展环境，对人口密集的中心城区发挥有序疏解功能。二是针对要素集聚的负向外部性，有效推进创新产业转移，优化城市空间布局，并持续发挥跨区域创新协同的战略支撑作用。三是面向科技创新空间发展不均衡的问题，不断优化提升外围圈层空间协调能力，有效利用外围区域闲置土地，促进提升生态、生产、生活相适宜的科技创新空间功能。四是以绿色发展为导向，通过创新要素联合，保障外围区域生态环境并向科技创新空间提供可持续供给环境。科技创新空间与生态廊带实现交互动态作用，一方面通过科技创新空间建设与生态要素本体的博弈，另一方面通过双方协同促进，实现外围空间的高品质生产与"三生空间"的一体化发展。

（二）叠生空间的核心问题：创新地理建构下的空间协同效应

创新地理是工业化、城镇化、信息化推进到高质量发展阶段的必然产物。基于产业空间高质量发展的需求，高品质推进科技创新空间运行，需要推进空间体系由"叠生"向"蝶生"提升。首先，在构建"生态+创新"的叠生模式过程中，将城市中心、外围区域的生态廊带与创新圈层空间治理框架整合为科技创新空间的集成要素，并结合制度嵌入形成区域顶层引导的空间生产体系。其次，通过科技创新要素集聚的外部性进一步强化"中心-外围"创新圈层结构。最后，通过制度嵌入，对传统"中心-外围"二元科技创新空间进行尺度重组，以当前生态廊带与创新圈层叠生模式布局雏形为基础，在科技创新空间发展的同时保护生态廊带的自然资源，并为边缘新区提供自然环境支撑，实现生态廊带的核心生态要素（包括河流、湿地、湖泊等生态缓冲空间以及森林公园、湿地公园、环城林带等）与创新圈层实际功能空间的有机结合，并由政府引导实施科技创新空间战略，推动构建"生态+创新"复合空间系统，促进生态要素与创新要素协调发展，使边缘空间得到有效协同利用（见图2）。

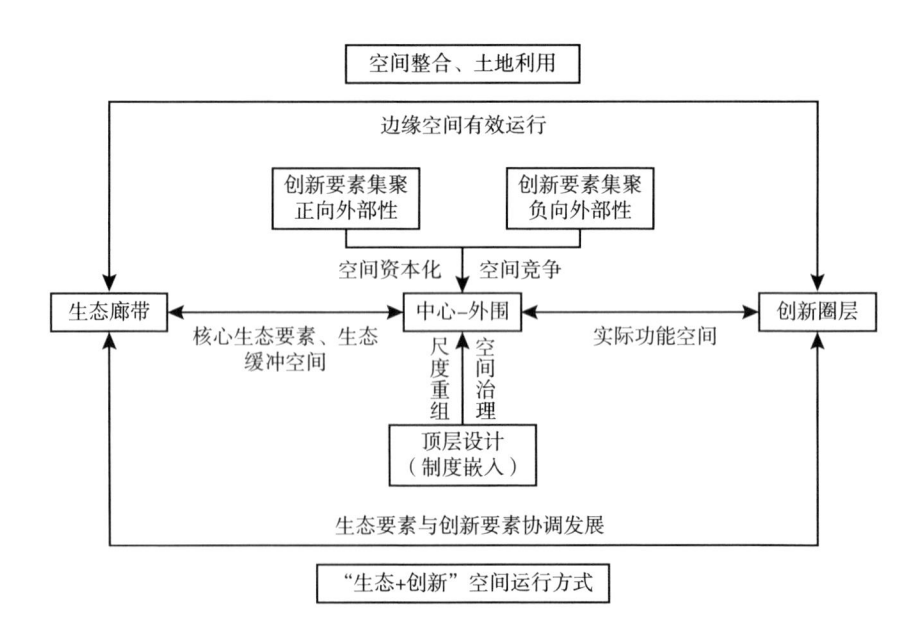

图 2 生态廊带与创新圈层机理框架

资料来源：作者自绘。

四 广州科技创新空间的发展启示

创新已成为新时期城市综合竞争的发展内核。在"三生空间"融合发展与科技创新牵引的创新地理（Innovation Geography）圈层结构中，"创新（Innovation，I）+生态（Ecological，E）+产业（Industry，I）"三螺旋（IEI）并向发展模型形成，推动实现了"三生空间"的交互协同性，超越了传统单向主导的创新-生态、创新-产业、生态-产业的双因素发展结构，传统的产业空间、生态空间或生活空间，向交互复合型IEI新型空间提升。基于广州生态空间和科技创新空间发展变迁，本文提出构建以"一环双核三廊"为主的科技创新空间发展策略，完善"一环"生态链条、提升"双核"服务功能、优化"三廊"产业结构，强化生态廊带与创新圈层的制度嵌入，提升广州生态空间和科技创新空间生产的叠生效应和空间竞争力。

（一）完善外围"一环"生态链条有序空间增长

"一环"指广州中心区域外围的生态环叠加创新环，主要包括帽峰山、白云山、越秀山、海珠湖、万亩果园、大学城、生物岛、金融城、智慧城、科学城、知识城等。在科技创新空间布局上，"一环"已成为生态层与创新圈的叠生地带（见图3）。从绿色发展上看，经济系统、社会系统与生态系统的共生关系，通过环状生态链条，协调推进经济系统的绿色增长（包括绿色产业体系与绿色消费模式）；社会系统的绿色福利发展（包括城市绿化空间等提升生活适宜性的要素）以及生态系统的自然财富保值增值（包括土地、湿地、森林等自然资本，人力资本以及相关实体性资本等）在促进绿色保护的同时，交互性赋能创新圈层发展。从区域功能跃升上看，构建"一环"生态圈将有效促进大都市创新产业集群效应由中心向外围扩展的空间支撑链形成，通过顶层设计实现圈层定位跃升，通过科学布局实现空间跃升，通过协同内外节点与链带联动机制推进区域产业培育功能跃升与综合服务跃升，推动打造国际创新枢纽平台、新型创新生态引擎。从创

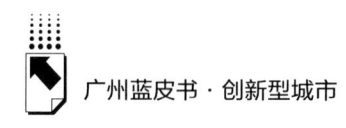

新要素集聚上看，环带空间设计一方面以人才集聚、技术集聚、政策支持以及规模效应促进城市产业创新能力提升并催生更多优势要素；另一方面作为结合"双核""三廊"的空间结构基底，推动辐射区域集聚产业创新链形成。

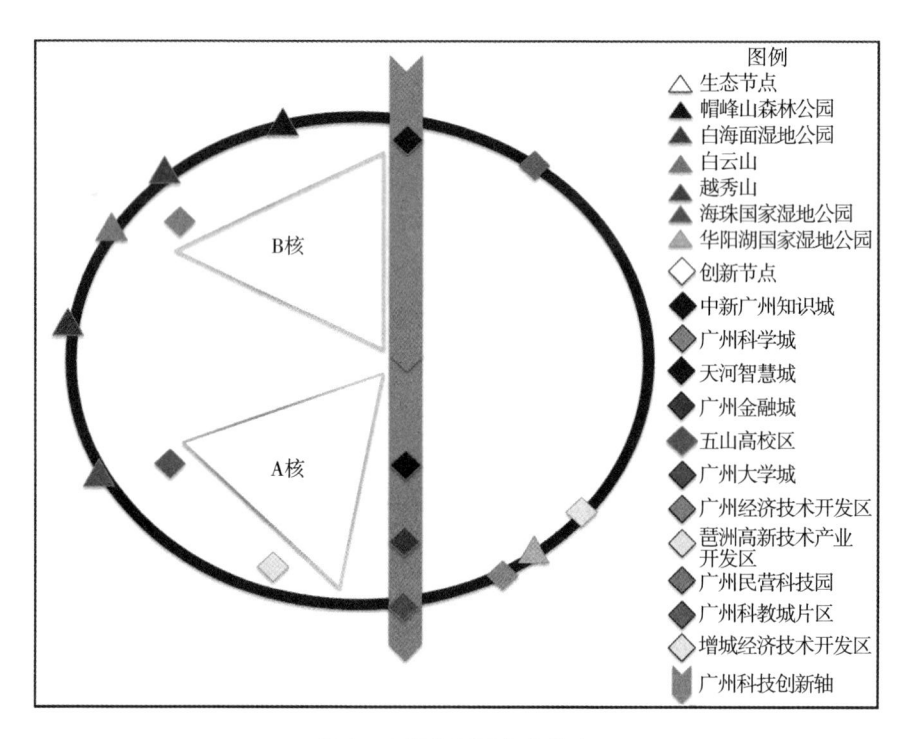

图3 广州创新环叠生效应

资料来源：作者自绘。

（二）强化"双核"服务功能的地理集聚效应

"双核"指以中山大学城区校区、五山高校区（环五山创新策源区）、广州大学城（含广州实验室、生物岛实验室）为极线的建成核（A核），以广州科学城、中新广州知识城、广州民营科技园（白云湖数字科技城）为极线的形成核（B核）（见图3）。"双核"分别以广州大学城和中新广州知识城为中枢，位于"一环"生态链条上，是科技创新要地与生态区域相互依托、协同发展的新兴趋势范例，A核主要通过高校集聚、互动的创新优势资源，推进优化区域全链条创新创业生态系统；B核主要通过推动新兴产业科技开发与应用，促进高新技术产业集群与创新网络构建，以发挥区域创新枢纽的核心节点作用。"双核"通过联通环带叠生结构，放大中心节点与外围要地的创新驱动功能，辐射区域协同创新发展，为"廊带"结构协同提供支撑。当前广州正行进在由A向B拓展的道路上，B核对广州新一轮产业高质量发展的支撑作用将更加凸显（见图4）。而随着广州实验室、琶洲实验室及其他实验室、南沙科学城等的布局建设，广州空间创新核也会南移，但这还需要一个稳定的发展周期和稳定的政策保障。

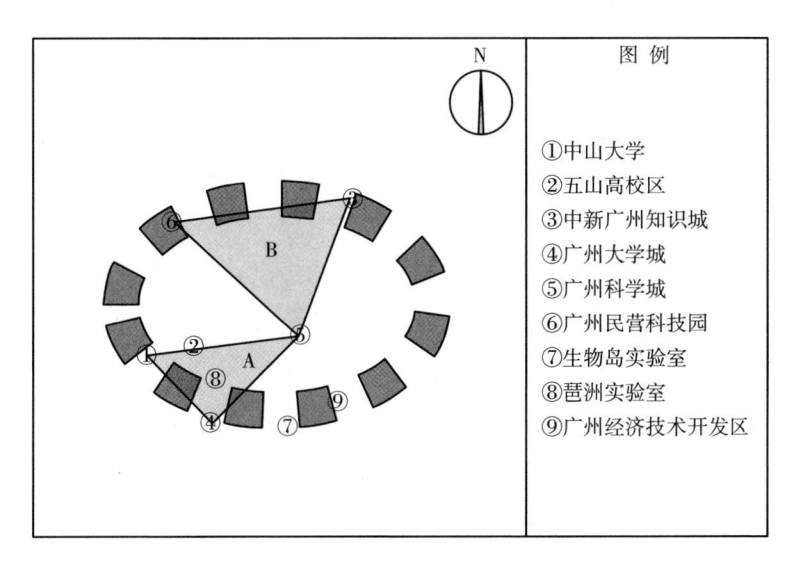

图 4　广州创新核中期走势

资料来源：作者自绘。

广州大学城拥有国家一流高校及科研院所，为创新圈层发展输送人才并提供产、学、研一体化服务。同时，广州大学城位于小谷围岛区域，连接琶洲实验室，紧邻广州重要的生态区域。根据《广州市科技创新"十四五"规划》，广州大学城将聚焦机制创新和挖潜扩容，高水平做好城市设计，打造具有重要影响力的创新创业示范区、技术创新策源地、高质量发展驱

动器。

中新广州知识城以知识经济为创新模式,助力广州科技创新、产业发展、城市治理,打造"立足广东、辐射华南、示范全国的知识产权引领型创新驱动发展之城"。同时,中新广州知识城位于帽峰山森林公园、凤凰山公园、凤凰湖等生态要素附近,也是广州生态环境保护要地。根据《广州市科技创新"十四五"规划》,中新广州知识城将打造粤港澳大湾区科技创新枢纽核心节点与具有全球影响力的国家知识中心,建设中新国际科技创新合作示范区、国际知识驱动创新的战略高地。

(三)以制度嵌入提升"三廊"结构协同

中廊主要指以中新广州知识城与南沙科学城为极点,通过京港澳高速、广州环城高速、广澳高速、南沙港快速等主要干线,联通广州科学城、广州大学城、天河智慧城、广州人工智能与数字经济试验区等关键节点的广州科技创新轴。

东廊主要指以广州高新区与东莞高新区为极点,通过花莞高速、广园快速路、珠三角环线高速等主要干线,串联广州科教城片区、增城经济技术开发区等关键节点的广莞高新技术发展及创新走廊。

西廊主要指以广州高新区与佛山高新区为极点,通过大广高速、广佛高速等主要干线,贯通白云湖数字科技城、广州空港经济区、佛山高新技术产业开发区等关键节点的广佛产业发展及创新走廊。

创新廊带打破固有行政区域划分限制,以主要干线为连接通道,推动广州中心区域与外围区域以及毗邻城市协同提升。广州构建"一环两核三廊带"的科技创新空间布局,"一环"推进生态廊带与创新圈层叠生模式空间布局,"两核"作为战略支撑引领多节点协同发展并驱动城市复合体系核心区块功能提升,"三廊"深化提升科技创新空间跨区域联动,强化对外衔接和资源整合,有效辐射带动广佛、穗莞产学研服金等综合要素一体化建设,以推动创新要素与生态要素在区域地理空间发展与保护并进。

(四)展望广州科技创新空间未来发展走势

从粤港澳大湾区的发展布局和广州科技创新空间的政策指向来看,广州未来的创新空间有不断南移的政策驱动,具体表现为当前沿广州高新区-南沙开发区(中新广州知识城-广州科学城-天河智慧城-广州金融城-广州大学城-广州亚运城-南沙科学城)的轴线梯进,以及广州高新区-佛山高新区、广州高新区-东莞高新区的创新廊带和产业集聚带叠生,未来则转换为南沙开发区-广州高新区、南沙开发区-佛山高新区、南沙开发区-东莞高新区的轴带叠生。概言之,从长远政策供给来看,南沙开发区-广州高新区、南沙开发区-西线、南沙开发区-东线的轴带布局需要结合广东和粤港澳大湾区的总体战略进一步加强政策支撑和制度设计,需要在产业结构、生态提升及创新圈层上进一步布点重点项目和重大平台,进而释放广州对周边城市的辐射带动功能(见图5)。

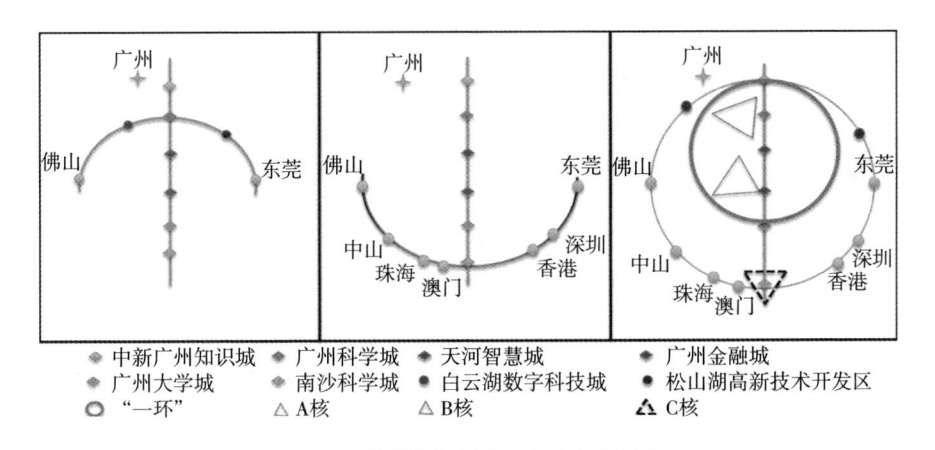

图 5　广州科技创新空间未来发展趋势

资料来源:作者自绘。

五　结论

随着工业化、城市化、信息化的不断深入,"中心-外围"区域经济发展逐渐受到广泛关注。城市"中心-外围"区域发展通过多元创新要素协调、互动、交融的作用，对空间发展产生集聚效应、外溢效应、辐射效应，形成有序的外围科技创新空间发展机制。本文以"三生空间"融合发展为视角，聚焦广州产业空间发展基础上的科技创新空间与生态空间的交互关系，从创新空间发展的"中心-外围"既有格局出发，结合尺度重组与制度嵌入理论，梳理广州城市中轴线变迁以及城市科技创新空间的发展脉络、特征与问题，通过城市发展创新要素与生态要素的有机结合，提出以"一环两核三廊"为主的广州未来科技创新空间发展战略。当前分布于城市中心-外围区域的广州创新圈层发展显现"生态+创新"的叠生模式布局雏形，但尚未形成外围科技创新空间与生态要素有序融合的运行机制。本文通过分析当前广州科技创新空间发展面临的问题与叠生模式布局优势，提出"生态+创新"复合空间系统，以"一环"打造生态廊带与创新圈层有机结合的空间运行模式，以"两核"为创新圈层发展提供有力支撑，以"三廊"推进全域协同发展的空间发展格局，进而催生广州科技创新与生态叠加的空间竞争效应。

参考文献

Krugman P., "Increasing returns and economic geography," *Journal of Political Economy* 99 (1991): 483-499.

Halbert L., "Collaborative and collective: reflexive co-ordination and the dynamics of open innovation in the digital industry clusters of the Paris region," *Urban Studies* 49 (2012): 2357-2376.

Geffroy D., Oliver R., Juran L. K., et al., "Projecting the metropolis: Paris 2024 and the (re) scaling of metropolitan governance," *Cities* 114 (2021).

Brenner N., "The Limits to Scale? Methodological Relations on Scalar Structuration," *Progress in Human Geography* 25 (2001): 591-614.

Etzkowitz H., "Academic industry relations: a sociological paradigm for economic development," LEYDESDORFF H., VAN REN BESSELAAR P. Evolutionary Economics and Chaos Theory. New York: St. Martin's Press, 1997.

张赛飞、杨莹、刘晓丽等：《广州创新型城市发展的问题及对策》，《科技创新发展战略研究》2021 年第 6 期。

许涤新：《社会生产与人类生活中的生态环境问题》，《广西师范大学学报》（哲学社会科学版）1984 年第 4 期。

许伟：《"三生空间"的内涵、关系及其优化路径》，《东岳论丛》2022 年第 5 期。

刘燕：《论"三生空间"的逻辑结构、制衡机制和发展原则》，《湖北社会科学》2016 年第 3 期。

李广东、方创琳：《城市生态—生产—生活空间功能定量识别与分析》，《地理学报》2016 年第 1 期。

朱媛媛、余斌、曾菊新：《国家限制开发区"生产—生活—生态"空间的优化：以湖北省五峰县为例》，《经济地理》2015 年第 4 期。

周劲：《三线·三生·三控：城乡布局结构的宏观管控机制》，《规划师》2019 年第 5 期。

李若飏、辛存林、陈宁等：《三生空间视角下大夏河流域水生态安全评价与预测》，《水利水电技术》2022 年第 7 期。

黄安、许月卿、卢龙辉等：《"生产-生活-生态"空间识别与优化研究进展》，《地理科学进展》2020 年第 3 期。

林坚、吴宇翔、吴佳雨：《论空间规划体系的构建：兼析空间规划、国土空间用途管制与自然资源监管的关系》，《城市规划》2018 年第 5 期。

邢忠、汤西自、徐晓波：《城市边缘区生态环境保护研究综述》，《国际城市规划》2014 年第 5 期。

樊霞、贾建林、孟洋仪：《创新生态系统研究领域发展与演化分析》，《管理学报》2018 年第 1 期。

张钊、马学广、王新仪：《尺度重组与制度嵌入："飞地经济"的跨界空间治理实践》，《贵州省党校学报》2021 年第 6 期。

赵阳、李玉萍、夏大为：《广州新城市中轴线空间的内涵营造》，《城市建筑》2021 年第 18 期。

钟恺琳：《广州国际创新城：城市的未来，在新中轴线上延伸》，《房地产导刊》2019 年第 1 期。

夏丽丽、肖玲：《广州市工业化经济发展水平研究》，《华南师范大学学报（自然科学版）》2003 年第 2 期。

宋云、唐波、林琳等：《广州市创新空间格局特征及影响因素》，《测绘科学技术学报》2021 年第 1 期。

王智敏：《构建科创枢纽关键在创新制度供给——对广州建设国际科技创新枢纽城市的思考》，《学理论》2017 年第 8 期。

郑国雄、刘溉、练冠华等：《三螺旋视角下广州创新生态系统的研究及其对策》，《科技管理研究》2021 年第 5 期。

B.10
广州生物医药研发分析报告

王 炎 李星南*

摘 要： 本文对广州近五年的生物医药研发情况进行了系统梳理，发现广州生物医药领域创新势头强劲，创新氛围逐渐形成，创新成果不断涌现。在新药领域，广州新药临床试验申请数合计302件，参与新药注册申请企业达69家，新药临床试验开展166项，新药上市申请达24件，共有6款新药获批上市，且均为国内首创。在医疗器械领域，广州首次注册产品数合计1955件，2022年首次注册数达632件，创下历年新高，体外诊断产品在医疗器械首次注册产品中占比较大且企业集中度高，二类体外诊断产品注册数居全国前列。虽然广州生物医药研发整体形势向好，但依然存在一些问题，主要表现在新药临床研究整体实力较薄弱、新药开发同质化问题较为明显、中药新药开发积极性不高、医疗器械领域的高价值产品较少等。因此，广州需要提高临床研究资源利用效能，加快突破一批关键核心技术和重大创新产品，加大对中医药行业的支持力度，推动医疗器械产业高质量发展。

关键词： 新药 临床试验 医疗器械

---

* 王炎，广州生物工程中心有限公司发展研究部主管，研究方向为生物医药发展战略、政策咨询；李星南，广州生物工程中心有限公司发展研究部职员，研究方向为生物医药数据挖掘、数据分析。

近年来，广州在生物医药领域通过加强顶层设计、优化营商环境、整合创新资源等措施，加快生物医药产业高端化、规模化、国际化发展。广州将生物医药产业作为战略性新兴产业，在生物医药科技创新领域全面发力，开启跨越式发展模式，创新药研发成果丰硕，医疗器械获批数迅猛增长，为构建广州科技创新强市、共建粤港澳大湾区国际科技创新中心打下了坚实的基础。

与一般产品相比，创新药与医疗器械研发门槛更高、周期更长、风险更大，同时其颠覆性创新带来的市场溢价与投资回报也远高于其他产品，因此创新药、医疗器械研发阶段的扶持往往成为生物医药政策的主要发力点。2018年以来，广州出台并实施《广州市加快生物医药产业发展若干规定》，在新药临床研究、医疗器械产品注册、医疗机构认证、研发及临床试验服务四个方面给予一系列后补助支持，支持总经费达4亿多元，在提高广州创新药和医疗器械研发创新能力、持续完善临床研究服务体系、做强做大临床服务规模等方面发挥了重要作用，为生物医药产业的高质量发展注入了强劲动力，推动广州由科研资源大市向科技创新强市迈进。

一 新药研发

（一）新药临床试验申请分析

近年来，代表广州生物医药企业创新能力的新药临床试验申请数持续攀升，表明研发势头强劲，创新氛围逐渐形成。根据对广州近5年来新药临床试验申请情况的统计分析，2018~2022年，广州新药临床试验申请数合计302件[1]。2021年，在集采等医药政策环境倒逼下，医药企业研发热情高

---

[1] 文中药品数据均来源于国家药品监督管理局药品审评中心网站，图表均根据国家药品监督管理局药品审评中心公开数据进行分析绘制。

涨，持续朝着创新的方向发展，新药临床试验申请数达到历年最高值（116件）；2022年，广州新药临床试验申请数回落至84件（见图1）。

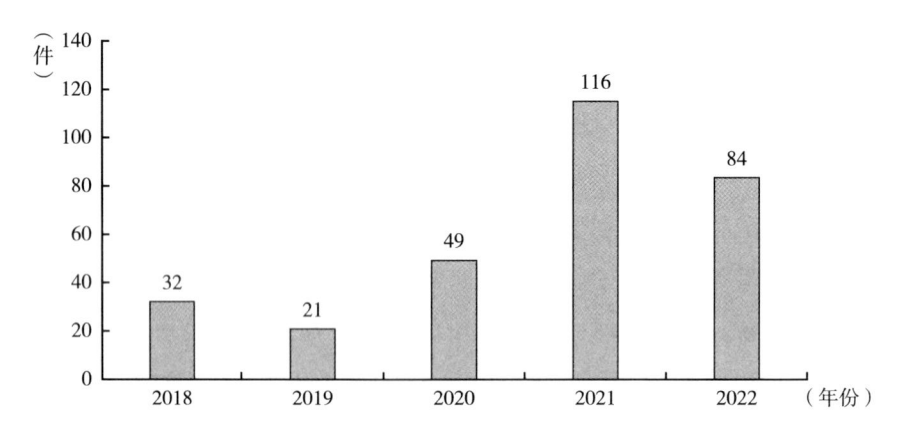

图1 2018~2022年广州新药临床试验申请情况

1.以化学药和生物药为主

从药物类型上看，广州新药研发主要以化学药和生物药为主。2018~2022年新药临床试验申请的302件药品中，化学药185件、占比61.26%，生物制品108件、占比35.76%；中药9件、占比2.98%。2022年，广州新药临床试验申请中化学药52件、生物制品31件，中药1件。

2.百奥泰申请数量居首位

2018~2022年，广州共有69家企业进行新药临床试验申请。其中申请数排名前5的分别为百奥泰生物制药股份有限公司（33件）、广州必贝特医药股份有限公司（32件）、越洋医药开发（广州）有限公司（22件）、广州百济神州生物制药有限公司（20件）、康方药业有限公司（17件）（见图2）。

（二）新药临床试验特征分析

为更精准地了解广州新药临床试验开展情况，本文仅对2020~2022年启动的临床试验进行统计分析，且将第一例受试者入组时间作为药物临床试验启动时间。2020~2022年，广州共开展新药临床试验166项，其中2022

企业	数量
百奥泰生物制药股份有限公司	33
广州必贝特医药股份有限公司	32
越洋医药开发（广州）有限公司	22
广州百济神州生物制药有限公司	20
康方药业有限公司	17
广州喜鹊医药有限公司	16
广州嘉越医药科技有限公司	14
广州麓鹏制药有限公司	14
广州再极医药科技有限公司	11
广东众生睿创生物科技有限公司	10

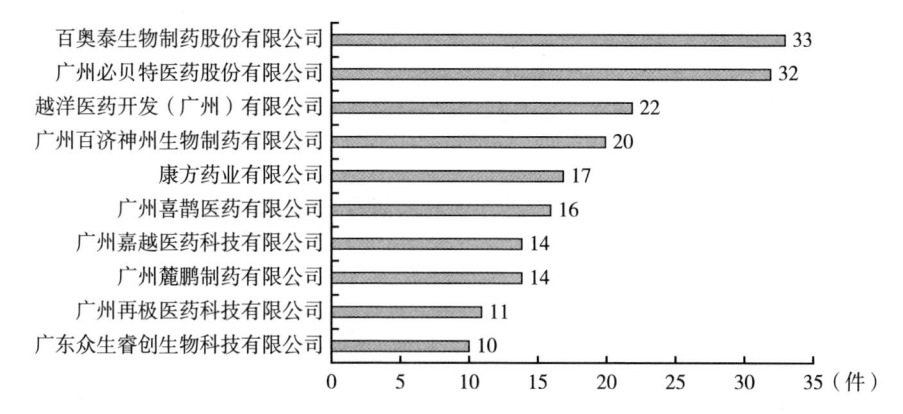

图2 2018~2022年广州新药临床试验申请企业情况

年开展新药临床试验68项。

1. Ⅰ期临床试验占比最高

从新药临床试验分期来看，Ⅰ期临床试验97项，占比58.43%；Ⅱ期临床试验49项，占比29.52%；Ⅲ期临床试验19项，占比11.45%；Ⅳ期临床试验1项（百奥泰已获批上市药物开展的临床试验）。总体而言，广州新药研发仍处于早期阶段，其中Ⅲ期临床试验数占比较少，而Ⅲ期临床试验是药品上市前的最后一关，代表了未来药物上市走向。①

2. 生物药进入Ⅲ期临床试验的比例最高

从不同药物类型的新药临床试验分期来看，化学药Ⅰ期临床试验占比相对较大，达到65.12%；生物药进入Ⅲ期临床试验的比例（20.00%）远远高于化学药（4.65%）；中药仍以Ⅱ期临床试验为主（见图3）。

3. 抗肿瘤药物是主要的药物类别

在启动临床试验的药物适应症中，抗肿瘤药物临床试验达69项，占临床试验总数的41.57%；其后依次为风湿性疾病及免疫药物（14项）、循环系统疾病药物（13项）、血液系统疾病药物（12项）、皮肤及五官科药物（11项）等（见图4）。

---

① 对于不能完全以Ⅰ~Ⅳ期划分的，Ⅰ/Ⅱ期按照Ⅱ期进行统计，Ⅱ/Ⅲ期按照Ⅲ期进行统计。

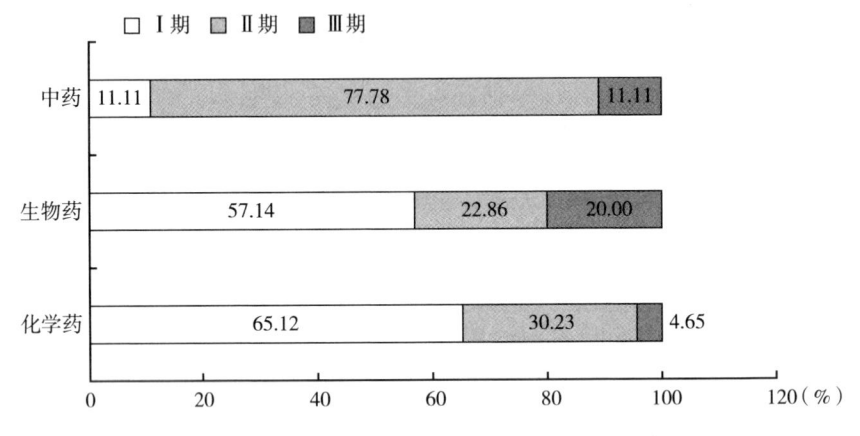

图3 2020~2022年广州新药临床试验分期占比情况

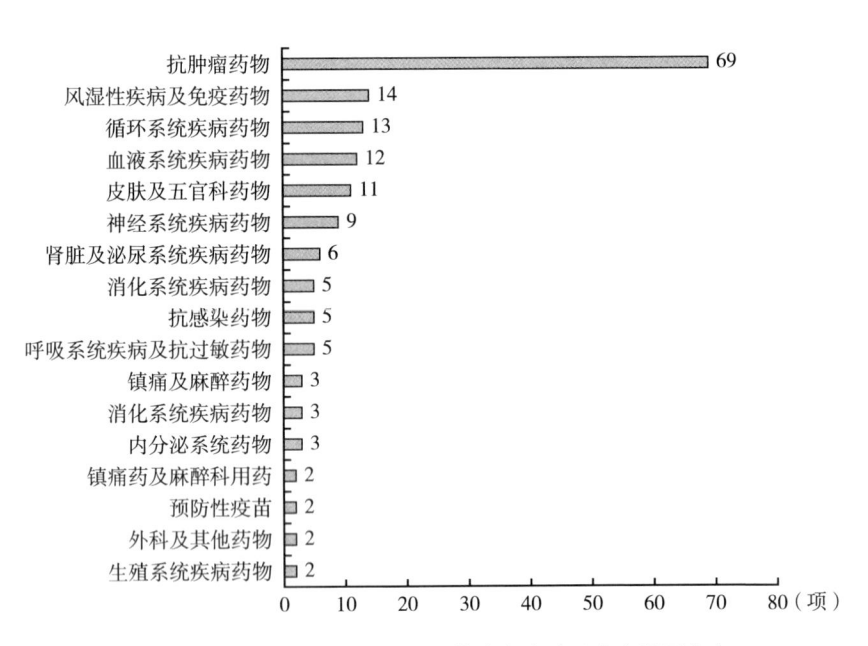

图4 2020~2022年广州开展新药临床试验适应症类型分布

4. 新药临床试验机构组长单位以外地为主

在2020~2022年广州启动的新药临床试验中，广州本地新药临床试验机构作为组长单位（包括Ⅰ期临床试验项目）开展临床试验项目44项，约占总体的26.51%；其他项目均在外省市开展，北京35项、占比21.08%，上海 20 项、占比 12.05%，长沙 12 项、占比 7.23%，长春 10 项、占比 6.02%（见图 5）。

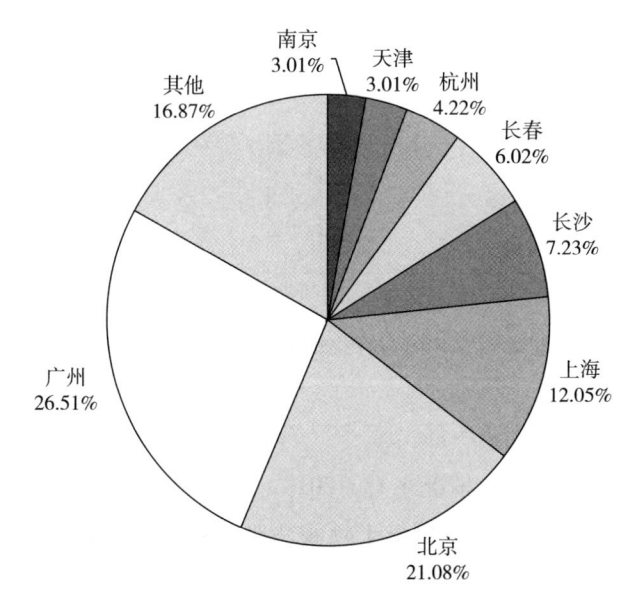

图 5　2020~2022 年广州新药临床试验机构组长单位分布情况

5. 本地临床试验机构承接 I 期临床试验项目较多

本地临床试验机构承接的项目中 I 期临床试验项目较多。在临床试验分期项目中，I 期临床试验项目以广州本地临床试验机构为组长单位开展的有 29 项，占所有 I 期项目的 30%；II 期临床试验项目以广州本地临床试验机构为组长单位开展的有 14 项，占所有 II 期临床试验项目的 28.57%；III 期临床试验项目有 1 项以广州本地临床试验机构为组长单位开展，其余 18 项均在外地开展（见图 6）。

（三）新药上市申请情况

2018~2022 年，广州新药上市许可申请达 24 件，共计 15 个品种。其中，化学药上市许可申请共 8 件，6 个品种；生物药上市许可申请共 16 件，9 个品种；中药无上市许可申请。2022 年，广州新药上市许可申请达 10 件，

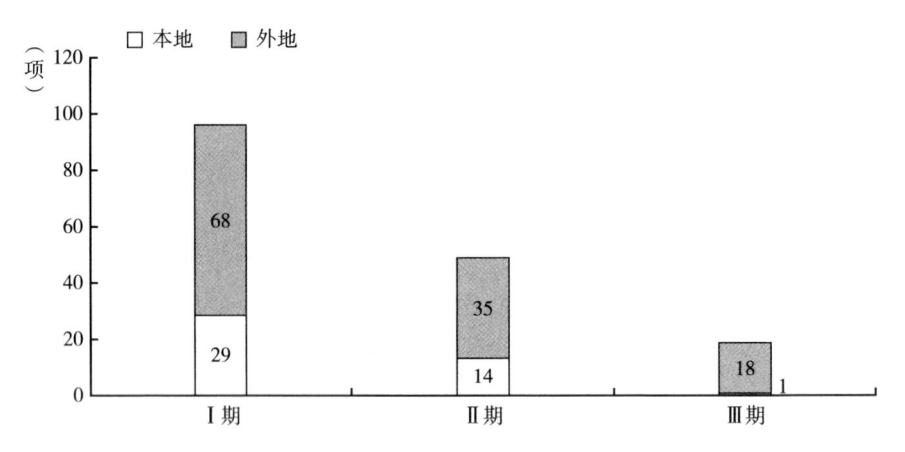

图6 2020~2022年广州药物临床试验机构承接项目情况

其中化学药5件、生物药5件。

从新药上市申请企业情况来看，2018~2022年，共计有11家企业提交15款新药上市申请，其中百奥泰生物制药股份有限公司有4款新药，兆科（广州）眼科药物有限公司有2款新药，其余企业各1款新药（见图7）。

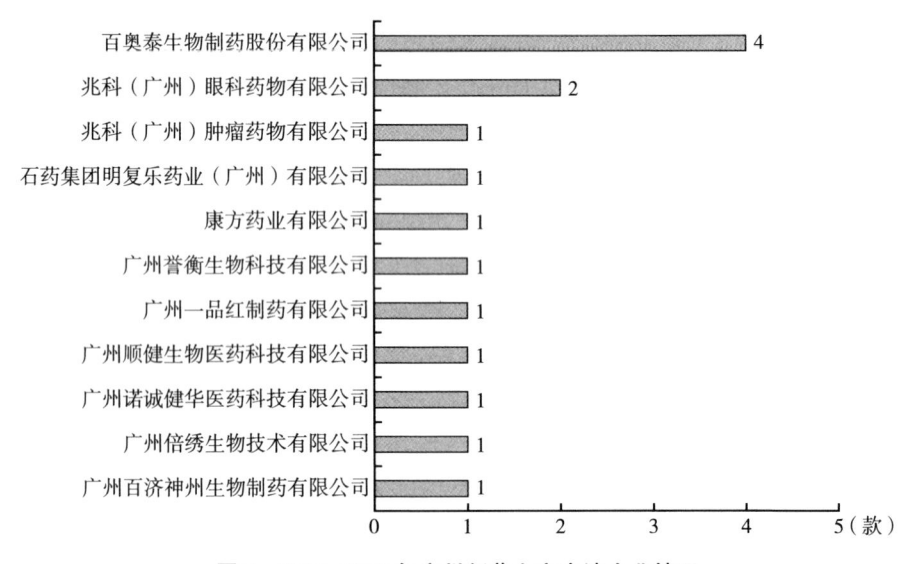

图7 2018~2022年广州新药上市申请企业情况

（四）新药上市获批情况

2018年以来，广州共获批上市新药6款，其中生物药5款、化学药1款（见表1）。

表1　2018年以来广州获批上市新药情况

序号	药品名称	药品类型	适应症	企业名称	批准上市时间
1	阿达木单抗注射液	治疗用生物制品	类风湿关节炎等自身免疫性疾病	百奥泰生物制药股份有限公司	2019/11/1
2	赛帕利单抗注射液	治疗用生物制品	二线以上复发或难治性经典型霍奇金淋巴瘤	广州誉衡生物科技有限公司	2021/8/25
3	贝伐珠单抗注射液	治疗用生物制品	转移性结直肠癌等	百奥泰生物制药股份有限公司	2021/11/17
4	奥瑞巴替尼片	化学药	慢性髓细胞白血病	广州顺健生物医药科技有限公司	2021/11/25
5	凯得宁单抗注射液	治疗用生物制品	复发或转移性宫颈癌	康方药业有限公司	2022/6/29
6	托珠单抗注射液	治疗用生物制品	类风湿关节炎、全身型幼年特发性关节炎和细胞因子释放综合征。	百奥泰生物制药股份有限公司	2023/1/16

百奥泰生物制药股份有限公司共有3款新药获批上市，分别为阿达木单抗注射液、贝伐珠单抗注射液和托珠单抗注射液。阿达木单抗注射液于2019年11月获批上市，是国内首个获批上市的阿达木单抗生物类似药，可用于治疗类风湿关节炎、强直性脊柱炎、银屑病等自身免疫性疾病；贝伐珠单抗注射液于2021年11月获批上市，是国内首个开发并开展全球多中心临床试验的贝伐珠单抗生物类似药，可用于治疗晚期、转移性或复发性非小细胞肺癌和转移性结直肠癌；托珠单抗注射液于2023年1月获批上市，是国内获批的首个托珠单抗注射液生物类似药，可用于治疗类风湿关节炎、全身型幼年特发性关节炎和细胞因子释放综合征。

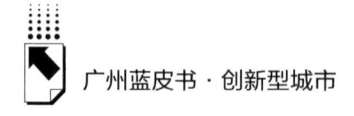

广州誉衡生物科技有限公司有赛帕利单抗注射液 1 款新药获批上市，该药于 2021 年 8 月获批上市，是中国第一个使用国际先进的转基因大鼠平台自主研发的全人源抗 PD-1 单克隆抗体，可用于治疗二线以上复发或难治性经典型霍奇金淋巴瘤。

广州顺健生物医药科技有限公司有奥瑞巴替尼片 1 款新药获批上市，该药于 2021 年 11 月获批上市，是由中科院广州健康院自主研发、广州顺健生物医药科技有限公司作为持有人进行产业化的新药，是我国第一个也是唯一一个获批上市的第三代 BCR-ABL 抑制剂，可用于治疗慢性髓细胞白血病，该药的成功上市将从根本上解决中国慢性粒性白血病（CML）耐药患者临床无药可用的现状。

康方药业有限公司有凯得宁单抗注射液 1 款新药获批上市，该药于 2022 年 6 月获批上市，是全球首款获批的 PD-1/CTLA-4 双抗产品，同时也是中国首款获批的本土双特异性抗体，可用于治疗复发或转移性宫颈癌。

二 医疗器械研发

目前国家药品监督管理局对医疗器械按照风险程度实行分类管理，总共分为三类：第一类是风险程度低的医疗器械，实行常规管理，可以保证其安全性、有效性，对此类医疗器械实行产品备案管理；第二类是具有中度风险的医疗器械，需要严格控制管理，以保证其安全性、有效性；第三类是具有较高风险的医疗器械，需要采取特别措施严格控制管理。一般而言，医疗器械的风险程度越高，其产品附加值及科技含量就越高。

（一）医疗器械注册产品总量分析

据统计，2018~2022 年，广州医疗器械产品首次注册数合计 1955 项[①]，

[①] 文中医疗器械产品数据均来源于国家药品监督管理局医疗器械查询平台，图表信息均根据国家药品监督管理局公开数据进行分析绘制。

从2018年的250项增长至2022年的632项，年复合增长率达26.09%。2022年广州医疗器械首次注册产品中，二类医疗器械达579项，同比增长59.94%；三类医疗器械达53项，同比增长60.61%（见图8）。

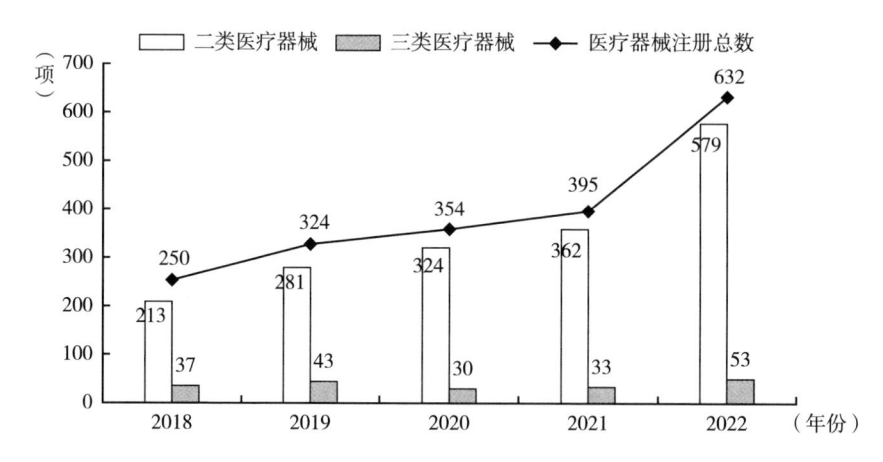

图8 2018~2022年广州医疗器械产品首次注册情况

（二）二类医疗器械注册产品特征分析

1.体外诊断类产品占比较高

2018~2022年，广州二类医疗器械产品首次注册数共计1759项，其中体外诊断产品首次注册共计853项，占比达48.49%。2020~2022年，体外诊断行业迎来爆发式增长，其首次注册数从2020年的122项猛增至2022年的351项，年复合增长率达69.62%，其占比从2020年的37.65%上升至2022年的60.62%，广州二类医疗器械产品逐渐转向以体外诊断为主的格局（见图9）。

2.体外诊断产品首次注册数居主要城市前列

从2022年深圳、广州、北京、上海等二类体外诊断产品领先地区的注册情况来看，广州体外诊断产品首次注册数具有赶超优势，其二类体外诊断产品首次注册数排名从2021年的第3位上升至2022年的第2位，位居深圳之后，北京、上海之前（见图10）。

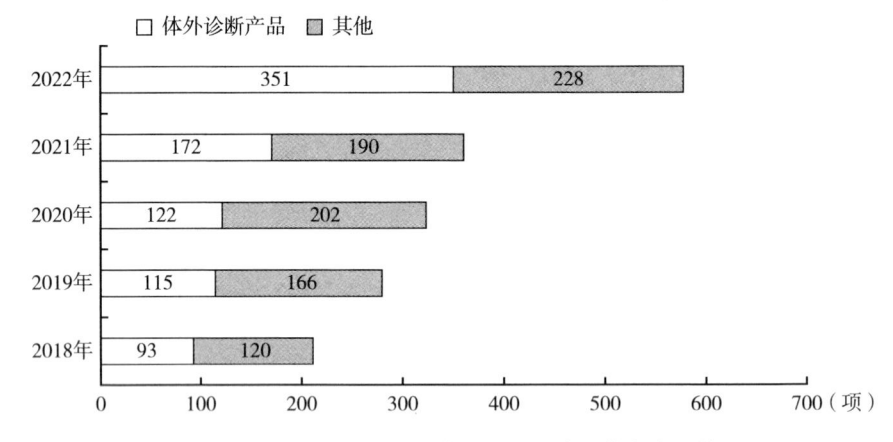

图9　2018~2022年广州二类医疗器械产品首次注册情况

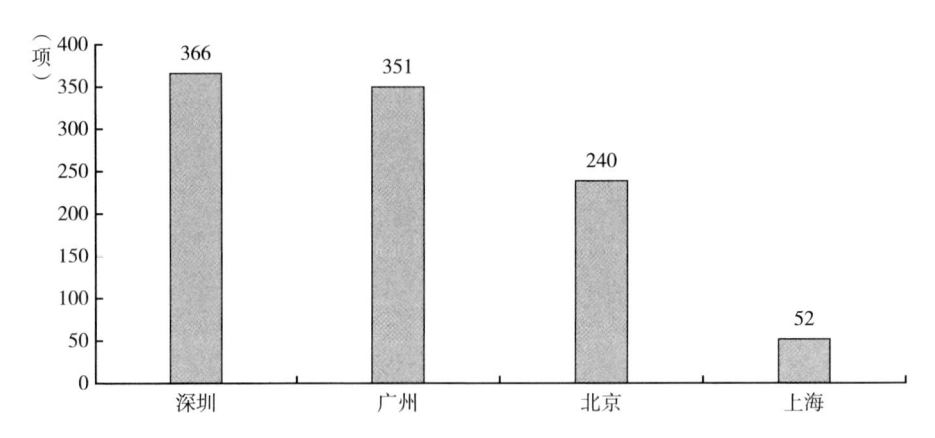

图10　2022年全国主要城市二类体外诊断产品首次注册情况

3. 体外诊断领域企业集中度较高

从2018~2022年体外诊断产品首次注册企业情况来看，共有40家企业参与了产品注册，其中排名前5的企业共注册产品556项，占比达65.18%。按照注册数量进行排名，前5位依次为广州万孚生物技术股份有限公司（167项）、广州市达瑞生物技术股份有限公司（118项）、广州市康润生物科技有限公司（103项）、广州科方生物技术股份有限公司（93项）、广州达泰生物工程技术股份有限公司（75项）。

4. 注输、护理和防护器械类新产品注册数量较多(不含体外诊断)

因2018年新版《医疗器械分类目录》开始施行，新的医疗器械分类目录将原来的43个子目录精简为22个，本文为准确统计分析，仅统计2019~2022年医疗器械产品子目录分类情况（不涉及体外诊断产品）。在二类医疗器械首次注册申请中，除了体外诊断产品，2019~2022年合计注册产品786项，共涉及《医疗器械分类目录》中20个子目录，其中注册数量前3位的依次为注输、护理和防护器械（243项，占30.92%），物理治疗器械（84项，占10.69%），口腔科器械（78项，占9.92%）（见图11）。

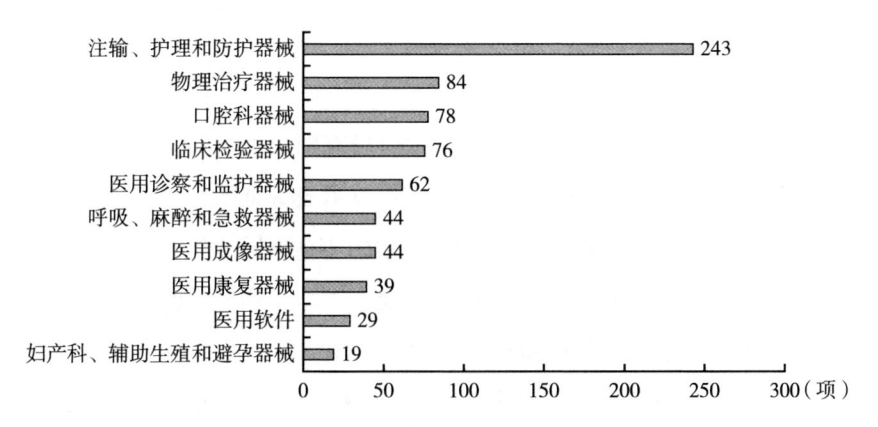

类别	数量
注输、护理和防护器械	243
物理治疗器械	84
口腔科器械	78
临床检验器械	76
医用诊察和监护器械	62
呼吸、麻醉和急救器械	44
医用成像器械	44
医用康复器械	39
医用软件	29
妇产科、辅助生殖和避孕器械	19

图11 2019~2022年广州二类医疗器械子目录产品首次注册情况（不含体外诊断）

5. 二类医疗器械企业集中度偏低(不含体外诊断)

从2019~2022年二类医疗器械注册企业情况来看（不包含体外诊断类），共有376家企业参与了产品注册，排名前5位的企业共计注册产品83项，占比仅为10.56%，行业集中度偏低，呈现小而散的格局。广州二类医疗器械首次注册数量排名前5位的企业依次为广州维力医疗器械股份有限公司（21项）、广州瑞派医疗器械有限责任公司（12项）、广州一康医疗设备实业有限公司（12项）、广州市麦力声医疗器械有限公司（11项）、广州保瑞医疗技术有限公司（9项）。

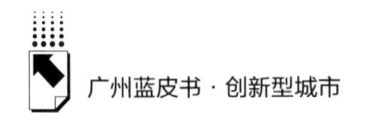

（三）三类医疗器械注册产品特征分析

2018~2022年，广州三类医疗器械首次注册数共计196项，其中2022年三类医疗器械首次注册数为53项，同比增长60.61%。三类医疗器械中，体外诊断产品首次注册共计107项，占比达54.59%，其中2022年三类体外诊断产品首次注册数为26项，同比增长62.50%。

1. 体外诊断领域企业集中度较高

从2018~2022年参与体外诊断产品首次注册的企业情况来看，共有22家企业参与了首次注册，其中排名前5位的企业共注册75项，占所有企业注册新产品总数的70.09%，企业集中度较高。按照首次注册数量进行排名，前5位依次为广州达安基因股份有限公司（22项）、广州市达瑞生物股份有限公司（16项）、广州万孚生物技术股份有限公司（14项）、广东和信健康科技有限公司（12项）、广州科方生物技术股份有限公司（11项）。

2. 输血、透析和体外循环器械产品数较多(不含体外诊断)

2019~2022年，三类医疗器械首次注册中，除了体外诊断产品，共计注册产品75项，其涉及《医疗器械分类目录》中15个子目录，其中注册数量前3位的依次为输血、透析和体外循环器械（18项，占24.00%）、临床检验器械（13项，占17.33%）、注输、护理和防护器械（11项，占14.67%）（见图12）。

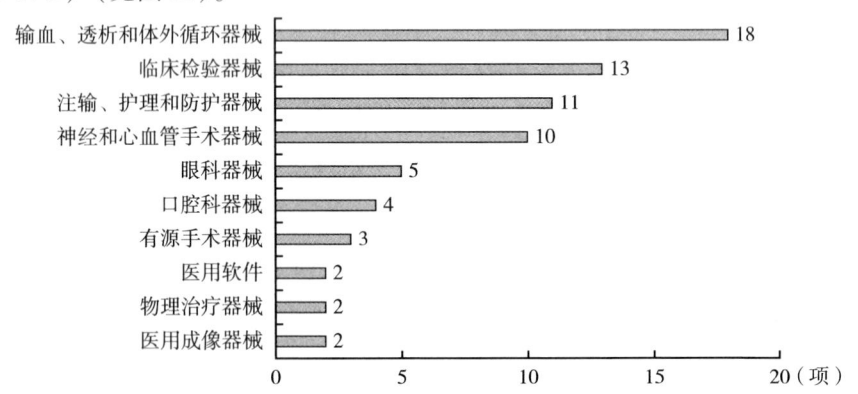

图12 2019~2022年广州三类医疗器械产品首次注册情况（不含体外诊断）

3. 三类医疗器械企业集中度不高(不含体外诊断)

从2019~2022年三类医疗器械注册企业情况来看（不含体外诊断类），共有45家企业进行了首次注册，排名前5位的共计注册27项，占比为36.00%，相比体外诊断领域，行业集中度不高。广州三类医疗器械（不含体外诊断）首次注册数量排名前5位的企业依次为贝恩医疗设备（广州）有限公司（8项）、广州润虹医疗科技股份有限公司（7项）、广州康盛生物科技股份有限公司（5项）、广州易介医疗科技有限公司（4项）、普霖医疗科技（广州）有限公司（3项）。

（四）创新医疗器械获批情况

2014年国家食品药品监督管理总局发布了《创新医疗器械特别审批程序（试行）》，这是我国第一个专门针对创新器械设置的审批通道，在确保上市产品安全、有效的前提下，可以加快创新器械审批速度。该创新程序明确规定了医疗器械必须满足专利、性能和定型三个条件才能申请创新医疗器械特别审批。尤其在性能方面，要求产品的主要工作原理或作用机理为国内首创，技术上处于国际领先水平且性能或者安全性与同类产品比较有根本性改进，并且具有显著的临床应用价值。自2014年以来，广州共有4款三类创新医疗器械获批上市（见表2）。

表2 广州三类创新医疗器械获批情况

序号	产品名称	生产企业	批准日期	注册证号
1	脱细胞角膜植片	广州优得清生物科技有限公司	2016/3/28	国械注准20163460573
2	折叠式人工玻璃体球囊	广州卫视博生物科技有限公司	2017/7/25	国械注准20173223296
3	人EGFR/ALK/BRAF/KRAS基因突变联合检测试剂盒(可逆末端终止测序法)	广州燃石医学检验所有限公司	2018/7/18	国械注准20183400286
4	人类SDC2基因甲基化检测试剂盒（荧光PCR法）	广州市康立明生物科技有限责任公司	2018/11/16	国械注准20183400506

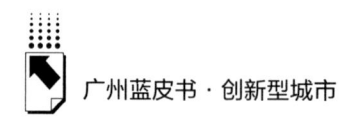

三 存在的问题

（一）临床研究整体实力较薄弱

2020~2022年广州临床试验机构承接的本地企业新药临床试验项目仅为44项，占比为27%，而在所有临床试验项目中，广州医疗机构担任组长单位的项目数更少，仅有15项。担任临床试验组长单位的情况一定程度上反映了该医疗机构学科专业在业界的水平层次，目前广州项目组长单位的占比与丰富的医疗及医学院校资源存在反差，表明广州丰富的优势医疗资源未得到充分利用。究其主要原因，一方面，广州地区做创新药有经验的主要研究者数量较少，临床研究领域专业人才较为缺乏；另一方面，过去华南地区生物医药产业的历史积淀更多在仿制药领域，创新药企较少。

（二）新药开发同质化问题较为明显

无论从治疗领域、药物类别还是靶点来看，当前抗肿瘤药物都是广州乃至全国新药临床试验扎堆最严重的领域。仅从广州2020~2022年新启动临床试验的药物适应症来看，抗肿瘤药物临床试验就达到了69项，占临床试验总数的42%。抗肿瘤新药临床试验的扎堆，实际上是靶点和适应症的扎堆。这也体现了当前药物研发存在原始创新短板，主要表现在创新研究缺乏有转化意义的新机制、新靶点；研发聚集于热门靶点现象明显，普遍存在同质化等问题。

在过去的五六年时间里，我国新药研发从以模仿、跟随为主，慢慢过渡到真正的创新。从根本上来说，实现药物研发的创新需要加强对疾病本身的了解，特别是疾病的发病机理。当前，基础性研究的相对薄弱是造成药物创新质量不高的主要原因之一。除此之外，新药研发也与医院学术研究和创新息息相关。目前，广州研究型医院仍处于初期建设阶段，与国际先进水平相比存在较大差距，滞后于构建医药创新产业链的需求。因此，提高临床研究能力和水平对打造广州具备国际竞争力的可持续发展医药创新生态系统至关重要。

（三）中药新药研发积极性仍需进一步激发

近年来，广州中药领域的新药开发一直处于低谷。2018年以来，广州提交的新药临床试验申请仅为9件，占比为3%；开展的临床试验仅为9件，占比为5%；在新药上市申请中，无一款中药。中药新药申请注册数量不高也表明目前中药新药研发的环境还需进一步优化，各类研发主体的积极性还需进一步激发。中药新药审评通过率偏低且其知识产权难以得到有效保护，需承担的研发风险更高。同时，科技支撑中药产业发展能力不够，尚未形成利用现代科学解读中医药学原理的基础与应用研究体系，用现代科学对中药物质基础和相互作用的研究不充分，药效评定和检测方式不明确，有效成分难以准确量化，使中药临床应用受到较大限制。

（四）高价值医疗器械仍是短板

目前，广州医疗器械的优势主要集中在体外诊断领域，其他领域医疗器械均处于较薄弱地位。从二类医疗器械产品注册数来看，除了体外诊断，近5年广州的医疗器械主要集中在低值医用耗材领域，如注输、护理和防护器械领域注册产品数最多，达到243件，占比为31%，但随着国家对医用耗材集中带量采购政策的逐步实施，相关企业将面临激烈的市场竞争。同时，二类医疗器械排名前5位的企业产品注册数占比仅为11%，行业集中度偏低，呈现小而散的格局。

广州创新医疗器械不多，附加值较高的产品较少。从三类医疗器械注册数来看，2022年广州三类医疗器械数（53项）远低于北京（249项）、上海（179项）、深圳（200项）。广州医疗器械中附加值较高的无源植入器械、有源植入器械以及眼科器械等产品注册数极少，仅为个位数。此外，从近年来国家创新医疗器械审批数来看，截至2022年12月，国家局共审批通过189个创新医疗器械产品，广州仅获得4个创新医疗器械产品。

四 政策建议

（一）提高临床研究资源利用效能

积极整合广州地区临床研究资源，推动建立完善的临床研究开放、创新、共建、共享和成果转化机制，提高临床研究资源利用效能和成果转化应用效率，构建良好的生物医药创新研发环境。优化体制机制，落实奖励补助政策，加大国内外创新药物临床试验需求和资源吸引力度，集聚医药创新企业、临床试验机构和临床研究者等资源，实现国际上领先项目、专业人才等药物临床试验领域高端要素和全链条服务体系集聚发展。

鼓励医疗机构开展临床试验，将临床试验条件和能力评价纳入医疗机构等级评审，大力支持广州临床医学优势学科建设，把优势学科打造为区域龙头，引进培养优秀医学人才，加强人才队伍建设，提高科学研究水平，同时鼓励基础性研究人员和临床医生组成研究团队，双方利用各自优势，把科学研究与临床结合起来，共同发展。搭建医药创新企业、临床试验机构和临床研究者沟通联系和服务的平台，推动政产学研资合作，实现临床研究服务能力的大幅提升与生物医药产业全链条的精准对接。鼓励医校研企资合作，通过医-校-研-企-资对接等线上线下活动，实现项目孵化与成果转化的精准、高效对接，促进投资方和企业合作开发，将高等院校、科研院所和医疗机构等的研究成果转化到广州生物医药企业。

（二）加快突破一批关键核心技术和重大创新产品

瞄准世界先进水平，聚焦重点领域和关键核心技术，加强前瞻布局，加快突破一批共性关键技术，研制一批原创新药、高端医疗器械等重大创新产品，巩固提升广州在全球生物医药创新体系中的地位和影响力。围绕生物药、化学药、现代中药、医学检验检测、干细胞、高端医疗器械等重点领域，培育一批具有比较优势的细分领域产业集群。

加速创新药物战略布局，大力发展抗体、蛋白及多肽、核酸等新型生物技术药物。推动化学药物品质全面提升，加速小分子化学创新药物的产业化，发展新型制剂技术产品。支持鼓励企业在现代医药新技术、新靶点、新机制方面开展创新，坚持鼓励以临床价值为导向的新药好药以及罕见病用药、儿童用药、重大传染病用药、公共卫生方面的临床急需药品研发创新。发挥国内医学检验检测领域龙头企业的创新引领作用，重点发展针对传染病、遗传疾病以及优生优育方面的免疫诊断、分子诊断、床旁诊断试剂和仪器以及基因测序、生物芯片等前沿领域技术产品。鼓励发展精准医疗、细胞治疗、智能医疗设备等新业态，打造智慧医疗健康新兴产业。

（三）加大对中医药行业的支持力度

依托产业基础优势，发挥已有中药应用研发平台的作用，组织研究中医药技术和服务标准、中医药疗效和安全性评价与再评价标准、中药材和中药饮片等质量标准，支持名特优中成药重大品种二次开发、工艺优化及质量标准提升，加大力度推进中成药和天然药物进入国际市场。

设立支持中医药科技研发基金，持续支持中药创新与发展，鼓励开展中药新药创制研究；支持国家"重大新药创制""重点研发计划"等已有基础的新药成果开展临床试验研究，支持中药新药注册上市。支持企业、医疗机构、高等学校、科研机构等协同创新，以产业链、服务链布局创新链，完善中医药产学研一体化创新模式，加强中医药产业知识产权保护和运用，健全赋予中医药科研机构和人员更大自主权的管理制度，建立知识产权和科技成果转化权益保障机制。

（四）推动医疗器械产业高质量发展

广州要以市场需求为牵引，结合自身资源禀赋、产业基础，探索建立高端医疗器械扶持机制等，促进资源精准涌入重点领域与产业薄弱环节，并鼓励企业牵头建立创新联合体，完善企业与高校、临床、科研机构之间的"产学研医"合作机制。加快引进吸收专利技术，不断提高产品的技术含

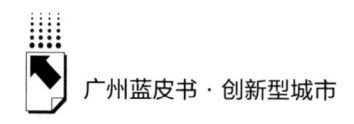

量，鼓励和引导企业逐步把重心转移至高性能、高价值、高端化医疗器械产品的研发和生产中。鼓励科技型民营企业等承担或参与重点研发计划等重大科技攻关项目，并对此类项目予以一定支持，以充分释放产业对创新的引导性与承接力。大力支持企业做优做强，拓宽直接融资渠道，针对医疗器械生产企业小而散的格局，鼓励企业进行并购重组，扩大生产规模，实现规模经济效益，避免产业内部的过度竞争。

对于高端医疗器械产品，除了在审批流程及产品招标等方面给予"绿色通道"，还应当出台相应政策，逐步提高国产创新产品的政府采购比例，并鼓励公立医院采购使用一定比例的国产医疗器械。筛选大型学术型、专科性、综合性医疗机构作为创新型产品的临床研究基地，或探索进行医疗机构创新产品临床使用试点，促进创新产品的市场化应用和进一步创新。加快医疗器械技术引进和人才培养，引进能够突破关键技术的领军人才及团队，提升产学研复合型人才的培养能力。

参考文献

国家药品监督管理局药品审评中心：《中国新药注册临床试验进展年度报告（2021年）》。

国家药品监督管理局：《2021年度药品审评报告》。

洪峰、褚丹丹、徐慧芳：《近年我国中药新药审批及注册申请现状分析》，《中国新药杂志》2021年第14期。

何丽：《我国医械出口困境与出路》，《医药经济报》，2021年1月6日。

B.11
碳达峰碳中和背景下推动广州绿色低碳科技创新研究

蔡国田 郑晓鹏 黄莹*

摘　要： 广州要实现碳达峰碳中和目标，需要立足广州现有的科技发展基础，力争突破制约瓶颈，借鉴国内外在绿色低碳科技创新体系构建、试点示范应用、政策机制设计等方面的先进经验，从梳理创新链条、完善绿色低碳技术创新体系，打造重点领域绿色低碳科技示范，建立协同创新的有效机制，完善科技创新政策支持体系等方面推动广州绿色低碳科技创新。

关键词： 碳达峰碳中和　绿色低碳　广州

《中共广州市委　广州市人民政府关于完整准确全面贯彻新发展理念推进碳达峰碳中和工作的实施意见》提出：要加强绿色低碳核心技术攻关和推广应用、强化重大科技攻关和前沿技术布局、加强绿色低碳技术转化应用。广州作为粤港澳大湾区推动经济社会高质量发展的前沿阵地，要把握粤港澳大湾区国际科技创新中心建设的历史机遇，借鉴国内外试点示范的经验做法，梳理碳达峰碳中和科技创新链条，推进包括产业转型、零碳能源、工业节能、绿色建筑、低碳交通以及负碳技术等领域的广州碳达峰碳中和科技创新体系建设，在重点领域的技术研发和应用示范中发挥引领作用。

---

* 蔡国田，博士，中国科学院广州能源研究所研究员，研究方向为能源与双碳战略；郑晓鹏，中国科学院广州能源研究所工程师，研究方向为能源与双碳战略；黄莹，中国科学院广州能源研究所副研究员，研究方向为能源与双碳战略。

一 国外绿色低碳科技创新的主要做法与经验

（一）着力构建绿色低碳科技创新体系

自1992年签订《联合国应对气候变化框架公约》至2021年11月，全球已有137个国家和地区提出了"零碳"或"碳中和"的气候目标，以德国、英国、美国和日本等为代表的发达经济体在气候变化法规体系建设、气候投融资、市场调节机制和科技创新等方面持续探索，围绕产业低碳转型技术、零碳能源、固碳增汇和碳捕捉等进行科技创新，着力构建源头脱碳/零碳、过程减碳和末端固碳/负碳的世界前沿科技创新体系。

1.产业低碳转型关键技术

产业体系低碳化转型关键技术关系到碳中和目标的实现。发达经济体主要从源头减排、革新技术和工艺流程再造、行业绿色低碳材料开发及末端治理等方面进行低碳转型（见表1）。

表1 全球主要发达经济体产业低碳转型关键技术清单

技术类型	关键技术
原料/燃料替代	低成本可再生电力、高比例生物燃料替代化石燃料、技术与装备强化、高温工业过程氢燃料应用、低品位余热利用等
工艺技术创新	低成本绿氢制备、氢还原炼铁工业应用等清洁燃料替代等
低碳替代产品研发和碳循环利用	低碳水泥研发，工业固废、黏土、火山岩等部分替代石灰石，分子炼油和多产化学品技术等、碳循环利用新技术等。可持续的生物或废物基原料高效转化利用技术、绿色氢基大规模氨生产技术等
节能和能效提升技术	轻量化技术、发动机技术、机电耦合一体化技术和智能交通技术等。提高轻质合金和复合材料等性能、开拓新型工艺技术和智能网联化技术等
发展可持续性低碳燃料和电动化	可再生植物/海洋藻类或其他有机废物制成的生物燃料、氢能及氢基燃料和动力电池技术等

2. 零碳能源关键技术

全球主要发达经济体重点聚焦能源生产部门的脱碳/零碳关键技术以及新能源利用技术，突破重要的技术难点，形成先进的关键技术体系（见表2）。

表2 全球主要发达经济体零碳能源关键技术清单

技术类型	关键技术
碳基能源高效催化转化	碳基能源催化转化反应途径、催化剂及工艺开发、复杂催化转化系统的集成耦合与匹配转化过程多点源复杂污染物控制等；煤炭分级分质转化利用技术、二氧化碳催化转化技术等
新型热力循环与高效热功转换	灵活多源智能发电系统集成与协调控制、超高参数燃煤发电高效热功转换机制、新型工质热力循环与高效热功转换创新技术、多污染物协同控制等。燃煤发电超低排放等
高比例可再生能源系统	先进可再生能源、灵活友好并网、新一代电力系统、多能互补与供需互动等关键核心技术。大型风电机组及部件关键技术、基于大数据的风电场设计与运维关键技术；高品位生物质能转化技术、生物质能清洁制备与高效利用技术、能源植物基因重组育种、生物油精制原理、生物学系统氢能转换原理等。以高效低成本光伏发电、人工光合系统制燃料与化学品为代表的新兴技术等
先进裂变堆研发及聚变	先进核裂变能主要集中在开发固有安全特性的第四代反应堆系统、燃料循环利用及废料嬗变堆技术；可控核聚变前沿热点研究方向则主要聚焦等离子体理论研究、耐受强中子辐射和高热负荷材料开发和示范堆概念设计等
氢能	可再生能源电解制氢等绿色制氢技术，更高效、易运输储氢技术与基础设施网络建设，基于氢能新型复合系统概念研究及验证等
下一代新型电化学储能技术	开发全固态锂电池、金属-空气电池、新概念化学电池等潜在颠覆性技术；充放电循环反应机理研究、中间产物认知、界面优化、新概念电池材料体系开发；锂离子动力电池和新体系动力电池、长寿命、低成本、高能量密度、高安全和易回收的新型电化学储能技术等
多能融合能源系统	解决能源的综合互补利用、多能系统规划设计、运行管理、能源系统智慧化等重大科技问题，以及开发多能互补系统变革性技术等

3. 生态固碳增汇/负碳关键技术

全球主要发达经济体综合利用自然解决方案和人类科学技术，解决生产活动终端温室气体不得不排放部分的关键技术，包括生态固碳增汇、碳捕集、利用与封存（CCUS）、直接空气碳捕集（DAC）和碳循环利用等（见表3）。

表3　全球主要发达经济体生态固碳增汇/负碳关键技术清单

技术类型	关键技术
生态固碳增汇	可正确刻画碳循环复杂过程的地球系统模型;利用天基卫星建立生态碳储量核算、碳汇能力提升潜力评估等方法,研究生态碳汇的关键影响因素与演化规律
CCUS	海洋碳汇技术,CCUS与新能源体系的耦合发展、第二代捕集技术、化学链捕集技术、Allam循环、低成本及低能耗的CCUS技术、CCUS规模化驱替技术等
DAC	开发新型吸附剂、新型接触器、低成本的高容量DAC用再生材料、DAC系统的低碳电力耦合研究等
碳循环利用	化学转化资源化利用、生物转化资源化利用等。高效催化剂研究、以二氧化碳为原料的高附加值化学品转化、燃料转化技术等

（二）完善绿色低碳科技创新政策和机制

1.制定系统性的绿色低碳政策

欧盟、美国和日本等主要发达经济体在应对气候变化顶层设计上均采用了系统性做法,制定了系统性立法政策和战略规划,制定了碳中和目标下的产业转型、能源转型、交通、建筑、绿色金融、碳市场和科技创新等行动路线。德国为实现碳中和目标,建立由"德国适应气候变化战略"、《气候保护规划2050》、"适应行动计划"等一系列长期战略规划和《联邦气候立法》《可再生能源法》《德国联邦气候保护法》等一系列法律法规组成的应对气候变化机制体系。英国早在2008年就颁发了全球首个确立净零排放目标的法律——《气候变化法》（2019年修订）,成为第一个在法律上承诺到2050年实现碳中和的国家。美国拜登政府重返巴黎协定后,接连发布《清洁能源革命与环境正义计划》等"一揽子"应对气候变化政策,建立了"3550"行动框架,将应对气候变化纳入国家战略层面,加速清洁能源技术创新。

2.注重绿色低碳科技创新机制建设

欧盟、美国和日本等主要发达经济体将科技创新作为碳减排路径的核心,建立基金和专项资金等加大科技创新投资力度,持续致力于零碳能源、工业减排、电气化、氢气、生态固碳增汇以及碳捕集等低碳零碳负碳技术创新。例如，欧盟于2019年宣布碳中和目标，到2050年将碳排放减至零，制定了欧盟碳达峰碳中和技术路线图，采取了开发清洁能源、促进建筑业绿色转型、发展可持续和智能交通、制定碳边境调节机制等一揽子举措。英国在能源领域成立净零氢基金和先进核基金，在技术创新领域成立清洁增长基金和CCUS基础设施基金。日本出台了《绿色增长战略》《2050碳中和绿色增长战略》等战略文件，通过绿色投资鼓励海上风电、太阳能、地热等14个行业创新科技发展及应用。

二 国内绿色低碳科技创新的主要做法与经验

（一）国内科技支撑碳达峰碳中和的总体部署

2022年，科技部等九部门联合印发了《科技支撑碳达峰碳中和实施方案（2022~2030年）》，从基础研究、技术研发、应用示范、成果推广、人才培养、国际合作等多个方面做出了总体部署，提出了能源绿色低碳转型科技支撑行动，低碳与零碳工业流程再造技术突破行动，建筑交通低碳零碳技术攻关行动，负碳及非二氧化碳温室气体减排技术能力提升行动，前沿颠覆性低碳技术创新行动，低碳零碳技术示范行动，碳达峰碳中和管理决策支撑行动同，碳达峰碳中和创新项目、基地、人才协同增效行动，绿色低碳科技企业培育与服务行动，碳达峰碳中和科技创新国际合作行动10项具体行动。

2022年，中国科学院公布《科技支撑碳达峰碳中和战略行动计划》，启动科技战略研究、基础前沿交叉创新、关键核心技术突破、新技术综合示范、人才支持培育、国际合作支撑、创新体系能力提升、"双碳"科普八大行动。该行动计划提出到2025年，突破化石能源、可再生能源、核能、碳汇等支撑碳达峰关键技术，推进重点行业低碳技术综合示范，促进经济社会低碳绿色转型；到2030年，支撑碳达峰的关键技术达到国际先进水平，有力支撑碳达峰目标实现，支撑碳中和的科学原理和关键技术取得重大突破，提出并验证一批原创性新原理和颠覆性技术,形成重点行业低碳转型发展系统解决方案;到 2060 年,突破一批原创性、颠覆性技术并实现应用,为实现碳中和战略目标提供科学基础、关键技术和系统解决方案。

(二)中国低碳试点示范的技术集成应用经验

国家发展和改革委员会于 2010 年和 2012 年先后确定了全国第一批和第二批低碳试点省和市,共 6 省 36 市,各试点省、市在推动利用新的低碳技术发展低碳产业、低碳能源、低碳交通、低碳建筑等方面进行了积极探索。

1. 低碳产业

深圳科学把握产业低碳转型的重点和力度,以大力发展低碳型新兴产业和现代服务业为核心、以推动高技术产业和制造业高端化为重点打造低碳产业体系。北京全面落实首都城市战略定位,发展低能耗低排放的高精尖产业。镇江通过推进工业化与信息化深度融合,形成以先进制造业和战略性新兴产业为支撑的产业结构(见表 4)。

表 4 深圳、北京和镇江低碳产业政策措施清单

城市名称		深圳	北京	镇江
第一产业		低碳都市农业	—	—
第二产业	发展新兴产业	新能源产业 生物产业 新材料产业	—	高端装备制造 新材料和新能源 航空航天
	巩固优势产业	电子信息产业高端化 先进制造业水平提升 构建现代服务业体系 加快推进产业融合	—	运用低碳技术和信息化技术 推进产业链高端延伸 提高产品市场竞争力和附加值
	产业低碳升级	技术改造和设备更新 控制高能耗、高污染行业发展 推进清洁生产 推进传统产业空间集聚	产业结构绿色低碳升级 发展高精尖产业 加快淘汰退出落后产能 实施产业绿色化改造 大力推进技术创新 完善技术创新体系 加强先进适用技术推广服务	应用新一代信息技术 信息化和工业化融合 加快淘汰低端、落后产能 努力化解过剩产能

续表

城市名称	深圳	北京	镇江
第三产业	互联网产业 文化创意产业 新一代信息技术产业 节能服务产业 低碳服务产业	壮大绿色低碳服务业 培育节能低碳服务新业态 推广第三方专业服务新机制 着力打造绿色消费市场 争建全国碳交易中心 进一步完善碳排放权交易市场机制 率先探索跨区域碳排放权统一交易 做好与全国碳排放权交易市场衔接	引导电商平台建设和应用 加快商业模式创新
静默产业	废弃物焚烧(发电)产业 废弃物填埋气利用产业 污水处理产业 废弃物回收再利用产业	—	—

2. 低碳能源

深圳通过加快天然气分布式能源项目建设和智能电网建设等措施推动能源结构不断优化。北京注重优化调整能源供给结构，提高优质清洁能源利用水平。杭州全力推进能源体系低碳转型（见表5）。

表5 深圳、北京和杭州低碳能源政策措施清单

城市名称	深圳	北京	杭州
发展可再生能源，提高清洁能源利用比例	天然气 核电 太阳能 生物质能 风能 其他可再生能源	外受电通道建设、升级改造 天然气分布式能源系统 能源互联网 深层地热、浅层地温和余热等可再生能源开发利用 分布式光伏发电 太阳能光热系统建筑一体化 太阳能供暖系统	老旧小水电增效扩容改造 太阳能、生物质能、地热能等可再生能源规模化发展 太阳能光电利用 创新生物质能开发利用 电气化改造 工业领域"煤改气"、车船"油改气" 工业节能改造

233

续表

城市名称	深圳	北京	杭州
低碳能源生产供应	高能效发电技术 碳捕集资源化利用 能源综合集成供应	—	开展碳捕集、利用和封存规模化产业试点示范
提高化石能源利用效率	—	继续压减燃煤总量，全面关停燃煤发电机组 规模以上工业企业清洁能源改造 加快推进城乡接合部和农村地区减煤进程	深入实施煤炭消费总量控制 全面推进"禁燃区"建设 鼓励使用洁净煤以及高热值煤
智能电网建设	构建坚强电网 智能电网建设 储能	—	

3. 低碳交通

深圳近年来致力于构建低碳交通网络，以全面的新能源汽车充电网络建设推动新能源汽车的推广应用。上海致力于发展城市轨道交通，积极推广使用新能源车。北京不断加快完善城乡公共交通系统，推广清洁低碳的交通设施设备，加强航空铁路和物流领域节能减碳（见表6）。

表6 深圳、上海和北京低碳交通政策措施清单

城市名称	深圳	上海	北京
城市交通	全面推进城市轨道交通建设 推动中运量公交专用道建设 完善高快速路网 加大公共自行车应用推广力度 新建停车场需按停车位数量的30%配建充电桩 已建停车场充电桩配建比例原则上不低于10%	优先发展公共交通 完善小客车管控政策 推广使用新能源和清洁能源车 加大充电设施建设力度 加强智能交通建设 鼓励发展共享出行模式	加快轨道交通基础设施建设 改善步行和自行车交通条件 完善轨道交通与公交系统的无缝衔接体系 完善机动车总量调控和交通管理政策 推广新能源和清洁能源汽车 淘汰国Ⅱ及以下标准老旧机动车 实施公交、地铁场站综合节能改造工程

续表

城市名称	深圳	上海	北京
航空运输	—	优化航路航线和航班组织 淘汰老旧机型 开展生物航空燃料应用试点	加强机场、车站能耗管理 发展集约型、低能耗绿色物流 推进"互联网+货运"应用
水路运输	船舶中推广使用LNG燃料 推进船舶强制使用低硫燃油工作 加快船舶岸电设施建设	推广海铁联运、江海直达运输 淘汰老旧船舶 实施船舶节能改造 开展LNG船舶和黄浦江电动客船试点 码头船舶岸基供电	—
公路运输	—	老旧车辆淘汰 推广应用LNG道路运输车辆 铁路电气化改造	—

4. 低碳建筑

温州以发展绿色建筑为契机，推广应用绿色建筑技术，加强建筑能耗在线监测与管理。南昌全力推进建筑节能和绿色建筑标准执行及监督管理的落实，完善建筑能耗统计和节能监管体系建设。镇江实施建筑节能改造和监测，大力发展绿色建筑（见表7）。

表7 温州、南昌和镇江低碳建筑政策措施清单

城市名称	温州	南昌	镇江
城市规划	—	结束"大拆大建"的做法 要求使用更高质量的建筑材料 激励小型住宅	规划人均建设用地面积 城市空间复合利用

续表

城市名称	温州	南昌	镇江
绿色建筑	推广绿色建筑新材料、新产品、新工艺 严格执行新建建筑节能标准 新建建筑一星级绿色建筑全覆盖 二星级以上绿色建筑占比达15%以上 新建住宅全装修全覆盖 示范推广装配式住宅 推动装配式钢结构	绿色建筑导则和绿色通道设计和建设节能标准 既有建筑改造、节能产品补贴 强制能效升级 电器能效标准 未来区域集中供热管网维护与升级计划	明确单位面积建筑能耗和排放强度 严格执行绿色建筑设计标准 绿色施工 建筑工业化 生活垃圾分类收集 生活垃圾无害化处理 餐厨垃圾资源化利用
可再生能源利用	太阳能 地热能 浅层地温能	—	提高可再生能源建筑应用比例 提高可再生能源消费比例
建筑能源统计管理	合同能源管理方式 既有建筑节能改造试点示范	建筑能效标识和信息披露 民用建筑能耗和节能信息统计报表制度 机关办公建筑和大型公共建筑强制能源审计	—
建筑能源消费监管	—	能效投资 基于绩效的激励 机关办公建筑和大型公共建筑能耗公示	—

（三）广东首批碳中和试点示范市（区）技术集成应用经验

1. 试点示范主要内容

2021年，广东省确定在韶关、深圳前海合作区、广州从化区、广州花都区、珠海横琴新区、中山翠亭新区、中山神湾镇、汕头南澳县开展第一批碳中和试点示范市（区）建设，编制了建设实施方案，组织相关重点工程实施试点示范工作，推动低碳技术的集成应用示范（见表8）。

表8 广东省首批碳中和试点示范市（区）建设举措清单

地区	重点任务涉及领域	示范工程方向
韶关	产业结构调整、绿色能源体系构建、能效提升、碳汇技术开发、加大低碳技术投资、完善政策机制等	韶关森林碳汇、废弃物绿色应用、数据中心节能减碳示范等
深圳前海合作区	空间、能源、建筑、交通等八大方面近零碳重大项目路线	产业园区减污降碳协同增效试点
广州从化区	产业、能源、交通、建筑、工业、技术创新等	森林碳汇提升、工业节能、农业等重点示范工程
广州花都区	产业绿色转型、能源低碳转型、协同增效、集成创新、能力建设等	能力建设、产业园区减污减碳协同增效、气候投融资、碳普惠、碳监测平台等
珠海横琴新区	产业、建筑、交通等	"零能耗"建筑、数字电网
中山翠亨新区	能源、工业、建筑业、交通运输、居民生活、生态建设等	零碳景区、近零碳企业、近零碳园区、近零碳建筑和近零碳公共机构试点
中山神湾镇	市政建筑、工业厂企以及居民等	建筑物屋顶太阳能光伏发电，打造生活垃圾分类收集站点，开展全民宣传教育以及建设广东省气候变化及湿地保护科普基地、零碳生活主题体验式露营营地等
汕头南澳县	产业发展、基础设施和公共管理三个层次	森林碳汇工程和藻类固碳养殖示范项目，构建绿色低碳交通体系，完成照明和建筑节能改造系列工程等

2. 试点示范的主要经验

各试点示范市（区）根据当地资源禀赋、产业发展特点开展试点示范工程，推动低碳技术的集成应用。韶关以全面摸清区域温室气体排放量、特征为基础，针对韶关的产业特点、自然资源、用能需求、发展定位等影响要素，组织推动相关重点工程开展试点示范工作，包括韶关森林碳汇、数据中心节能减碳示范等。深圳前海合作区率先推出"近零碳"理念规划，明确空间、能源、建筑、交通等八大方面近零碳重大项目路线，积极打造一批产业园区减污降碳协同增效试点，同时打造世界级区域集中供冷系统。广州从化区结合"生态从化，绿色崛起"的发展定位，在制造业、养殖业和种植业等领域开展了示范工程，推行工艺技术变革、资源循环利用、生态种植等技术应用，取得了绿色节能产品制造、广东省首张水果碳标签等亮点成绩。广州花都区以制度创新、技术攻关、宣传教育等为重点，率先在气候投融资示范、碳普惠共同机制创新、碳达峰碳中和能力建设、绿色建筑等领域开展了碳中和示范项目。珠海横琴新区切实推动碳中和理念深度融入合作区的建设和发展进程，围绕体制机制创新等研究并形成实施建设方案，推动"零能耗"建筑、数字电网建设。中山翠亨新区在能源、工业、建筑业、交通运输、居民生活、生态建设等领域全力创建翠亨新区起步区碳中和示范区，大力打造近零碳景区试点、近零碳企业试点、近零碳园区试点、近零碳建筑试点和近零碳公共机构试点。中山神湾镇积极推动重点领域节能降碳，全面推进光伏发电项目，建设广东省气候变化及湿地保护科普基地、零碳生活主题体验式露营营地等生态旅游设施。汕头南澳县围绕"产业低碳、生态固碳、设施零碳、机制减碳"发展模式，发展低碳旅游业和生态种植业，实施森林碳汇工程和藻类固碳养殖示范项目。

三 广州发展绿色低碳科技的主要基础和存在问题

（一）发展绿色低碳科技的主要基础

1. 广州提出了科技支撑碳达峰碳中和总体布局

《中共广州市委　广州市人民政府关于完整准确全面贯彻新发展理念推进碳达峰碳中和工作的实施意见》指明了广州碳达峰碳中和科技发展方向：要加强绿色低碳核心技术攻关和应用，强化重大科技攻关和前沿技术布局，积极支持申报国家和省级重点实验室，争取一批技术创新中心等平台落户广州，培育建设市级绿色技术创新平台，在市重点研发计划中加强低碳零碳负碳相关新技术、新装备攻关，加强绿色低碳技术转化应用，完善科技成果转移转化服务体系，推动绿色低碳技术创新成果产业化，完善技术创新市场导向机制，带动技术、人才、资金等各类创新资源集聚。

2. 广州科技创新实力不断增强

"十三五"期间,广州深入实施创新驱动发展战略,积极建设国家创新中心城市和国际科技创新枢纽,加快建设科技创新强市,共建粤港澳大湾区国际科技创新中心和综合性国家科学中心,科技创新水平跻身全国前列,在全球创新版图中的位势进一步提升。围绕碳达峰碳中和技术研究相关工作,广州已经建设拥有一批国家和省级重点实验室,包括光电材料与技术国家重点实验室、亚热带建筑科学国家重点实验室、热带海洋环境国家重点实验室、中国科学院可再生能源重点实验室、先进能源科学与技术广东省实验室、广东省新能源和可再生能源研究开发与应用重点实验室、广东省分布式能源系统重点实验室、广东省能源高效清洁利用重点实验室、广东省绿色化学产品技术重点实验室、广东省低碳化学与过程节能重点实验室。

3. 创新低碳发展体制机制

广州以碳排放权交易所为依托,积极推进碳交易工作,推动全市被纳入广东省碳交易的控排企业完成碳排放履约,支持广州期货交易所推进碳排放权期货市场建设。积极推动粤港澳大湾区碳排放权交易市场建设,加强碳排放权交易、用能权交易、电力交易融合发展。创新性建设碳普惠机制作为碳排放权交易的有效补充,2016年,广州申报并成为广东省首批碳普惠制试点城市,编制完成居民节约用电、节约用水、节约用气、公交车出行、地铁出行、购买租用绿色建筑和废旧纺织品再利用等低碳生活行为的减碳量量化方法学;2019年广州碳普惠平台正式启动,成为我国首个城市碳普惠推广平台,并不断扩大碳普惠制试点的范围和内容。

(二)发展绿色低碳科技存在的问题

1. 科技创新仍存在诸多薄弱环节

广州新能源、可再生能源、低碳、零碳、负碳等技术的科技整体竞争力不强,部分关键核心技术、设备和材料还得依赖进口,系统集成技术、智慧能源系统等方面还比较薄弱。以氢能为例,为了促进氢能的快速发展,广州制定了《广州市氢能产业发展规划(2019~2030)》《广州市氢能基础设施发展规划（2021~2030年）》，但氢能与燃料电池相关的质子交换膜、碳纸、低铂催化剂、金属双极板、氢循环部件、空压机、固体氧化物燃料电池系统集成、固态储氢等方面的核心技术尚未实现完全突破，缺少标准化、规范化的氢能及燃料电池产业各环节相关产品质检测试能力，缺乏对氢能及燃料电池各环节相关产品的性能认证能力，制约产业发展和商业化应用。

2. 创新创业环境亟待完善

广州绿色低碳科技创新还存在缺乏长期系统布局、关键核心技术突破不足、产学研全链条创新网络不健全、科技项目评价体系不够完善等问题。广州创新型领军企业数量不多、实力不强，高端人才资源仍然不够富集，国家级的科研平台偏少，战略性、前瞻性创新成果不足。

3. 创新主体贯通协作不强

广州碳达峰碳中和领域科研资源分散于各个单位，缺乏有效整合，信息流动不畅，缺乏有效的知识共享和合作机制。创新主体内生动力不足，企业、高校院所等主体贯通协作不强，绿色低碳技术还存在研发、评估、交易和推广应用过程中的体制机制障碍，尚未建立起绿色技术创新体系。支撑碳达峰碳中和推进的技术、产业、政策、制度等多方面变革力量不够，缺乏系统、持续、科学、可落地、可评估的双碳战略相关研究，还难以发挥桥梁纽带和统筹协调作用以调动各种资源力量共同推动双碳战略落地实施。

四 推动广州绿色低碳科技创新的若干建议

（一）梳理创新链条、完善绿色低碳技术创新体系

1. 完善绿色低碳技术创新体系

借鉴国内外构建源头脱碳/零碳、过程减碳和末端固碳/负碳的科技创新体系的经验，立足广州科研基础，对标世界先进水平以及广东省、大湾区碳达峰碳中和科技创新规划，围绕能源绿色低碳转型科技、低碳与零碳工业流程再造技术、城乡建设与交通低碳零碳技术、负碳及非二氧化碳温室气体减

排技术、前沿颠覆性低碳技术、低碳零碳技术、碳达峰碳中和管理决策技术等方向，梳理广州碳达峰碳中和科技创新链条，构建绿色低碳技术创新体系，争取碳达峰碳中和相关国家实验室、国家重点实验室、国家技术创新中心、重大科技基础设施等在广州落地。例如，为有效应对可再生能源大规模发展给能源系统可靠性和稳定性带来的新问题，需要探索发展包括先进可再生能源、高比例可再生能源友好并网、新一代电网、新型储能、氢能及燃料电池、多能互补与供需互动等新型电力系统技术；需要聚焦新一代信息技术和能源融合发展，在能源领域开展智能传感和智能量测、特种机器人、数字孪生、能源大数据、人工智能、云计算、区块链、物联网等数字化、智能化关键技术研究。

2. 梳理创新链条的重大问题

对标国内外先进水平，梳理广州绿色低碳技术创新链条的重大问题，主要包括：围绕能源供给转型和重点领域脱碳降碳需求，解决绿色低碳能源、海洋资源、植物资源等能源资源的勘测、开发和利用问题，解决基础材料装备升级、过程工艺革新、能源资源循环利用、低碳技术集成与优化等关键核心技术创新问题；围绕碳中和愿景对负碳技术的研发需求，重点解决碳捕集、利用与封存技术的全生命周期能效提升、成本降低和海洋地质封存等重大技术问题；围绕太阳能、风能、地热能等可再生能源发电技术和先进设备制造领域持续攻坚，推动成果向市场转化，强化低碳、零碳、负碳技术攻关，力争在可再生能源、储能、氢能、碳捕集、利用与封存，生态碳汇等领域取得重大突破；围绕低碳科研联合攻关体系，探索建立适应绿色低碳技术创新的研发组织模式，探索择优委托、赛马制、揭榜挂帅等方式在项目、基地、人才、资金一体化配置等方面的作用，实现碳达峰碳中和关键核心领域科技自立自强。

（二）打造重点领域绿色低碳科技示范

1. 设定绿色低碳科技示范目标

广州要设定绿色低碳科技示范的目标。如到2025年，集成若干支撑碳达峰的关键技术，推进重点行业、重点领域低碳零碳技术集成示范，探索社会经济绿色低碳转型新模式；到2030年，集成多能融合技术、生态系统增汇技术，形成重点行业低碳转型发展系统解决方案，有力地支撑碳达峰目标实现，为碳中和示范区建设提供技术支撑；到2060年，集成一批颠覆性、变革性技术应用，全面支撑碳中和目标实现，建成绿色低碳循环的经济体系和清洁低碳、安全高效的能源体系。

2. 打造重点领域绿色低碳科技示范

政府、企业、科研机构和社会各界共同参与，在零碳能源、工业节能、绿色建筑、低碳交通以及智慧能源系统等领域打造具有世界级影响力的碳中和示范工程，打通科技突破和实践应用链条。例如，可以以打造绿色高效、柔性开放、数字赋能的广州超大型新型电力系统示范区为牵引，将新能源、智能传感和智能量测、数字孪生、能源大数据、人工智能、物联网等关键技术贯穿数字电网建设的各环节，为新型电力系统建设贡献广州样本，助推区域能源绿色低碳转型。

（三）建立协同创新的有效机制

1. 建立协同创新的有效机制

坚持双轮驱动、协同增效，推动政府和市场两手发力，加强基础研究、应用研究和产业化双向链接互动，推动产业链上下游协同创新，打通创新链、产业链、资金链，打好碳达峰碳中和技术和绿色金融的组合拳，助推实体经济、科技创新、现代金融、人力资源协同联动发展。探索部门间横向联动机制，加强市科技主管部门与各行业主管部门在行业科技工作中的协同。完善技术创新市场导向机制，支持企业、高校、科研院所等建立孵化载体，积极引进绿色技术创新项目、创新创业基地，推动低碳技术产业链上中下游、大中小企业协同发展，逐步提高科技成果转化效率。

2. 加强碳达峰碳中和高端智库的建设

推动以科研院校为主的智库建设，系统开展广州产业、能源、交通、建筑、气候影响、空间分布等领域的专项问题以及学科交叉研究，探索碳中和目标下城市绿色转型路径、体制机制、考核体系等。围绕广州双碳战略制定、能源结构升级、低碳经济发展等多个方面，建立集战略研究、平台建设、示范推动于一体的战略咨询性咨询智库，整合各种资源，协同市内外创新链、产业链、价值链各种力量，合力解决双碳战略实施过程中的关键核心技术突破、面向不同场景的系统方案等问题。

（四）完善科技创新政策支持体系

1. 完善科技创新政策体系

打造围绕绿色低碳领域"基础研究+技术攻关+成果产业化+科技金融+人才支撑"全过程的创新生态链，促进产业链、供应链、创新链、价值链融合发展，塑造"链主"企业引领、高成长型中小企业支撑、核心技术产品凸显的产业链协同、绿色、高质量发展格局。健全科技规划实施的监测评估和动态调整机制，建立以创新质量、贡献、绩效为导向的评估考核体系。

2. 统筹资金投入与管理

加大财政和政策支持力度，围绕绿色低碳科技创新体系重点任务优先安排财政支出和项目投入，通过政府科技投入引导金融资本、社会资本投向绿色低碳科技创新领域。加强绿色金融的发展，推动银行、保险、证券等金融机构参与气候投融资，并利用科技手段提高投融资的效率和透明度，促进信息共享和数据安全。

3. 加强人才队伍建设

加强高水平人才的培养和引进，在绿色科技领域建设高水平的科研机构和团队，加快培养一批碳达峰碳中和领域国际一流学者、学科带头人和高水平科研团队，提高广州低碳零碳负碳科技的核心竞争力。鼓励在穗高校加快绿色低碳相关学科、学院建设，建立多学科交叉的绿色低碳人才培养体系，深化产教融合，支持高校、科研院所和科技创新企业合作，建设绿色低碳领域未来技术学院、现代产业学院，深化产教融合，培养建设本地低碳产业青年创新人才队伍。注重绿色科技知识产权保护，建立行业标准和规范，营造公开透明、规范有序、安全可靠的创新环境。

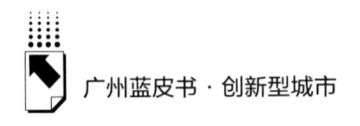

参考文献

生态环境部对外合作与交流中心：《碳达峰与碳中和国际经验研究》第 2 版，中国环境出版集团，2021。

上海华略智库：《碳达峰碳中和：国际经验及对中国启示》，中关村绿色矿山产业联盟网站，2022 年 5 月 28 日。

郭楷模、孙玉玲、裴惠娟等：《趋势观察：国际碳中和行动关键技术前沿热点与发展趋势》，《资讯与观察》2021 年第 9 期。

B.12
完善留学人员和海外人才政策 推进世界高水平人才强市建设

原泽知*

摘　要： 2016~2019年，我国出国留学人员为251.8万人，学成回国201.3万人，占比近八成。在留学人员"归国潮"的新形势下，引进、留住、用好留学人员和海外人才，成为城市创新发展的关键支点和强大动力。本文对北京、上海、深圳、苏州、杭州等城市的留学人员和海外人才政策进行梳理分析，提炼其中的先进经验举措，并提出完善广州留学人员和海外人才政策的对策建议。具体来看，广州要推进人才政策先行先试、多措并举聚集全球人才、优化创新创业平台环境、持续完善人才服务链条、创新人才政策宣传模式、通过市场导向配置人才资源。

关键词： 留学人员　海外人才　人才政策　广州

广大留学人员是党和人民的宝贵财富，是实现中华民族伟大复兴的有生力量，做好新时代留学人员工作是实施科教兴国战略和人才强国战略的重要任务。2021年9月，习近平总书记在中央人才工作会议中指出，可以在粤港澳大湾区建设高水平人才高地，一些高层次人才集中的中心城市也要着力建设吸引和集聚人才的平台，开展人才发展体制机制综合改革试点，为人才

---

* 原泽知，广州市科学技术发展研究中心经济师，研究方向为人才战略研究。

提供国际一流的创新平台。广州作为国家中心城市和粤港澳大湾区的区域发展核心引擎，应主动对标中央和国家部委相关政策，借鉴学习其他重要城市先进举措，持续完善留学人员和海外人才政策，广开进贤之路，广聚天下英才，将广州打造成世界高水平人才强市。

一 广州引进和培养留学人员和海外人才的主要做法

近年来，广州高度重视留学人员和海外人才的引进和培养，持续优化服务机制，以"四个率先""四大平台"统筹推进留学人员和海外人才创新创业。

（一）"四个率先"引领政策先行先试

一是在全国率先出台留学人员政策。1999年，广州出台《广州市鼓励留学人员来穗工作规定》，并于2012年之后进行三次修订，在薪酬待遇、职称评审、租房购房、居留落户等方面对留学人员予以支持，成为广州留学人员的主体政策文件。二是在全国率先实施留学人员自主培养项目。2011年，广州出台《广州市菁英计划留学项目实施办法（试行）》，是全国首个出台政策支持青年人才出国深造后回本市服务的城市。"菁英计划"选派在穗高校的青年英才赴哈佛、牛津等世界顶尖院校攻读博士学位，并提供学费、生活费等，资助其获得博士学位后返穗创新创业。三是在全国率先实施人才绿卡制度。2016年，广州出台广州市人才绿卡制度，成为全国首批施行人才绿卡的城市之一。截至2021年末，广州累计发放人才绿卡超10000张[1]，为大批境外人才和留学人员在购房购车、子女入学等方面提供市民待遇，有力促进留学人员来穗创新

---

[1] 《广州市人力资源和社会保障局2021年工作总结和2022年工作计划》，广州市人民政府网站，2022年4月1日。

创业。四是在全国率先实现外籍高端人才办理工作许可和居留许可"一窗式办理"。2019年，广州发布《关于广州市外国高端人才（A类）工作许可和居留许可一窗式办理的公告》，成为全国首个对外籍人才居留和工作行政业务实行"一窗受理、并行办理"的城市。截至2022年1月，持有效工作许可在穗长期工作的外国人超过1.6万人。[①]

（二）"四大平台"支撑人才创新创业

一是打造国际人才交流平台。由教育部、欧美同学会（中国留学人员联谊会）和广州市人民政府作为主办单位，广州作为主办城市的中国海外人才交流大会暨中国留学人员广州科技交流会（以下简称海交会）自1998年举办首届大会起，至今已举办23届，覆盖全球140多个国家和地区，共吸引海内外人才超过5万人，被誉为"中国海外留学人员交流第一品牌"。二是建设高端科研创新平台。大力支持广州实验室和4家在穗省实验室建设，支持指导华南理工大学国际校区云招聘引才活动，并依托"2+2+N"科技创新平台体系加强引育海外高端科研团队。三是建立创业就业服务平台。建设华南地区最大的科技企业孵化器集群，面积达600万平方米，集聚高新技术企业超2100家[②]；举办"广州留学英才招聘会"等招聘就业、创业培训交流盛会，为大批留学人员提供就业机会。四是试点建设人才改革试验平台。中新广州知识城国际人才自由港正式启动运营，并发布"国际人才自由港10条"，从实施揭榜挂帅、伯乐计划等方面结合市场评价机制提出一系列创新举措，其中"揭榜挂帅"按项目总投入的30%给予补助，最高可达1000万元[③]。南沙区创建国际化人才特区，改革港澳和外籍人才职称评价和职业资格认可体系。

[①]《最美广州奋斗者 | 七载蛰伏生产线，终成行业领军者》，《广州日报》，2022年1月19日。
[②]《集聚高新企业超2100家！广州开发区建成华南最大科技孵化器集群》，《南方网》，2021年12月30日。
[③]《黄埔区、广州开发区出台"国际人才自由港10条"》，《羊城晚报》，2021年6月23日。

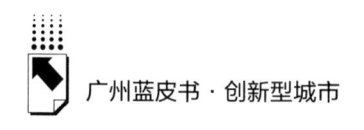

二 国内重点城市引进和培养留学人员和海外人才的主要经验

随着供给侧结构性改革逐步深化，人才无疑是激发各类市场主体活力的关键力量，是实现高质量发展的关键要素。为应对愈演愈烈的"人才争夺战"，北京、上海、深圳、杭州、苏州等城市出台了相关政策，以吸引留学人员和海外人才集聚（见表1）。

表1 各重点城市留学人员和海外人才相关政策

城市	留学人员和海外人才相关政策
北京	2009年，《关于实施北京海外人才聚集工程的意见》；2012年，《关于推进首都人才集群化发展的实施意见》；2017年，《关于优化人才服务促进科技创新推动高精尖产业发展的若干措施》；2018年，《关于深化中关村人才管理改革 构建具有国际竞争力的引才用才机制的若干措施》；2018年，《北京市引进和服务外国专家工作暂行办法》；2018年，《北京市引进人才管理办法（试行）》
上海	2015年，《上海市浦江人才计划管理办法》；2015年，《关于服务具有全球影响力的科技创新中心建设 实施更加开放的海外人才引进政策的实施办法（试行）》；2020年，上海"4+1"海外人才新政
广州	2011年，《广州市"菁英计划"留学项目实施办法》；2012年，《广州市鼓励留学人员来穗工作规定》；2015年，《广州市留学人员来穗工作资助管理办法》（期限已满）；2016年，《广州市人才绿卡制度》；2017年，《广州市人民政府办公厅关于实施鼓励海外人才来穗创业"红棉计划"的意见》
深圳	2011年，《中共深圳市委 深圳市人民政府关于实施引进海外高层次人才"孔雀计划"的意见》；2016年，《深圳市新引进人才租房和生活补贴工作实施办法》；2016年，《深圳市出国留学人员创业前期费用补贴资金管理办法》；2017年，《深圳市留学回国人员引进实施办法》
杭州	2012年，《杭州市"115"引进国外智力计划实施意见》；2013年，《高层次留学回国人员在杭创业创新项目资助实施办法》；2015年，《杭州市高层次人才、创新创业人才及团队引进培养工作的若干意见》（杭州"人才生态27条"）；2016年，《关于深化人才发展体制机制改革完善人才新政的若干意见》（简称"杭州人才新政22条"）；2017年，《杭州市新引进应届高学历毕业生生活补贴发放实施办法》；2019年，"人才生态37条"；2020年，《关于服务保障"抓防控促发展" 落实"人才生态37条"的补充意见》
苏州	2016年，《关于进一步推进人才优先发展的若干措施》；2019年，《关于深入实施"海鸥计划"柔性引进海外人才智力的实施办法》；2021年，《关于进一步鼓励支持留学人员来苏创新创业的若干措施》

资料来源：笔者根据各城市人民政府官网相关资料及相关新闻报道自行整理而得。

完善留学人员和海外人才政策　推进世界高水平人才强市建设

（一）北京：对标中央部委政策，发挥首都政治优势

自2009年起，北京相继出台《关于实施北京海外人才聚集工程的意见》（简称"海聚工程"）《北京市鼓励海外高层次人才来京创业和工作暂行办法》等留学人员和海外人才政策。2018年，北京在原有政策基础上出台《北京市引进和服务外国专家工作暂行办法》等人才新政，进一步构建了具有国际竞争力的引才用才机制。在平台载体和环境方面，北京围绕优势产业、技术产品标准等构建京津冀创新平台，打造海外人才"两城两带"和"六高四新"产业格局，以高新产业区和北京生命科学研究所、北京量子信息科学研究院等新型研发机构承载海外高层次人才。在激励奖励方面，北京支持引进人才在集体户落户。留学人员可申报"首都杰出人才奖""北京市留学人员创业奖"等表彰奖项，获奖者可优先申报国家科技进步奖等。在服务保障方面，北京支持海外人才申请人才绿卡，持有绿卡的海外人才在子女入学、购租房屋、小客车指标摇号等方面可享受市民待遇，"海聚工程"入选专家可享受证件办理绿色通道。

北京的政策思路是协调配合中央部委相关政策，进一步发挥首都功能定位和政治资源优势，具有以下特点。一是"海聚工程"等市级政策直接对标中央以及国家部委相关人才项目，使首都发展需要和国家战略布局相匹配。二是通过表彰机制进一步发挥首都政治优势，获得北京市表彰奖项的留学人员和海外人才可优先申报国家科技进步奖等奖项。三是以市级引才工程为统领，引领下属区域根据实际情况出台相应的引才项目，如中关村的"高聚工程"、海淀区的"海英计划"等。2015~2019年，北京共受理外籍人才永久居留2100余人。[①]

（二）上海："不拼重金拼环境，不拼补贴拼服务"

2020年，上海根据新时期留学人员回国创业的需求，出台"4+1"海

---

① 《2015年来，北京共受理外籍人才永久居留2100余人》，《新京报》，2019年3月25日。

249

外人才新政,为留学人员来沪创业提供资金支持、社保补贴、知识产权保护、法律服务等全方位支持。在平台载体和环境方面,通过中国(上海)自由贸易试验区和张江国家自主创新示范区推动人才政策先行先试;聚焦重大科技基础设施及国家重点实验室等重大创新平台,引进海外高层次科技人才;鼓励创立留学人员创业园,为留学人员创办企业提供税收代办、项目申报、法律咨询等综合服务。在激励奖励方面,高层次留学归国人才来沪工作可直接申请落户;留学人员和海外人才可申请浦江人才计划、"伯乐"奖励计划等5项人才发展专项资金,最高奖励可达100万元;对"中国创翼"等国家级和上海市市级创业大赛获胜的优秀创业项目,给予最高20万元的奖励;对留学人员在本市初创企业一次性补贴0.8万元。在服务保障方面,实行上海市海外人才居住证制度,海外人才在居留许可、工作许可、创办企业、行政机关聘用、子女教育等17个方面享受权益。

上海的政策思路是"不拼重金拼环境",持续夯实人才发展综合环境的比较优势,具有以下几个特点。一是对海外高层次人才和普通留学人员的层次和条件做明确细致的界定。二是人才项目奖励具有层次性,奖励金额根据实际情况发放,既有针对海外高层次人才的高额补贴,也有针对普通留学人员的小额创业补贴。三是在分类施策、配额管理的基础上,海外人才政策向重点区域和重点领域倾斜,如在临港新片区率先突破体制机制,放宽企业限制,可直接聘雇优秀外籍高校本科毕业生在沪工作。四是进一步推进上海留学人员创业园的规范化发展、科学化运作和系统化提升,更好地为留学人员创新创业提供服务。截至2020年,来沪工作和创业的留学人员达19万余人,留学人员在沪创办企业5300余家,注册资金超过8亿美元。上海的留学人员创业园已达12家,培育境内上市企业35家,境外上市企业10家。[1]

(三)杭州:有机统筹行政性规划和市场化手段引进海外人才

2019年,杭州在完善前期人才政策的基础上,发布"人才生态37条",

---

[1] 人民日报海外版:《上海发布"4+1"人才新政》,2020年9月2日。

就高峰人才引育、体制机制改革等方面，提出四大工程和七大计划，打造服务浙江全省的人才高地，最大限度地激发人才活力共建杭州。在平台载体和环境方面，以杭州高新开发区、杭州未来科技城为人才管理改革试验区，每2年对全市各级人才基地的人才引进、项目落地等情况进行考核，对优秀单位给予10万元的资助，对经认定的市级留学生创业园给予50万元的资助，对经认定的国家级、省级科技企业孵化器分别给予100万元、50万元的资助。在激励奖励方面，深化实施"115引进国外智力计划"，对高端外国专家的年薪分区间按比例给予资助，最高达60万元；对引进的国外智力项目资助高达30万元；对入选国家重大人才项目的外籍专家和海外人才实行1∶1配套资助。在服务保障方面，推出杭州"人才e卡（码）通"，统筹整合子女教育、医疗健康等服务项目；对高层次人才采取"一人一议"的方式解决住房或给予高达100万元的购房补贴，为一般性人才提供廉租房或每月1200元的租房补贴。

杭州的政策思路是有机统筹行政性规划与市场化手段，具有以下特点。一是长期规划引才指标。"115引进国外智力计划"计划用5年时间，力争引进高端外国专家100名、实施引进国外智力项目1000个、聘请各类外国专家5万人次，是全国首个将引才成效指标化的地方政策。二是对杭州重点引进培养的高层次人才给予分层次有侧重的支持，同时实行优厚的普惠性政策，对应届毕业生给予1万元到5万元不等的生活补贴。三是以市场化思维向用人主体放权，鼓励知名企事业单位开展人才资助分类认定试点。截至2020年底，杭州引进归国留学生55000人、外籍留学生35000人，[1] 聘请各类外国专家近6万人次。

（四）深圳：加大财政保障资助力度，奖补吸引海外人才

2011年，深圳实行"孔雀计划"，重点引进支持一批海外高层次人才及团队来深创业创新；2016年，出台《深圳市新引进人才租房和工作补贴工

---

[1] 《杭州重磅吸引全球人才，最高可获800万购房补贴》，《界面新闻》，2020年2月25日。

作实施办法》《深圳市出国留学人员创业前期费用补贴资金管理办法》；2017年，出台《深圳市留学回国人员引进实施办法》，大力支持留学人员和海外人才在深创新创业。在平台载体和环境方面，依托鹏城实验室等国家战略科技力量，河套深港科技创新合作区、光明科学城等重大创新平台承载优秀创新人才团队。在激励奖励方面，对高层次海外人才予以丰厚资助，对"孔雀计划"认定的A、B、C三类人才，分别给予300万元、200万元、160万元的奖励补贴；对具有成长潜力但未入选"孔雀计划"的创新创业团队，给予每项目高达100万元的奖励，特别优秀项目可获得最高500万元的资助。在服务保障方面，向高层次人才发放"鹏程优才卡"，凭卡可享受落户、子女入学、医疗社保、居留申请等服务；向新引进入户的归国留学人员发放一次性补贴，其中本科每人1.5万元，硕士每人2.5万元，博士每人3万元。

深圳的政策思路是加大市财政保障资助力度，高层次海外人才引进与留学创业型人才筛选并行，具有以下几个特点。一是对海外各类型高层次人才予以最高达300万元的高额度资助补贴，对一般性留学人员也给予1.5万元到3万元不等的落户奖励。二是注重培育企业家。首次引入风险投资机构的筛选机制，并将优质的创新创业型中小企业的董事长或总经理纳入高层次人才范畴；对具有成长潜力但未能入选"孔雀计划"的创业团队予以高达500万元的高额奖励。三是设立"引才伯乐奖"，对成功引进海外高层次人才或"孔雀计划"团队的企事业单位和中介组织，给予10万元至200万元不等的奖励补贴。截至2016年，"孔雀计划"引进海外留学人员超6000人，同比增长超过50%，其中落户超4000人。截至2021年11月，深圳已经累计引入留学人员超过18万人。①

（五）苏州：柔性引才，创业先行

2019年，苏州正式实施"海鸥计划"，支持以项目合作、技术指导、培

---

① 深圳特区报：《深圳累计引进留学人员超18万人》，2021年11月4日。

训咨询等方式柔性引进海外人才;2021年,苏州发布《关于进一步鼓励支持留学人员来苏创新创业的若干措施》,聚焦增加留学人员回国就业机会、加大对留学人员创办企业的支持力度、强化对留学人员的激励保障。在平台载体和环境方面,依托行业龙头,围绕苏州新兴产业,大力建设低成本、高开放的众创空间,计划于2020年建设众创空间等新型孵化机构超300家。大力支持国内外知名学术机构、学术组织在苏州举办学术论坛,可给予主办单位最高100万元的补贴,力争一批高水平的学术论坛落户苏州成为永久性会议基地。在激励奖励方面,通过"海鸥计划"柔性引进海外人才的,单个项目(人才)补贴最高60万元,高端外国专家补贴最高100万元;扩大姑苏人才基金规模至20亿元,其中投资留学人员在苏创业企业的比例不低于50%,对获得天使投资并符合条件的留学人员企业,按照天使投资金额的20%、最高50万元予以奖励。在服务保障方面,为符合条件的高层次人才发放"姑苏英才卡",除享受户口准入、医疗保障等便利外,可直接享受最高100万元的个人信用贷;购买自住住房,申请住房保障公积金贷款的,不受缴存时间限制,贷款额度可放宽至最高限额的2~4倍。

苏州的政策思路是柔性引进高端人才,鼓励一般留学人员创业,具有以下特点。一是柔性引才,通过项目合作、技术指导、培训咨询等方式,柔性引进海外人才智力。二是聚焦创新创业,加大在创业融资奖补、创新研发等方面的资金支持力度,拓宽支持对象范围,并进一步扩大国际职业资格和国内职称资格的比照接轨。三是增强融资支持,扩大姑苏人才基金规模。截至2020年底,苏州留学回国人员总量累计达5.1万人,占比超过全省的1/4。目前全市累计建成市级以上留学生创业园23家,其中国家级3家、省级13家。①

三 完善广州留学人员和海外人才政策的对策建议

总体来看,国内重点城市引进和培养留学人员和海外人才具有以下共

---

① 中国侨网:《苏州重磅打造"留创苏州·逐梦天堂"留学人员引智品牌》,2021年7月12日。

同特点。一是聚焦高端人才引进，引领基础性人才建设。除北京外，上述重点城市均对海外高层次人才给予高额奖励，对基础性人才提供平价租赁房、小额创业补贴和租赁补贴，体现了以点带面、兼顾统筹的工作格局。二是出台人才绿卡政策，落实生活服务保障。上述重点城市均出台了人才绿卡政策，涵盖了一系列生活保障和工作便利，体现了留学人员和海外人才工作不仅聚焦在"引得多"，还着眼于"留得住""用得好"。三是发布海外人才新政，宣传留学人员品牌。自2018年起，上述大部分重点城市针对"归国潮"，发布了海外人才政策，并着力宣传如"留·在上海""留创苏州·逐梦天堂"等留学人员品牌。为此，广州可进一步推进人才政策先行先试、多措并举聚集全球人才、不断优化创新创业平台环境、持续完善人才服务链条、创新人才政策宣传模式、通过市场导向配置人才资源。

（一）推进人才政策先行先试

一是完善粤港澳大湾区个人所得税优惠政策，适时修订相关政策和服务指南，落实好大湾区境外高端和紧缺人才个人所得税优惠补贴工作。二是研究更新"广聚英才计划"等人才新政和制定广州市外籍"高精尖缺"人才目录，落实好外国人来华工作的若干便利措施。三是支持中心知识城国际人才自由港和南沙国际人才港对人才政策改革先行先试，并通过座谈调研、智库研究等形式分享先进经验。

（二）多措并举聚集全球人才

一是增强海交会、创交会等大会的招才引智主平台作用，汇集各方优质资源，优化线上对接平台，夯实项目人才集聚成效。二是通过鼓励广州市单位与港澳伙伴开展研发项目合作，支持港澳青年来穗创新创业。三是进一步发挥广州人才服务机构作用，助力在穗企事业单位面向全球招募各领域领军人才和高端人才团队。

（三）优化创新创业平台环境

一是推进广州实验室、在穗4家省实验室等"2+2+N"科技创新平台体系的人才引进和团队建设，建立支持海外青年科研人才和后备科研力量的长效机制。二是不断完善投融资渠道，以风投创投引导社会资本，以科技信贷撬动银行供给，助力海外人才和留学人员创新创业；组织科技金融特派员园区行活动，主动上门"送服务"，对留学人员和海外人才创办的优质初创企业提供融资，拓宽金融服务链条。

（四）持续完善人才服务链条

一是提升服务模式，深化"放管服"改革，进一步提升外籍高端人才相关政务服务，整合提升外籍人才各类"一站式""一窗式"服务。二是进一步优化科研项目和经费管理，赋予科研机构和人员更大的自主权。对纳入简政放权改革的项目全面实行科研经费使用"包干制"，取消项目申报预算编制。

（五）创新人才政策宣传模式

广州需综合考虑人才安全、信息安全等因素，结合归国留学人员群体年轻化的特征，创新政策宣传模式，增强政策传递的时效性和完整性。一是主动集成市区两级留学人员和海外人才创新创业新政形成"政策大礼包"，广泛运用新媒体手段，大力宣传人才新政。二是联通线上平台，建设集人才招聘、项目路演、政策发布等于一体的"互联网+"人才服务平台。三是组建一支具有国际视野、留学经历和创新创业背景的人才研究团队，建设海内外人才数据库，为制定广州相关人才政策提供坚实的数据和理论支撑。

（六）市场导向配置人才资源

一是建立市场化评价机制，破除"四唯"倾向，将海外人才的工作经历、项目实施评价、薪酬待遇、创造的市场价值、获得的创业投资等作为重

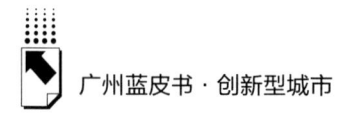

要评价依据。二是创新人才"举荐制",进一步赋予行业领域内具有公信力、号召力和影响力的领军人才推荐优秀人才的权利。三是进一步发挥广州人才集团等人才服务机构作用,发挥专业优势,面向全球猎聘急需紧缺人才、各领域领军人物和高端人才团队。

参考文献

朱金省、陈丽丝、蒋武:《基于知识图谱的国内海归创业研究进展综述》,《管理现代化》2021年第4期。

葛蕾蕾:《我国海外高层次人才引进政策20年(2001~2020):回顾、挑战与展望》,《福建论坛》(人文社会科学版)2021年第11期。

李北伟、路天浩、李麟白:《中美科技竞争环境下海外高层次人才引进对策》,《科技管理研究》2021年第18期。

邢菁华、张洵君:《聚天下英才而用之——完善新时代首都海外创新创业人才服务体系建设》,《前线》2020年第2期。

张俊、莫岳云:《新形势下我国海外留学人员统战工作对策研究——基于广州市留学人员的问卷调查分析》,《中国青年研究》2019年第3期。

张俊、莫岳云:《论新中国成立以来我国留学归国政策的历史演进》,《党史研究与教学》2018年第5期。

南沙篇
Nansha Reports

B.13 提升南沙先进制造业产业链供应链现代化水平研究

——以高端装备制造业为例*

陈刚 尚进 艾婧琳**

摘　要： 近年来南沙依托多重国家级重大战略发展平台，以追求高质量发展为导向，加速提升先进制造业产业链供应链现代化水平，多措并举出台产业高质量发展政策。南沙制造业高质量发展成效显著，以高端装备制造为代表的先进制造业产业规模和数字化水平不断提升、市场主体持续壮大、龙头企业带动性持续增强、产业链供应链现代化水平显著性提升。但要素结构升级滞后、体制机

---

* 本文是广州市哲学社会科学发展"十四五"规划2022年度智库课题"广州振兴工业经济运营研究"（2022GZZK09）、广州市人文社科研究基地——"超大城市现代产业体系与广州实践研究基地"的阶段性研究成果。

** 陈刚，博士，广州市社会科学院现代产业研究所副研究员，研究方向为产业经济；尚进，广州市社会科学院现代产业研究所研究人员，研究方向为产业经济；艾婧琳，广州市社会科学院现代产业研究所研究助理，研究方向为产业经济。

制约束依然存在、全链条协同性不强、受内外部环境影响较大等因素对南沙高端装备制造业产业链供应链发展产生较大影响。本文认为南沙应从加强政策顶层设计、重视产业基础能力建设、推动要素协调发展、加快产业数字化转型、完善产业空间布局等方面入手推动南沙高端装备制造业产业链供应链现代化水平。

关键词： 南沙自贸区　高端装备制造业　产业链供应链现代化

提升制造业产业链供应链现代化水平是构建新发展格局的重要基础，也是南沙实现高质量发展的强大动能。广州南沙承载了国家新区、自贸试验区和粤港澳全面合作示范区等多重国家战略，近年来积极布局做强创新型产业链集群，搭建更广泛、更牢固的产业链供应链。《广州南沙深化面向世界的粤港澳全面合作总体方案》明确提出了南沙"立足湾区、协同港澳、面向世界的重大战略性平台"的发展定位。但南沙产业链供应链发展过程中仍存在一些短板与弱项：支柱产业供应链对外依赖性强，战略性产业自主创新能力不足；先进制造业产业链供应链仍面临重大装备自产难、核心技术突破难、关键产品攻关难等问题与制约；供应链数字化智能化程度不高；产业链供应链的稳定性、安全性不足，竞争力不突出，在全球价值链中高端化与增值能力不强；数据联通性不强，数字化基础设施薄弱，信息孤岛与数据壁垒依然存在；产业链供应链不完善，上下游企业联动性不强等问题突出，供应链横向、纵向、端到端集成程度较低，系统性、全局性弱，敏捷化、柔性化以及可视、可感、可控的能力不强等问题依然存在。为此，南沙必须高度重视全产业链供应链现代化水平提升，推进制造业提质增效、转型升级，扎实推进实体经济高质量发展，筑牢制造业发展根基，促进产业价值链与国际竞争力提升。

基于此，本文以南沙高端装备制造业为例，总结归纳南沙高端装备制造业产业链供应链发展现状，对影响和制约南沙高端装备制造业产业链供应链现代化水平提升的因素进行分析，并提出提升南沙高端装备制造业产业链供应链现代化水平的思路和对策建议。

一 南沙高端装备制造业产业链供应链发展现状分析

（一）产业规模持续壮大，数字赋能步伐加快

一是整体发展态势良好，产业体系完备。南沙区高端装备制造业规模不断扩大。2021年，南沙区规模以上现代高端装备制造业总产值达237.4亿元，同比增长18.5%，占南沙区规模以上工业总产值的比重为7%左右，2022年1~7月现代高端装备制造业实现工业产值136亿元，同比增长2%。航空装备、海洋工程装备、轨道交通装备、智能制造等高端装备制造业产业体系不断完善。近年来，南沙区积极布局建设航空装备、轨道交通装备、智能制造等产业，高端装备制造在南沙区先进制造业体系中的地位不断提升。得益于海洋资源先天优势以及海洋经济发展重大举措，南沙的船舶及海洋工程装备制造发展迅猛，以南沙龙穴造船基地、大岗海工装备制造区为载体形成了千万吨级船舶与海洋工程装备生产基地；东方重机在核设备设计与制造领域不断取得突破，发展成为具有世界先进水平的大型核电设备本土化制造基地；轨道交通装备制造领域，中铁隧道局、海瑞克等在盾构机制造等方面全国领先；中科宇航致力于运载火箭研制、宇航动力、卫星研制等高端装备制造，建设全国首个商业航天产业基地。

二是创新平台加快建设，取得一批技术突破。南沙区科技创新投入增大，2021年财政科技投入27.95亿元，增长57.2%。创新载体创新平台加快建设，高标准建设了南沙科学城等重大科研平台，计划面向深海、深地、深空，聚焦海洋、能源、空天、信息、生物等领域，集聚全球高端创新资源，建设世界级重大科技基础设施集群和一批前沿交叉研究平台。目前，启动建设的重点项目包括中国科学院大学广州学院、中科院广州分院等10多家中科院系科研机构，冷泉生态系统、高超声速风洞、识海工程3个重大科

学基础设施已成功落户南沙,香港科技大学(广州)、南方海洋科学与工程省实验室正在加快建设;2020年8月,由广州数控、凯特精机、佳盟子机床等10家行业龙头企业作为发起单位,联合广东工业大学、华南理工大学等高等院校共同组建的广东省高档数控机床及关键功能部件创新中心落户南沙,集聚北京精雕、嘉敏制造等一批数控机床领域企业,面向数控机床及关键功能部件、关键零部件等领域,开展关键技术协同攻关和产学研合作;南方海洋科学与工程广东省实验室依托中国科学院南海生态环境工程创新研究院和广州海洋地质调查局,联合南方科技大学、广东省科学院等单位布局海洋重大科技基础设施,打造具备全球影响力的海洋科学与工程研究高地,2022年5月,该实验室研制的全球首艘智能型无人系统母船下水,是全球首艘具有远程遥控和开阔水域自主航行功能的科考船;2022年7月,由中科宇航参与研制的首款四级固体运载火箭"力箭一号"(ZK-1A)在酒泉成功发射,是目前世界上起飞规模最大的纯固体运载火箭。

三是新旧动能转换加速,数字化转型步伐加快。南沙区积极推动区内产业链数字化转型,依托华为(南沙)人工智能创新中心服务,充分发挥华为在信息技术领域的优势,整合工业互联网、云计算、人工智能、大数据等领域要素资源,推动本地企业数字化转型升级。每年安排3000万元专项资金用于支持南沙区内企业使用华为云服务,目前已对接南沙600余家企业,推动芬尼克兹、敏嘉制造等73家企业上云上平台,并给予人工智能云服务补贴。广东芬尼克兹节能设备有限公司、广船国际有限公司、广州长嘉电子有限公司、广州市敏嘉制造技术有限公司等六家公司获评数字赋能制造优秀实践。

(二)龙头企业提质增效,带动作用逐步显现

一是南沙区高端装备制造业龙头企业实现稳步发展。各领域重点企业(见表1)高质量发展步伐加快,效益增长的同时,在行业内的显示度不断提升。广船国际在2022年获得了破冰调查船、破冰油船、豪华客滚船、汽车运输船(PCTC)等多型多艘高技术高附加值船舶订单,签订合约制造的

6.5万吨半潜船，配备世界先进的动力定位系统、智能船舶系统及SCR废气处理系统，兼具精准运载及智能环保功能，代表着先进半潜船的发展方向。2022年上半年，该公司实现营业收入同比增长30.74%，净利润同比大幅增长，完成年度计划的52.28%，平均生产技术准备周期同比明显缩短，累计完成任务工时同比增长11%，人均产值较2021年同期提升11.3%。2022年6月，中铁隧道局成为全国唯一一个入选"中国建造"的隧道工程品牌企业，并获2022地理信息科技进步一等奖。2022年12月，中铁隧道局施工的中俄东线天然气管道长江盾构穿越工程"畅通号"盾构机顺利完成水下接收，创造了多项盾构施工领域的"世界之最"。中科宇航积极引领和推广商业航天高新技术的应用，与中国旅游集团签署战略合作框架协议，在商业航天领域加强合作，合力打造太空经济新业态。

表1 南沙区现代高端装备产业重点企业

单位：亿元

序号	企业名称	2021年产值
1	广州文冲船厂有限责任公司	42.49
2	广州广船海洋工程装备有限公司	35.10
3	广州海瑞克隧道机械有限公司	18.97
4	东方电气(广州)重型机器有限公司	14.31
5	广州文船重工有限公司	13.83
6	广州文冲船舶修造有限公司	11.23
7	斯帝佳(广州)园林机械有限公司	10.17
8	三菱重工东方燃气轮机(广州)有限公司	8.55
9	广州红尚机械制造有限公司	5.93
10	中信环境技术(广州)有限公司	5.05
合计		165.63

资料来源：广州市南沙区工业和信息化局。

二是发挥高端装备制造业龙头企业行业带动作用，推动产业集聚。中科宇航成为落户南沙的广州首家商业航天独角兽企业，与共同作为"链主"企业的中科空天与吉利航空协同发展，有效推动了南沙区集聚空天飞行器研制、总装总测、宇航动力、卫星研制等高端装备制造资源，牵引测控运维、发射服务、关键部件等上下游企业构建全产业链集群，助力广州打造中国航天的第三极，形成国内首个商业航天产业园，促进广州实现产业升级。南沙区龙穴造船基地龙头企业包括广船国际、中船黄埔文冲等，产能总计达558万载重吨，成为全国三大造船基地之一，以龙穴造船基地为核心，集造船、修船、海洋工程、邮轮及船舶相关产业于一体的海洋工程装备产业集群初步形成；核电、轨道交通等领域聚集了东方重机、海瑞克等多家龙头企业，掌握了一批在行业市场占优的自主研发核心技术。

（三）产业基地稳步发展，重大项目落地实施

一是产业基地与重大项目平台加快建设，推动高端装备制造业集群化发展。大岗先进制造业基地总投资约123亿元，已布局产业项目共30个（19个落户项目，11个在谈项目）。目前，已导入一批船舶及海洋工程装备、高端航空装备、智能装备、节能环保等产业项目，区块现已有中科空天、广重重机、中邮信源、联东U谷等一批船舶工程装备、航空装备、智能装备、节能环保产业项目落地，已基本形成先进制造产业集聚格局，有效提升区域战略性产业发展能力和产业链现代化水平，推动先进制造提档升级、加速发展，助推南沙实体经济发展提质增效，为南沙"三区一中心"建设积蓄新动能。

二是设立专门机构支持产业基地开发建设，公共服务水平不断提升。2017年，设立广州市南沙新区产业园区开发建设管理局，履行项目招商、研究产业发展政策、产业链设计、公共服务等层面职责，推动南沙区产业园区良好发展，从服务、资源、功能配套等多方面持续发力推动营商环境全面升级，继续导入更多优质资源和企业，优化筹建服务，保障快速建成投产出成效，同时吸引高端人才与重大项目落户。近年来，南沙在推动庆盛枢纽区块建设、大岗先进制造业基地建设、引进芯粤能、三菱重工产业转移等工作中持续发力，支持南沙高端装备制造业发展；设立广州市南沙新区明珠湾开发建设管理局并规定其承担中国（广东）自由贸易试验区广州南沙新区明

珠湾起步区（以下简称明珠湾起步区）的开发建设、招商引资、运营管理、产业发展等职责，坚持先行先试、改革创新的原则，建立健全职责明确、决策科学、运转高效的体制机制，建设粤港澳合作核心区和国际高端产业综合服务中心，打造与国际接轨的营商环境。

（四）产业链供应链提升，市场主体不断壮大

一是产业链生态建设逐步成熟。例如，广州南沙半导体集成电路产业园位于万顷沙保税港加工制造业区块，为推动集成电路产业集聚发展，引进培育了芯粤能、南砂晶圆、芯聚能、联晶智能等一批龙头企业，在国内率先实现宽禁带半导体全产业链布局，初步形成了覆盖宽禁带半导体设计、制造、封测、材料全产业链的完整生态。2022年，涉及自动驾驶芯片、深空探测、半导体产品等研发、设计、制造等领域的一批芯片和集成电路研发制造项目签约落户南沙，涵盖领域广泛，推动南沙产业进一步补链延链强链。

二是建立专班工作机制，全力确保产业链供应链稳定。南沙区率先在广州组建工作专班，先后印发两版《南沙区保产业链供应链稳定工作方案》，统筹协调南沙重点企业保产业链供应链稳定工作。建立重点企业驻点机制，点对点核实企业供应链受影响情况。

三是着力培育优质企业群体，市场主体发展壮大。建立健全优质企业梯度培育体制，开展"创新型中小企业、专精特新中小企业、专精特新'小巨人'"三级梯度培育库建设，加大"专精特新"企业培育力度，牵头制定"专精特新"若干措施，目前，南沙区共121家企业获得各级专精特新称号141项，其中国家重点"小巨人"2项，国家级专精特新"小巨人"3项，省级专精特新24项，市级两高四新112项。

（五）不断加大支持力度，政策体系逐步完善

2022年1月21日，南沙区人民政府、南沙开发区管委办公室印发《广州市南沙区先进制造业发展"十四五"规划》，着力推动先进制造业高质量发展，提出巩固提升智能网联与新能源汽车、现代高端装备南沙区两大战略

性支柱产业，建设国际一流的智能制造基地、全国领先的海洋产业高地等发展目标，明确重点发展船舶与海洋工程、环保装备、轨道交通、核电、高档数控机床、航空航天等国家战略性装备制造业，有序推动大岗先进制造业基地、龙穴造船基地、霍英东研究院国际智能制造平台等建设，打造现代高端装备聚集区。

2022年1月21日，广州市人民政府办公厅发布《广州市科技创新"十四五"规划》，重点布局南沙自贸区科技创新基地，提出以南沙科学城和中科院明珠科学园为核心，依托庆盛科技创新产业基地、龙穴岛重大科技基础设施集聚区、万顷沙战略性未来新兴产业集聚地等优势资源，面向深海、深空、深地，聚焦海洋、空天、能源、信息等领域布局建设重大科技基础设施集群、前沿交叉研究平台和高层次科研机构。

2022年3月4日，广州市工业和信息化局印发《广州市现代高端装备产业链高质量发展三年行动计划》，提出到2024年，将广州市打造成全国高端数控机床、智能装备、船舶及海工装备、航空航天及卫星应用等高端装备制造的重要基地，形成产业体系完善、自主创新能力突出的高端装备产业集群。支持南沙等区建设高端装备产业园区，鼓励龙头企业带动上下游企业进驻园区，构建跨界深度融合的全产业链生态圈；推动广东省机器人创新中心、广东省高档数控机床及关键功能部件创新中心、广东省CPS离散制造数字化创新中心等建设，加快重大关键核心技术攻关。

2022年6月14日，国务院印发《广州南沙深化面向世界的粤港澳全面合作总体方案》，支持南沙打造立足湾区、协同港澳、面向世界的重大战略性平台，从国家层面明确提出打造重大科技创新平台，高水平建设南沙科学城，布局前沿交叉研究平台，建设世界一流研究型大学和研究机构，增强原始创新能力；推动海洋科技力量集聚，加快与中科院、香港科技大学共建南方海洋科学与工程广东省实验室（广州），加快新一代潜航器项目等重大创新平台建设，打造我国南方海洋科技创新中心。

2022年7月29日，广州市人民政府办公厅印发《广州市促进创新链产业链融合发展行动计划（2022~2025年）》，提出发挥重大创新平台引领产业发展作用，以南沙科学城为主要承载区共建大湾区综合性国家科学中心；加强双链开放合作，全力支持南沙建设科技创新产业合作基地，深化大湾区重大载体联动，推进粤港澳科技与产业合作等。

2022年8月16日，广州市人民政府办公厅印发《广州市海洋经济发展"十四五"规划》（以下简称《规划》），《规划》中提及的海洋科技创新、海洋交通运输等67个重点项目中有49个布局在南沙。根据《规划》，到2035年，广州将建成海洋经济发达、海洋科技创新活跃、海洋城市文化特色彰显、海洋治理体系和治理能力现代化的全球海洋中心城市，南沙则是全球海洋中心城市的核心区。《规划》提出依托龙穴岛海洋高端装备制造区等产业集聚区，积极培育高技术船舶、深远海及极地海域装备等产业，建设世界级船舶与海工装备制造业集群。

二 南沙高端装备制造业产业链供应链发展主要影响因素

（一）要素结构升级滞后

要素结构升级是产业链供应链优化升级的重要组成部分。随着产业发展的支撑要素由初级要素逐渐向高级要素转变，传统低端制造业生存空间越来越小。由于核心技术、人才、服务等方面仍存在短板，南沙制造业迈向产业链的中高端依然任重道远。从价值链分工低端向高端跃升必须有相应的要素基础作为支撑，如果传统生产要素优势丧失，而高级生产要素又供给不足，南沙产业链供应链转型升级将可能陷入"高不成，低不就"的"夹心层"困境。

长期以来，传统生产要素低成本是南沙制造业形成竞争优势的重要原因，而随着资源环境制约日益凸显，传统劳动密集型产业成本优势弱化，南沙制造业对全球低端生产环节的吸引力减弱。另外，马来西亚、印度等世界新兴经济体成本优势越发明显，吸引产业转移的政策支持力度越来越大，在一定程度上削弱了南沙的竞争优势，其处在价值链中低端的传统优势制造业面临被转出、替代的风险。产业梯度转移、资本向低成本地区流动虽然有一定的合理性，但如果低端产业转出过快，高端产业发展又不能有效吸收外迁产业释放的要素，要素质量不能与高端产业相匹配，将会造成要素结构与产业结构升级的"错位"，不利于产业链供应链的稳定，给稳定制造业比重造成困难。

（二）部分体制机制制约

产业基础能力是指支撑产业发展的基础研究、核心部件制造、基础工艺、基础软件开发维护等方面的能力与水平，是产业链供应链现代化提升的前提和必要条件。当前南沙产业发展体制机制对产业基础能力提升重视不足，例如基础研究投入低、创新基地建设不足、科技要素重复投入、高端人才缺乏、关键技术领域投融资困难等，现行体制机制未能良好集聚要素资源以实现产业基础能力提升与优化升级。

一是基础研究水平不高，工业基础支撑不足。高端装备制造业科技含量高，发展周期长，尤其是"芯片""控制系统"等关键环节需要较大资金投入及研发强度支撑，现阶段南沙区高端装备制造业产业技术取得了一定突破，但整体科技创新水平与发达国家相比仍有较大差距，对于基础研究投入与关注需进一步加强。

二是产业生态体系建设不足。研发、设计、制造、测试全流程产业体系不完善，自主程度不高。关键核心技术对外依赖性强，如设计软件、光刻机等难以实现自主生产，生产端面临"卡脖子"问题严重；重大产品更新迭代速度慢，高端装备供应质量需进一步提升，产品结构仍未完成转型升级；高端装备维护费用高昂，如大型盾构机等高端装备使用寿命较短，维护与回收技术不成熟。需面向全流程、全体系加强产业生态建设，整体性优化提升高端装备制造业产业基础能力。

（三）全链条协同性不强

产业链供应链存在"断点"，各个环节与业务板块上中下游协同性较弱,设备设施、生产标准、信息数据、业务合作、供需关系等方面未能良好实现互联互通,主要表现在以下几个方面。

一是产业链供应链层次性不明显,上下游企业关联度有待提升。南沙区高端装备制造业龙头企业带动能力仍有较大的提升空间,未能充分吸引同链条产业协作;专精特新企业数量不足,大中小企业分工不明显,协作关系较弱,未能充分发挥各自优势。

二是产业基础设施建设有待完善。目前南沙规划的"一城四区"主体功能区之间的建设进展存在极大差异,仅中心城区的市政基础设施和生活商业配套建设较完善。一方面,南沙区与广州城市核心区交通网络密度低,地铁、快速路等交通设施接驳能力弱,未能完全融入大湾区城市发展格局,进而对供应链效率、产业资源运转效率产生一定程度的制约;另一方面,南沙高端装备制造业产业大数据平台建设不足,企业"上云用数"能力水平有待提升。

三是产业链供应链要素协同程度低,要素分配结构不完善。产业链、创新链联动不足,技术、人才、资金等要素有效组织系统性不强。如在协同创新方面,南沙很多领域产业链上下游合作不够紧密、协同研发动力不足,尚未形成协同联动、共赢共生的产业创新生态体系。高端装备制造业产业链协同水平不高。

四是协同创新能力弱,协同创新平台机制建设不足。部分企业出于维护自身利益、巩固市场地位目的,倾向于保守自身创新成果,与同链条企业协同创新共谋发展的意愿不强,进而导致部分环节产生技术壁垒。另外,受百年未有之大变局与疫情的双重冲击,部分企业难以维持足够强度的科技创新与研发力度,尤其是处于中低端价值链、利润水平较低的企业,进而影响产业链供应链整体水平。南沙缺乏推进企业协同创新的机制平台,各个企业间交流合作缺乏渠道。

(四)产业发展环境亟待优化

营商环境是区域竞争的"软实力"。随着近年来一系列政策措施逐步落实，南沙自贸区营商环境得到较大改善，然而在部分关键领域仍存在缺陷和矛盾，主要体现在融资环境、市场体系、人才供给等方面。

一是企业投融资困难现象仍然存在。社会资本进入先进制造业和高端装备制造业等产业的渠道有待拓宽，缺乏专项金融产品，总体来看，金融资本输入较为审慎，部分政策落实不到位，重点扶持领域资金支持不足。因回报周期长、不稳定不确定性程度高等原因，中小企业和民企的投融资问题尤为突出，落实企业纾难解困任重道远。

二是市场化改革不彻底不完善。部分领域改革不彻底，公平竞争机制不健全，国有资本挤占其他企业生存空间现象严重，市场准入隐性壁垒依然存在，要素价格市场化形成机制不完善，政府干预市场进而影响市场活力的现象仍然存在，产业政策缺乏精细化设计等问题依旧突出。

三是高端人才相对缺乏，后备人才队伍建设不足。一方面，南沙区技术人才、高层次人才储备不足，数据显示，截至2021年末，南沙区常住人口仅为90.04万人，远远低于广州市其他各区；从人口受教育程度来看，截至2020年末，南沙区每10万人中仅有不足1.8万人为大专以上学历，15岁以上人口平均受教育年限为10.55年，两项指标均在广州各区中位列最后，南沙区高层次人才数量难以满足先进制造业、高端装备制造业发展需求；另一方面，南沙区高端人才招引力度不足，面向港澳以及海外的人才吸引政策有待进一步贯彻落实，产学研用平台建设不充分，更高质量的人才交流平台建设不完善，与一流高校、研究机构的人才合作机制尚不成熟稳定。

（五）产业数字化、产业链供应链数字化水平有待提升

一方面，南沙区先进制造业、高端装备制造业整体产业数字化能力仍有较大提升空间，智能制造、智能控制、整线集成、智慧工厂（园区）等产业发展数字化能力水平有待提高。新一代科技革命与信息技术快速发展，数字赋能产业发展已成为各发达国家或地区产业发展的共识，数字化技术与数字化生产方式在产业提质增效、降低成本等方面发挥至关重要的作用。与发达国家或地区相比，南沙区产业数字化仍处在较低水平，数字"新基建"

有待完善，数字化生产技术的研发水平不高，数字化整体性系统性较弱。

另一方面，南沙区先进制造业、高端装备制造业供应链数字化程度低。数字驱动上下游企业合作、供需信息匹配的能力弱，企业数字化的成就主要来自产品研发和市场拓展，对供应链的改善效果相对较小，且产业链供应链整体解决方案不成熟。

（六）外部关联震荡调整

长期以来，南沙区产业体系在技术升级、产品贸易、市场开拓等方面对海外国家或地区依赖性强，在全球产业链价值链中处在中低端位置，导致南沙区先进装备制造业、高端装备制造业产业链供应链自主性不足，不够健全完整，相关配套企业与链主企业主要业务板块不匹配，协同性弱。近年来，随着全球经贸摩擦形势加剧，企业对外贸易与产品输出面临断裂与壁垒，技术合作受阻等问题较为明显，外部关联受到冲击。

一方面，产业链供应链供给端面临缺口，关键技术与产品供应不足。例如，信息领域、汽车制造领域的关键技术受制约明显，南沙区先进制造业在测试、封装等较末端环节发展较为成熟，但研发水平、制造技术仍存在巨大差距，高端芯片、先进传感器、三电系统等关键产品面临供给紧张，影响企业生产，提高了企业运营成本与风险。另一方面，产业链供应链需求端较为被动，南沙区存在数量较多的接单代工生产企业生产模式较为传统，"外店内厂""前店后厂"的操作模式较为常见，受科技创新水平制约，对新型、高端化产品更新迭代的适应性不足，难以引导新需求增长，创新链与产业链供应链有待进一步深度融合。

三　对策建议

（一）强化政策层面顶层设计，建立完备政策链

一是加强高端装备制造业产业链供应链战略部署，在细分行业领域精准

施策。南沙要抓紧在智能网联新能源汽车、新一代信息技术与人工智能、生物医药与健康产业等南沙区新兴支柱产业，航空航天、新能源与节能环保等新兴优势产业以及其他高端装备制造业和先进制造业等产业领域谋划布局，出台推动各产业发展的重大战略规划和计划，强化顶层设计，明确南沙全产业链发展的产业布局、重点领域、战略目标、保障机制等。

二是完善以现代化水平提升为导向的产业链、技术链、资金链、人才链"四链"融合政策体系。以南沙区"十四五"规划为战略导向，从投资融资、人才引育、政务服务、市场改革与拓展、科技创新等方面出台政策措施推动高端装备制造业重点产业、核心关键环节做优做强，牵引带动产业链固链强链延链补链。在政策体系优化过程中，以"共性核心政策+特色专项政策"为主要框架，实现政策连续性、稳定性和开放性相统一，持续优化政策环境，完善政策体系，优化提升高端装备制造业发展体制机制。

三是优化产业发展环境，增强南沙高端装备制造业吸引力和核心竞争力。优化土地空间配置，着力解决产能转移承接与企业扩大生产所需土地问题，降低土地使用成本；深化"放管服"改革，充分发挥市场作用；完善投融资体系建设，设计专项金融政策，引导社会资本进入，激发金融市场活力；持续优化营商环境，加大知识产权保护工作力度，提高涉企审批效率；提升产业公共服务水平，不断提升服务平台能级，打造一批优质产业公共服务平台，推进企业与高校、研究机构加深合作，建设产学研用平台机制。在供需对接、转型升级、业务合作、招商引资等领域为企业提供建议与指导；加快产业园区与重大项目建设落地，提升产业集聚发展效能。

（二）突破关联关系，夯实产业基础能力

一是培育一批高端装备制造业的"链主企业""隐形冠军""专特精新"企业，强化企业创新主体地位。在产业组织关系的突破上，要支持大企业做强做优，培育更多具有市场势力的"链主"。在产业关联关系上，支持中小企业做专做精，培育产业链中掌握产业核心技术的"隐形冠军"和一大批"专特精新"中小企业，支持上下游企业加强产业协同和技术合作

攻关，在同一产业链条上实现大、中、小企业协同结对，提高南沙的加工装备制造业能力和水平。

二是实现关键核心技术创新突破，强化基础研究能力支撑。提升创新研发和生产制造自主能力，实现关键核心技术创新领域的全面自主突破，抓紧布局战略性新兴产业、未来产业，注重科技创新驱动，强化基础研究能力支撑。充分发挥龙头企业、链主企业牵引带动功能，加强中小企业"隐形冠军"企业培育，提升完善创新体系。集中要素资源，重点推动南沙主要产业链上关键设备、关键零配件和元器件、关键材料、关键工艺和工业设计软件等领域的突破，加大研发开发力度，推动南沙从产业链的中低端环节跃升至掌握核心技术的关键环节。

三是加快重大创新平台建设，着力提升科技创新水平。围绕打造粤港澳大湾区国际科技创新中心重要承载区，加快建设以南沙科学城为核心的大湾区科技创新策源地，完善提升"1+1+3+N"高端创新平台体系，推动"科创+产业"发展，高质量打造研发平台、转化平台、共享合作平台，为主导产业发展提供扎实的支撑，加快科技成果的转化和产业化，提升南沙在全球产业链供应链中的影响力和控制力。推进南沙基础产业的现代化，加快数字经济基础产业建设和数字技术自主可控，夯实基础产业，着力固链强链延链补链，提升产业链供应链科技含量、附加值、自主性。

（三）促进生产要素协调发展，强化产业链供应链要素保障

一是强化科技对高端装备制造业的支撑。面向世界科技发展前沿，系统性跟踪前沿引领技术，开展重大科学问题研究、前沿技术研发和应用转化，谋划和抢占未来产业发展先机和新赛道。加大重点领域研发投入，提高基础研究重视程度，强化科技支撑。着力开展共性技术平台建设，解决跨产业、跨领域关键共性技术难题，增强南沙装备制造业中间产品、关键零部件生产能力。构建以科技创新为纽带的产业联盟，打造支撑南沙产业发展的专利技术和知名品牌，实现产业技术强链，促进南沙装备制造业向价值链中高端攀升。

二是加大资金倾斜力度。加大高端装备制造业发展的财政支持力度，综合运用直接投资、资本注入、投资补助、贷款贴息等方式，聚焦重点产业领域，完善资金统筹安排、集中投入、规范管理的运行机制。建立南沙区科技研发资金与政府引导基金、天使投资引导基金联动机制，鼓励信贷机构根据高端装备制造业研发投入特点，设计灵活性较高的金融产品。构建金融有效支撑高端装备制造业发展的体制机制，推进资本市场基础制度建设，推动综合融资成本明显下降，确保新增融资重点流向装备制造业、中小微企业。

三是强化人才支撑。创新人才汇聚工程，形成更专业化的人才体系。实施优秀科技创新人才培养专项，加大高端装备制造业研发、生产、管理等领域技术人才培养力度，面向未来产业培养拔尖创新人才。加快建设国际化人才特区，通过短期服务、项目合作、科技咨询、技术入股等多种方式柔性引才，加快聚集国内外人才智力资源。建立有利于科技人才潜心研究和创新的评价体系，打造一批港澳青年创新创业示范基地，构建海外人才高端创新平台，加强人才安居保障，充分激发人才创新创业创造活力。

四是协同做好装备制造业产业链供应链上下游的土地资源规划与配置。优先支持南沙高端装备制造业产业链供应链关键环节的重点项目投资与转型升级，提高土地节约集约利用水平和土地投入产出效率。

（四）以数字化、智能化为方向，推动产业结构转型升级

一是加快传统产业数字化改造。推动南沙制造业产业链上下游的全要素数字化升级、转型和再造，以深化工业大数据应用、推动大数据产业聚集为重点，加快推动互联网、大数据、人工智能等互联网新技术赋能南沙装备制造业，以智能制造为主攻方向推动产业技术变革和优化升级。推动企业"上云用数赋智"，鼓励南沙头部企业、互联网企业建设产业互联网生态，形成产业链上下游和跨行业融合的数字化生态体系。鼓励企业加强研发设计、生产制造、经营管理、市场服务等环节的数字化创新，加快"云端+终端"工业大数据平台、工业操作系统及其应用软件、智能制造装备与智能制造工业软件等的研发应用，培育新经济、新业态、新模式，提高传统产业

智能化发展水平。

二是加快数字产业化发展。培育数字经济新业态，支持建设数字经济供应链，着力发展信息化与工业化融合、新兴技术与传统优势产业融合、新兴技术间相互融合、制造业与服务业融合等融合型新业态，进行产业集群数字化转型。培育壮大人工智能、大数据、区块链、云计算等新兴数字产业，提升集成电路、超高清视频、新型显示、软件等关键基础产业水平，强化补链固链强链。加强服务业新技术、新业态、新模式的研发创新，推动5G、人工智能、大数据、云计算、物联网、区块链、北斗卫星导航等数字技术融合应用。数字化赋能商贸、物流、会展等传统服务业转型升级，加快发展智慧交通、智慧教育、智慧医疗等高端服务，推动生产性服务业向专业化和价值链高端延伸、生活性服务业向高品质和多样化转变。

三是强化数字经济核心技术基础能力。促进数字化与智能化结合。普及智能制造新型生产模式，推动数字化技术全面赋能制造业产业链供应链全流程，依靠大数据和云计算等数字化应用实现产业链供应链供给与需求的更高效匹配。加快推进数字经济和制造业深度融合，推动数字技术在研发设计、生产制造、经营管理、市场服务等产业链全流程的应用，形成协同设计、云制造、虚拟制造等新制造模式。

（五）完善产业区域空间布局，协同引领区域协调发展新格局

一是以"装备制造业集群—产业园区-重点企业"协同联动为基底，优化产业链供应链布局。依托南沙重大交通枢纽、重大科技基础设施、重大产业园区，发力布局"一轴带动、一核引领、两级联动、五片协同、多点支撑"的产业空间，完善南沙高端装备制造业空间布局，引导重点产业集聚发展。

二是加快建设粤港澳全面合作示范区，促进区域协同联动发展。按照《广州南沙全面深化面向世界的粤港澳全面合作总体方案》部署要求，全面深化与港澳高水平合作，打造立足湾区、协同港澳、面向世界的重大战略性平台，在粤港澳大湾区建设中更好地发挥引领带动作用。加强与横琴、前海

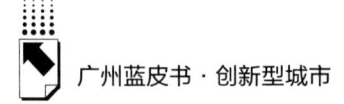

等重大发展平台战略互动，强化与周边地区协同联动，引领示范大湾区融合发展。发挥广深合作"桥头堡"作用，在万顷沙南部地区打造广深"双城"联动先行示范区。加强南沙科学城与光明科学城、松山湖科学城联动发展，协同东莞滨海湾、中山翠亨等周边重点平台发展，推进广佛高质量融合试验区"南沙—顺德"片区建设，携手引领"一核一带一区"建设。深度拓展与海南自贸港"港湾联动"。继续办好大湾区科学论坛、国际金融论坛（IFF）全球年会、CNBC全球科技大会、亚洲青年领袖论坛、中国—太平洋岛国渔业合作发展论坛等重要活动，打造大湾区国际交往中心新平台。

三是加强产业链供应链国际合作，形成参与国际经济合作和竞争的新优势。在构建"双循环"新发展格局的基础上，培育企业参与国际经济合作的新优势，并适当实施多元化、分散化策略，确保产业链供应链循环更加畅通，建设更具创新能力、高附加值、安全可靠的产业链供应链体系。推进与"一带一路"沿线国家在战略、规划、机制上的对接，加强政策、规则、标准上的联通，深化产业链供应链互补性合作，推动建立全球产业链供应链应急协调和管理机制，加强政府间宏观经济政策协调。

B.14
南沙国际化人才政策的创新思路研究

——基于前海和横琴的经验借鉴

欧江波 周圣强 陈 璐*

摘 要： 前海深港现代服务业合作区、横琴粤澳深度合作区作为特区中的"特区"，在创新国际化人才政策方面积累了较为丰富的做法经验，对于广州南沙贯彻落实《南沙方案》关于创新国际化人才政策体系的部署要求，引领和推动粤港澳大湾区人才高地建设，具有重大借鉴意义。课题组先后对前海、横琴及南沙展开调研，系统归纳前海和横琴的人才政策和做法经验，立足南沙引才聚才育才的现状情况，科学分析南沙创新国际化人才政策面临的机遇和挑战，并提出以下对策思路：以《南沙方案》为指引，推进人才体制机制创新；以产业需求为导向，塑造多层次人才体系；以科技创新为动力，打造国际化人才集聚载体；以趋同港澳为目标，营造国际化宜居宜业环境；以综合服务为抓手，构建国际化人才服务体系。

关键词： 国际化人才 政策创新 南沙

2022年6月，国务院发布《广州南沙深化面向世界的粤港澳全面合作

---

* 欧江波，博士，广州市社会科学院经济研究所所长、副研究员，研究方向为宏观经济、城市经济、房地产经济；周圣强，博士，广州市社会科学院经济研究所助理研究员，研究方向为宏观经济、产业经济、企业创新；陈璐，博士，广州市社会科学院经济研究所助理研究员，研究方向为数量经济、金融经济、区域经济。

总体方案》（以下简称《南沙方案》），为广州南沙深入挖掘潜在优势、建设成为粤港澳全面合作重大战略性平台、助推广州和大湾区高质量发展提供了重大历史契机。前海深港现代服务业合作区（以下简称"前海合作区"）、横琴粤澳深度合作区（以下简称"横琴合作区"）濒临港澳，是深圳和珠海的对外开放高地，是特区中的"特区"，国家战略定位高、政策优惠力度大，在多个领域具有先行一步的特殊优势。课题组先后对前海合作区、横琴合作区及南沙展开调研，着重考察前海、横琴合作区在创新国际化人才政策方面的做法，认为借鉴前海、横琴合作区经验，对于贯彻落实《南沙方案》关于创新国际化人才政策体系的部署要求、引领和推动粤港澳大湾区人才高地建设具有重大的现实意义。

一 前海、横琴合作区的人才政策和做法经验

（一）前海合作区

1. 着力发挥特区优势争取上级政策支持

前海合作区自设立以来，依托深圳的特区优势，积极争取上级支持，力图实现政策突破。前海合作区于2011年出台《深圳经济特区前海深港现代服务业合作区条例》，明确提出上级部门支持多项创新性人才政策，如人才引进一站式服务、高层次人才个人所得税优惠制度、为境外高层次专业人才提供工作和生活便利性、探索境外高层次专业人才出入境管理的便利途径；2020年修订该条例时，要求允许管理局所属资产可用作人才住房，实施促进人才集聚的税收激励政策（旨在扩大税收优惠范围），认可金融、会计、法律等领域境外专业人才的资质和从业经历，支持其打造国际人才高地和高端创新人才基地，探索更开放的全球引才和国际人才管理制度等。2012年出台的《国务院关于支持深圳前海深港现代服务业合作区开发开放有关政策的批复》，从国家层面确认支持前海合作区实施个人所得税优惠政策、建设深港人才特区，允许香港服务提供者设立独资国际学校等。

2. 着力构建与自身发展需求相契合的人才体系

一是放宽人才引入标准满足不同层次人才需求。以应届生落户为例，基本条件是大专及以上学历，两年择业期，无工作和社保条件限制，比同为一线城市的北京、上海、广州均要宽松。二是面向产业发展导向引进人才。在人才住房、人才补贴、人才发展专项资金配套、紧缺职业清单制定等方面均要求面向金融、现代物流、信息服务、科技服务和专业服务产业。三是支持产业和创新人才发展。实施《深圳市产业发展与创新人才奖暂行办法》，重点奖励在产业发展与自主创新有突出贡献的人员。四是大力引进高层次人才。出台《关于以全要素人才服务 加快前海人才集聚发展的若干措施》《深圳前海深港现代服务业合作区支持人才发展专项资金管理暂行办法》等多项举措，不仅积极引进诺贝尔奖获得者、国家最高科学技术奖获得者以及两院院士，还大力引进具有国内外先进水平的科技领军人才、青年科技人才、卓越工程师、创新团队及博士后。

3. 着力为港澳人才创造干事创业条件

一是支持港澳青年在前海就业创业，2019年出台实施《关于支持港澳青年在前海发展的若干措施》，对港澳青年在前海合作区发展进行总体部署。二是放宽港澳执业资格条件，出台《香港注册税务师服务深圳前海深港现代服务业合作区管理暂行办法》《香港特别行政区会计专业人士申请成为前海深港现代服务业合作区会计师事务所合伙人暂行办法》《深圳市前海深港现代服务业合作区香港工程建设领域专业人士执业备案管理办法》等政策，建立港澳专业人士执业"深港通"机制，力争将前海打造为港澳与内地执业资格制度相衔接的试点基地。三是为港澳创新型人才搭建干事创业发展平台，打造前海深港青年梦工场、前海深港基金小镇、前海深港创新中心等具有国际化运营水平的孵化平台。四是促进与港澳人才交流融合，办好国际人才交流大会、深港（前海）人才合作年会等，为港澳人才搭建学习交流平台。

4. 着力强化税收、住房、补贴等优惠政策激励

一是率先实施个人所得税优惠。2012年出台实施《深圳前海深港现代

服务业合作区境外高端人才和紧缺人才个人所得税财政补贴暂行办法》，开启珠三角地区个人所得税优惠政策先河。二是实施特色人才安居工程。2017年出台《深圳市前海深港现代服务业合作区人才住房管理暂行办法》，推进人才住房管理规范化。设立深圳市前海人才乐居有限公司等人才住房专营机构，通过自建、购买等多渠道解决人才住房保障需求。探索开展住房租赁券计划，鼓励人才通过住房租赁市场实现安居。三是加大针对高端人才和创新创业人才的补贴力度。不仅贯彻落实《深圳市产业发展与创新人才奖实施办法》等高层次专业人才相关补贴政策，还相继出台实施《深圳前海深港现代服务业合作区支持人才发展专项资金管理暂行办法》《深圳市新引进博士人才生活补贴工作实施办法》等政策。此外，还为港澳青年人才就业创业提供租房补贴、出入境交通补贴等。

5. 着力营造国际化创新创业环境和氛围

一是提升国际人才服务能力。设立前海国际人才服务工作站，将243项出入境管理服务事项纳入工作站，为国际人才提供"全生态、集成式、国际化"的一站式服务。建立深圳市前海国际人才服务中心有限公司，以企业经营模式，推动人才政策落地落实。推进前海国际人才港建设，引入各类人才服务中介机构、人才创投机构、国际人才组织。二是为境外人才生活、就业、创业提供便利。组织编制并发布与市场紧密接轨的《前海外籍人才紧缺职业清单》。率先探索外籍人才永久居留权制度，于2018年9月颁发全省首张外国人积分"中国绿卡"，并于2019年4月颁发全省首张博士华人"中国绿卡"。三是建立与国际接轨的创业金融服务体系。先后出台前海跨境贷款、外资股权投资、现代服务业综合试点、外商投资管理等一系列支持产业发展的规章制度和办法。依托前海股权交易中心，搭建国际化的技术产权交易平台，促进人才与资本、技术、产权等要素市场的融合与对接，大力吸引国际人才和国际资本入驻。

（二）横琴合作区

1. 聚焦高层次人才引进

一是积极引入顶尖人才。以《关于实施"珠海英才计划"加快集聚新时代创新创业人才的若干措施（试行）》等政策为指引，大力引进诺贝尔奖获得者、国家最高科学技术奖获得者以及中国或发达国家院士等顶尖人才。截至 2022 年上半年，横琴合作区累计引进院士 8 名[①]。二是大力引入创新创业团队。出台实施《横琴新区加快创新驱动企业及团队引进培育扶持办法》《横琴新区关于举办创新创业大赛并给予优胜团队无偿资助的暂行办法（修订）》等政策，并给予凸显竞争力的财政支持，力争构建区域性创新人才高地。截至 2022 年上半年，横琴合作区拥有国家重大人才工程入选者 121 人。

2. 打造高端人才发展载体

贯彻落实《珠海市级创业孵化基地认定和管理办法》，着力打造一批新型研发机构，为人才引进培育发展提供丰富的平台和载体。不断提升澳门青年创业谷、国际科创中心运营水平，推动澳大研究院微电子、先进材料等研发中心建成运行，推进新金属材料国家重点实验室海洋能与氢能金属材料分实验室、氢燃机横琴研发中心、广东省智能科学与技术研究院、横琴先进智能计算平台建设，成功推动全国唯一一个智能计算领域联合实验室——"粤澳先进智能计算联合实验室"立项。截至 2022 年上半年，横琴合作区引进和培育科技企业孵化器、新型研发机构等各类国家级、省级科技创新平台达 20 家，其中澳门青年创业谷、国际科创中心等创新创业基地新培育孵化澳门项目 152 家。

3. 实施港澳人才发展支持计划

一是加大财政投入。贯彻落实《珠海市支持港澳青年来珠就业（创业）和技能培训（训练）若干政策措施》等政策，对港澳青年就业创业活动进行多元化补贴资助，如提供一次性创业资助、创业带动就业补贴、创业培训补贴、优秀创业项目资助、创业担保贷款等。二是提供全方位服务。如支持跨境执业，免办《台港澳人员就业证》，推动单向认可澳门教师、医疗人员等执业资格；为港澳人才跨境流动提供便利，推行合作查验、一次放行通关

---

① 本文横琴合作区数据和情况均来源于课题组 2022 年 6 月对横琴合作区执委会的实际调研。

模式；高标准建设"澳门新街坊"，为人才提供良好的生活环境；出台《横琴新区鼓励澳门企业在横琴跨境办公暂行办法（2020年修订）》等政策，支持澳企在横琴合作区跨境办公。2022年1~4月，横琴合作区登记就业的澳门居民共603人，增长70.3%。横琴合作区成立至2022年5月，累计69家港澳企业和377名专业人士获跨境执业资格。

4.适时优化调整人才政策

近年来，国内人才争夺战加剧，各地投入力度呈水涨船高的态势，横琴合作区及时优化调整人才政策增强竞争力。一是积极推动企业所得税和个人所得税"双15%"政策落地。二是出台实施《横琴新区引进人才租房和生活补贴暂行办法》，在落实珠海相关政策基础上，进一步优化升级，包括加大补贴力度、放宽申请资格条件、允许市-区优惠叠加等。三是出台实施《横琴新区特殊人才奖励办法》，瞄准满足横琴合作区产业发展需求、对横琴合作区开发建设做出突出贡献的人才予以高额奖励，以激发调动特殊人才的积极性。四是出台实施《横琴新区博士后管理办法》，在落实《珠海市博士和博士后人才创新发展实施办法》的基础上，从规范管理、聚焦产业、加大优惠、促进与港澳合作、产出引导等方面进行优化提升，吸引博士后人才落户横琴合作区。

二 创新南沙国际化人才政策的基础条件分析

（一）南沙引才聚才育才的基本情况

近年来，南沙以建设全国人才管理改革试验区、粤港澳人才合作示范区、国际化人才特区为契机，积极出台了多项人才政策举措，已初步形成独具南沙特色的人才政策体系。一是优化人才工作总体布局，先后出台了《广州南沙新区（自贸片区）集聚人才创新发展的若干措施》《广州南沙新区创建国际化人才特区实施方案》，为南沙人才工作提供重要指引。二是引进产业和科创人才，出台实施了《广州南沙关于推动创新链产业链资金链人才链深度融合的若干措施》《广州南沙新区支持科技创新的十条措施》等政策，引进产业和科创方面急需的人才。三是支持港澳人才创新创业，出台了《广州南沙新区（自贸片区）鼓励支持港澳青年创新创业实施办法（试行）》《广州市南沙区建筑和交通工程专业港澳人才职称评价管理办法（试行）》《中国（广东）自由贸易试验区广州南沙新区片区港澳工程及相关咨询企业资质和专业人士执业资格认可管理办法》等政策。四是打造了一批人才发展载体，建成国家海外人才离岸创新创业基地（南沙区）、粤港澳（国际）青年创新工场，推动建设南沙科学城、明珠科学园、南方海洋科学与工程广东省实验室（广州），建立全国首个粤港澳大湾区博士后科技创新公共研究中心。五是提升人才服务能力，实施"南沙人才卡"服务保障措施，设立全国首个"大湾区国际人才一站式服务窗口"、大湾区（广东）国际人才驿站，加快建设中国广州人力资源服务产业园南沙园区，成立国际人才金融服务中心，建设粤港澳大湾区知识产权运营服务集聚平台、中小微企业知识产权托管平台。

南沙的人才政策举措在引才聚才育才方面取得了一定成效，但依然存在一些薄弱环节和不足，主要体现在以下几点：一是人才发展体制机制有待完善，人才落户享受优惠政策多，人才落地南沙实际开展工作少，尤其是对港澳人才吸引力尚显不足；二是相关政策出台偏晚，政策效果还不明显，大部分政策的出台主要集中在近两三年，较前海合作区、横琴合作区晚；三是实质性政策支持稍显不足，指导性政策多，实际落地实施政策偏少，进度不如预期；四是市场化导向有待强化，人才的引进和培育滞后于经济社会发展，与产业和创新发展实际需求存在脱节，人才链产业链创新链融合互促的生态有待构建。

（二）创新南沙国际化人才政策面临的机遇

1. 国家、省和市大力支持

南沙是国家级新区、自由贸易区、粤港澳全面合作示范区，被国家赋予粤港澳人才合作示范区、全国人才管理改革试验区、国际化人才特区的人才战略定位，在国家、省和市的大力支持下，其人才政策具有先行先试优势。国务院发布的《南沙方案》明确要求南沙在人才政策方面率先取得突破；为支持南沙建设国际化人才特区，省、市积极出台配套政策，省印发了《广州南沙新区创建国际化人才特区实施方案》，市印发了《落实〈广州南沙新区创建国际化人才特区实施方案〉的分工方案》。

2. 区位交通优势日益凸显

南沙地处粤港澳大湾区地理几何中心，是连接珠江口岸城市群的枢纽，是珠江流域通向大洋的枢纽通道，区位优势得天独厚。南沙交通发达，可通过广深港高铁、水上高速客运航线等直达港澳，通过世界级海港、铁路、公路交通网快速到达国内外各大城市。随着大湾区"半小时交通圈"快速建设，南沙地理几何中心正向区域交通中心、功能中心转变，为南沙加快人口人才集聚提供了难得优势。

3. 综合承载能力强、潜力大

南沙平台高、基础好、潜力大，正着力构建现代化产业体系和推动高质量城市发展标杆建设，将引发大规模经济要素集聚，这势必要求南沙的综合承载力要足够大。南沙面积广阔、地势平坦，全域面积803平方公里，开发强度仅为23%[1]，并具有连片可开发土地，而且根据《南沙方案》的部署安排，南沙是土地管理综合改革试点，省和市将对南沙年度用地指标适当倾斜。可见南沙综合承载力正在加强，能为大规模产业发展以及各类专业化人才大规模汇集、快速集聚、全面化发展提供空间保障。

4. 医疗教育配套优越

医疗配套方面，南沙依托广州优质医疗资源，引进了中山大学附属第一（南沙）医院、广州市妇女儿童医疗中心南沙院区等7家三甲医院[2]，搭建区域智慧医疗中心，谋划打造粤港澳大湾区医疗卫生高地、广州市医疗副中心。教育配套方面，引进了执信、华师附中、广州二中等广州公办名校，引

---

[1] 数据来源于2022年6月24日国务院新闻办新闻发布会广州分会场广州市委副书记、市长郭永航答记者问。

[2] 数据来源于广州南沙发布，https：//mp.weixin.qq.com/s/G8iA9EhN_iuxPHFK1_8uaQ。

进了美国林肯中学等国外教育资源,高标准建设广州南沙民心港人子弟学校,截至2020年底,南沙教育集团总数达14个①。南沙优越的医疗教育资源将有效破解人才的后顾之忧,为吸引广大人才落户南沙提供助力。

5. 产业基础坚实、增长趋势明显

自南沙开发建设以来,产业集聚化发展态势初成,形成了以汽车、高端装备、半导体产业为支柱的先进制造产业体系;集聚了230多家掌握自主核心技术的人工智能企业,形成了覆盖人工智能芯片、基础软件算法、生物特征识别等领域的人工智能研发集群;积极布局航空航天产业链条,着力打造集运载发射、卫星研制和航天应用于一体的商业航天全产业链。产业是引才聚才育才的导向和抓手,南沙良好的产业发展态势,有助于南沙构筑创新链产业链资金链人才链深度融合互促的发展生态,吸引国际化高端人才。

(三)创新南沙国际化人才政策面临的挑战

1. 国内外环境总体不乐观

国际环境复杂严峻,地缘政治危机、全球经济复苏艰难、贸易保护主义抬头、逆全球化潮流兴起等,给国际人才技术的自由流动形成较大壁垒。国内经济发展仍面临需求收缩、供给冲击、预期转弱三重压力,产业结构转型升级任重道远、中小微企业经营困难等局面尚未发生根本性转变,在经济下行背景下抢抓人才这一关键变量,实现高端人才集聚,对南沙来说挑战正在变大。

2. 区域人才竞争明显加剧

近年来,全国各地掀起抢人热潮,对于人才的竞争趋向白热化。如横琴合作区在租房和生活、科研成果、创新创业等方面为各类人才提供高额补贴、奖励,其中对博士后人员发表论文奖励每篇高达100万元②,对创新创业大赛第一名资助金额高达1亿元③;前海合作区根据市场化导向,超前出

---

① 数据来源于《广州市南沙区教育事业发展"十四五"规划》。
② 数据来源于《横琴新区博士后管理办法》。
③ 数据来源于《横琴新区创新创业大赛无偿资助专项资金管理暂行办法(修订)》。

台了更具实操价值的人才政策，其人才安居工作走在全国前列；上海着力打造世界顶尖科学家社区，建立了全球高端人才引进"直通车"制度等；杭州创新人才政策，在全国率先开展高层次人才分类认定，突出市场价值评价，将产业发展亟须的"偏才""专才"纳入人才体系。

3. 南沙先行先试意识有待提升

相较于深圳前海合作区、上海、杭州等地，南沙在人才政策上的超前谋划意识表现不强。以前海合作区为例，早在2012年12月，前海合作区就印发《深圳前海深港现代服务业合作区境外高端人才和紧缺人才个人所得税财政补贴暂行办法》，并在2013年开始实施境外人才个人所得税优惠政策，该税收优惠政策到2019年才在珠三角其他地区复制推广；前海合作区于2020年9月出台《深圳市前海深港现代服务业合作区香港工程建设领域专业人士执业备案管理办法》，实施香港工程建设领域专业人士执业备案管理，全省相似政策在2021年初开始实施，南沙则到2021年底才出台实施。

三 创新南沙国际化人才政策的对策思路

以习近平新时代中国特色社会主义思想为指导，全面贯彻落实党的二十大精神，抢抓"双区"和横琴、前海两个合作区建设重大机遇，以及国家支持南沙打造粤港澳全面合作重大战略性平台的历史契机，坚持以人为本、市场导向、改革创新为基本原则，充分发挥南沙先行先试的优势，推进人才体制机制创新，塑造多层次人才体系，打造国际化人才集聚载体，营造国际化宜居宜业环境，构建国际化人才服务体系，强化国际化人才保障基础，力争推动"国际化人才特区"建设早出成效，形成与国家定位相适应的南沙人才发展机制，为南沙打造成为立足湾区、协同港澳、面向世界的重大战略性平台提供重要人才支撑和智力保证。

（一）以《南沙方案》为指引，推进人才体制机制创新

以《南沙方案》发布为契机，积极争取上级支持，发挥先行先试优势，加大体制机制创新力度。一是落实落细各项人才政策举措。对标对表前海、横琴合作区人才政策举措，优化提升与《南沙方案》要求相适应的人才引进、人才激励、人才跨境便捷流动、境外职（执）业资格认可、专业人才职称评审、人才服务保障、港澳青年创新创业等政策措施，加快出台个人所得税优惠政策实施细则，着力营造港澳居民来南沙就业创业势头。二是推进人才工作综合授权改革，争取国家支持以清单式批量申请授权的方式在人才管理改革、人才要素流动、人才公共服务等重点领域进行改革试验。三是建立健全与国际接轨的创业金融服务体系和技术产权交易平台，促进发展"金融+科技+服务"新业态，推进人才与国际资本、技术、产权等要素市场的融合与对接。四是完善市场导向的人才激励机制，探索符合国际惯例、具有引才竞争力的薪酬定价机制和人才股权激励制度，形成有利于人才创新创业的分配制度和激励机制。

（二）以产业需求为导向，塑造多层次人才体系

南沙产业发展定位纵深大、产业多元，既能容纳各类大规模的高端制造业集聚也能发展各类高端服务业，其人才需求更为多元化。要发挥先行先试优势，探索进一步放宽应届生引入条件，广泛吸引各类专业化人才落户南沙，满足经济社会发展需求。要强化产业发展导向，面向新一代信息技术、人工智能、海洋科学与工程、生物医药、新能源和新材料等产业领域，在人才住房、人才补贴、项目资助等方面给予人才支持。深入实施港澳人才专项支持计划，加快集聚熟悉国际商务、法律、金融、财税等港澳专业人才。做实做细高端人才引进，强化人才落地，精准引进金融科技、人工智能、大数据、芯片研发等世界级人才。实行顶尖人才"一人一策"，对于在国家重大科技任务担纲领衔者，长期奋战在科研第一线且前瞻性判断力、跨学科理解力、大兵团作战组织领导力强的战略科学家要重点引进。

（三）以科技创新为动力，打造国际化人才集聚载体

高水平建设南沙科学城、明珠科学园，加快推进南方海洋科学与工程广

东实验室（广州）、冷泉生态系统观测与模拟大科学装置等重大创新平台建设，联动周边区域科技基础设施，以高端平台为依托大力引进高水平科技创新团队和人才。加快建设粤港澳大湾区博士后科技创新（南沙）公共研究中心，结合南沙产业布局及人才需求，鼓励知名高校、科研院所、央企、百强民企等来南沙设立博士后科研流动站、科研工作站以及博士后创新实践基地等载体，创新产学研合作人才培养模式。进一步优化提升粤港澳（国际）青年创新工场、"创汇谷"粤港澳青年文创社区等平台运营水平，鼓励现有各类孵化基地、众创空间等开辟拓展专门面向港澳青年的创新创业空间，打造具有南沙特色的港澳青年创新创业基地。

（四）以趋同港澳为目标，营造国际化宜居宜业环境

高质量建设香港科技大学（广州）港式国际化社区，对接港澳标准，推进港人子弟学校、境外居民办事中心等建设，探索引进港澳运营机构共管，学习港澳物业管理优秀做法和经验，营造趋同港澳的生活环境，将港式国际化社区打造为大湾区宜居宜业宜学的示范区。积极引进国际化医疗机构、国际知名学校等资源，深入参与广州培育建设国际消费中心城市，满足高端人才在医疗、教育和商业等领域的高消费需求。加快推进中山大学附属第一（南沙）医院等公立医院建设启用，扩大"港澳药械通"试点，积极参与"湾区社保服务通"建设，积极推进落实境内外人才子女入读公办义务教育学校，探索港澳居民异地就医费用结算。不断提升人才生活的便利性，支持引入港澳政务服务自助机，降低与港澳间手机长途和跨境漫游费，协同前海合作区、横琴合作区等地共同推动港澳私家车北上，适当放宽外籍人才参与广州市中小客车摇号和竞价条件。

（五）以综合服务为抓手，构建国际化人才服务体系

持续提升国际人才服务能力，建立完善外籍人才服务保障体系，实施更开放的全球人才吸引和管理制度，为外籍人才申请签证、居留证件、永久居留证件提供便利。大力拓展南沙国际人才服务港相关平台功能，推进中国广州人力资源服务产业园（南沙园区）建设，对接、引进国际知名人力资源

服务机构，发展国际猎头等新型服务业态，积极开展国际人才就业、创业服务，搭建国际人才数据库，提升南沙国际人才资源配置能力。建立链接国际人才机制，携手港澳促进人才协同发展，创新实施"居住在港澳、工作在内地"等模式，精准链接全球一流人才；支持在南沙以市场化方式发起成立国际性人才组织和承办国际性人才论坛，创新国际性人才组织管理制度，搭建国际人才交流合作平台。做好人才安居工作，加快建设人才公寓、共有产权住房，进一步便利境外人才和重点发展领域急需人才在南沙购买自住商品房。

参考文献

《广州南沙深化面向世界的粤港澳全面合作总体方案》，中国政府网，2022年6月14日。

《广州南沙新区创建国际化人才特区实施方案》，广东省发展和改革委员会网，2021年2月19日。

B.15
华南技术转移中心高质量发展若干建议

沈勇涛　廖晓东　孙向林*

摘　要： 随着全球新一轮科技革命和产业革命浪潮的到来，把握国家战略需求和科技发展趋势，完善国家技术转移体系，提高技术转移中心创新能力已成全球大势所趋，建设具有国际竞争力的科技成果转化中心成为粤港澳大湾区践行国家战略的历史使命。本文分析了华南技术转移中心的建设背景，总结了华南技术转移中心的发展现状及主要做法，分析了科技成果转化行业面临的主要问题及难点，并从加强政产学研协作、打造粤港澳协同新格局、加强服务平台建设、建设成果产业化试点基地和服务平台等方面提出了推进华南技术转移中心高质量发展的对策建议。

关键词： 粤港澳大湾区　技术转移体系　华南技术转移中心

随着全球新一轮科技革命和产业革命浪潮的到来，把握国家战略需求和科技发展趋势，完善国家技术转移体系，提高技术转移中心创新能力，提高科技成果转化和产业化水平，已成为世界经济发达体科技政策共识和创新驱动发展战略大趋势。华南技术转移中心是由广东省政府统一部署，广东省科学技术厅、广州市科学技术局和南沙区管委会等多部门和国家级开发区共同联合建设，并由广东省生产力促进中心牵头共建的国有技术转

---

* 沈勇涛，博士（后），广州市社会科学院科技创新研究所副研究员，研究方向为科技创新、产业发展；廖晓东，华南技术转移中心副总裁，副研究员，吉林大学博士研究生，研究方向为科技成果转化、技术转移；孙向林，暨南大学经济学院硕士研究生，研究方向为科技创新、能源经济。

移综合服务枢纽平台,2018年3月正式投入运营。科技部、广东省人民政府2018年部省工作会商会议提出"支持华南技术转移中心与港澳相关技术转移机构共同建设国家技术转移粤港澳大湾区中心,支持大湾区加快科技成果转移转化"。

一 华南技术转移中心建设背景

(一)高度重视新技术研发与技术转移转化已成为发达国家共识

16世纪以来,科技创新一直被发达国家主导,以科技创新为经济社会发展核心驱动力已成为国家发达程度的重要标志,新一轮科技革命和产业革命兴起,把握国家战略需求和科技发展趋势,完善国家技术转移体系,提高技术转移中心创新能力建设,把促进科技成果转化作为抢占科技产业制高点的重要举措,提高科技成果转化和产业化水平,促进科技成果转化及产业化,已成为世界经济发达体科技政策共识和创新驱动发展战略大趋势。美国国家技术转移中心(NTTC)、英国国家研究开发公司(NRDC)、英国技术集团(BTG)、欧洲创新转移中心(IRC)等全球知名技术转移专业机构已成为将高水平研究成果进行市场化、商品化及产业化的典范。德国创新市场(IM)、日本Technomart等国家级技术转移市场通过技术创新中心提供一对一的技术交易服务,形成了良好的技术转移转化成效。

(二)国家高度重视高水平的技术转移体系建设和技术转移中心建设

党的二十大提出"实施科教兴国战略,科技是第一生产力、人才是第一资源、创新是第一动力,坚持创新在我国现代化建设全局中的核心地位,把科技自立自强作为加快实施创新驱动发展战略的重要支撑"。国家"十四五"发展规划提出依托国家级技术转移机构,完善创新科技成果转化机制,加快覆盖全国、服务企业的技术转移网络建设,打造国家技术转移集聚区,推动创新要素向企业集聚,打通基础研究"最先一公里"和成果转移转化

"最后一公里"。

实施创新驱动发展战略是一项系统工程，技术转移转化工作是系统工程中最大限度解放和激发科技巨大潜能的重要环节，国家也高度重视技术转移体系建设和科技成果转化及技术转移体系中心建设。《中华人民共和国促进科技成果转化法》《国家技术转移体系建设方案》《国务院关于印发国家技术转移体系建设方案的通知》等相继修订或出台，对"完善技术转移机构服务功能""健全区域性技术转移服务机构""加快国家技术转移中心建设布局""加快国家技术转移体系完善"提出了多项具体措施。上海、北京、广东等地出台多项政策支持技术转移中介机构的发展，已初步形成中关村国家技术转移集聚区、深圳国家技术转移南方中心以及以中、东、西等区域中心为核心的"2+N"全国技术转移体系。广东省于2017年开始部署建设华南技术转移中心，通过企业化运作，打造粤港澳大湾区技术转移转化综合型枢纽平台。

（三）华南技术转移中心建设具有国家创新高地打造的历史使命

"打造全球科技创新高地和新兴产业重要策源地，建设具有全球影响力的国际科技创新中心"的战略定位是粤港澳大湾区参与全球竞争、实现高质量发展、推动未来产业升级的关键。科技部、广东省政府提出的"支持粤港澳大湾区加快科技成果转移转化，支持华南技术转移中心与港澳高水平技术转移机构共建国家技术转移粤港澳大湾区中心"是当前国内外形势错综复杂、高端技术出现封锁的背景下，探索国内外双循环转移转化新业态、新模式的重要途径；是构建覆盖"技术需求—成果供给—技术交易—孵化育成—创业投资"等技术转化孵化关键环节及生态系统，推动技术、人才等要素自由流动，打通粤港澳大湾区技术转移转化内循环通道的重要路径，具有重要战略意义和现实意义。当前，培育一批专业化高水平的技术转移机构及第三方服务市场，加速国家技术转移体系在粤港澳大湾区布局，把握新规律、新趋势、新要求，加强创新平台建设，大力发展新技术、新产业、新领域、新赛道、新业态、新模式，在粤港澳大湾区全面增强技术要素市场对全球科技资源的集聚配置能力，让科技创新成为粤港澳大湾区经济增长的内生动力是粤港澳大湾区践行国家战略的重要任务。

二 华南技术转移中心发展现状及主要做法

华南技术转移中心作为粤港澳大湾区及珠三角国家科技成果转移转化示范区建设的重要载体，集聚了多方优势科技创新资源和力量，立足粤港澳大湾区、辐射全国、面向国际，打通粤港澳大湾区技术转移内循环通道，针对当前国内技术转移面临的"低频、高难、长线、非标"等行业痛点，创新运营机制和发展思路，依托"华转网"在全国范围内率先以"科技服务电商"模式打造科技Mall，打造以"人才"为核心的技术转移模式，不断探索新型技术转移机构的发展路径，通过企业化运作，打造粤港澳大湾区技术转移转化综合型枢纽平台，积极探索全国可推广的新型技术转移机构建设"华转经验"（见图1）。

图1 "华转中心"打造新型技术转移机构的六条路径

（一）坚持以政策为支点，整合多方创新资源

政策是撬动资源的有力杠杆，能够有力吸引汇聚各方资源参与技术转移

转化。华南技术转移中心针对目前资源吸引、集聚、整合成本高的难题，通过政策汇集资源，积极承担广东省企业科技特派员专项和科技创新券等政策改革实施，依托"华转网"汇聚一批优秀科技成果、专家人才、科技企业等创新要素，着力打造企业创新需求库、重大科技成果库、国际创新人才库、科技服务商库，着力破解技术转移线上平台"僵尸平台"问题，逐步打造成为综合型技术转移服务高端枢纽平台。截至2022年底，华转网浏览量突破4000多万，已集聚各类优质创新资源60000余项，促成省内各类科技服务合同交易突破50000万元。

（二）坚持以人才为核心，推动人才与企业的精准对接

人才是科技创新中最为关键、最为活跃、最为积极的资源。目前，传统技术转移模式以技术专利、技术交易额、科技成果等为核心，通过专利、成果等转让和交易实现成果转化，容易在产品化、商业化过程中面临各种体制机制制约，也是技术转移"高难"症结所在。华南技术转移中心依托承担"广东省企业科技特派员"专项改革，通过线上平台为企业技术需求与科技人才揭榜对接提供精准匹配服务，线下举办企业科技特派员地市行系列活动，通过科技人才驻厂，助力企业走出创新困境，攻克技术难题，将科研机构的研究成果应用在企业研发生产中，促进科研成果产业化，在全国率先打造以"人才"为核心的技术转移模式。

（三）坚持以需求为导向，实现供给与需求的精准匹配

科技成果转化本质上是精准匹配科技供给和市场需求，创造符合市场化需求的新技术和新产品。在广东省科技厅的大力支持下，华南技术转移中心在国内率先探索"以企业技术需求为导向"的科技人才"精准对接、精准匹配"新模式，探索建立新的项目立项方式，采用"悬赏揭榜制"，由企业提出研发需求，并决定是否立项，政府给予立项审批和资助，实现将项目服务于企业需求，并促使科技研发成果直接在企业车间里转化。截至2022年底，平台共吸引2390多家企业，发布1700余项技术需求，吸引来自清华大

学、北京大学、香港生产力促进局等370多家优质科研单位的4000余名全球高端科研人才入驻，提供针对企业技术需求的解决方案达1621项，1172项关键技术成果对接转化。

（四）坚持以供给为支撑，助力产业转型升级

高水平科技供给与经济发展新常态的实际需求不相适应，已制约产业转型升级，导致一些领域出现"高端产业低端环节"的尴尬局面，强大的供给能力是科技创新与成果转化的基础支撑。华南技术转移中心自主研发的线上平台"华转网"，搭建9大功能分平台，不断迭代升级，截至2022年底，已集聚60000多优质创新资源、22700多项高价值专利、10500多项科技成果、1700多家孵化器、600多个科创路演项目、4000多名科技专家，吸引华为云、天翼云、赛宝等750多家优质技术服务机构入驻，检验检测、云计算、超算、中试及工程化开发等科技服务产品3600多件，服务企业超过5000家。此外，华南技术转移中心打造全国首个产业设计赋能中心，以"设计+科技+人才+产业共同体"为核心路径，依托"互联网+"云平台将海量创意设计通过众包模式注入中小企业，为行业领军企业提供国际顶尖大师战略设计及跨界设计整合服务，已聚集优秀设计师4500多名，上线4500多个优秀设计作品，为设计资源向服装产业赋能提供线上平台支持。

（五）坚持以平台为手段，提升资源对接效率

华南技术转移中心充分发挥平台聚合高端创新资源、推动协同创新、促进资源共享的优势，对技术成果信息、企业技术需求信息进行深度挖掘，提高对接效率和成功率，实现供给和需求的智慧化、精准匹配对接。"华转网"平台将"互联网+"模式与技术转移有机结合，搭建了知识产权运营、8分钟路演、孵化器赋能等功能分平台，运用大数据、云计算等技术手段，链接整合集聚科技成果、人才、机构、资本等创新资源，确保机构持续运营能力，建设集成果发布、需求征集、在线对接等功能于一体的全流程服务体系，"一站式"实现技术需求方、技术供给方、技术服务

方的精准对接和匹配。截至2022年底,"华转网"技术需求平均对接周期为66天,对接最长时间为138天,最短为1天,通过大数据、人工智能等技术手段实现快速高效对接,减少对接所需成本,并在"低频"上快速帮助企业实现突破。

(六)坚持以运营为主线,探索发展新模式

技术转移机构是各类创新主体的黏接剂和创新活动的催化剂,肩负着社会公益服务使命,但同时面临现金流不足、服务收益难以覆盖成本、企业付费意愿不强等生存难题。应该坚持以运营为主线,寻求技术转移机构在提供公益服务与提高市场拓收之间的平衡。华南技术转移中心在"公益"和"效益"之间积极探索,努力寻找破局出路。截至2022年底,华南技术转移中心共举办100多场培训活动,为超过27000人次提供培训服务,积累平台用户并产生用户黏性,支撑科技金融、投融资、孵化培育等业务活动开展。同时,与地市共建区域分中心,采用"华转资源赋能+专业团队本地化运营"的建设模式,积极开拓地方市场,打造区域服务网络。

三 当前面临的主要问题和难点

(一)技术转移转化过程中具有"低频高难非标长线"典型性特征

科学技术本身由于具有科学复杂性、知识产权具有难以评估性和资本投入企业运营管理具有一定风险性等特征,技术转移过程呈现出"低频高难非标长线"的特征。一是企业的技术转移转化过程发生次数较低,购买技术服务的需求次数相对较低,技术转移服务的频次也较少,呈现出"低频"的特征;二是由于科学技术本身的科学复杂性、技术转移实现的不确定性呈现出"高难"的特征;三是技术转移转化过程涉及多方参与主体、多个交叉学科、多个行业门类和多个相关领域,每个成功的项目都具有自身独有特性和服务难以标准化,呈现出"非标"的特征;四是转移转化过程相对复

杂涉及前期信息对接，中期谈判融资，后期企业运营管理等多个过程，技术转移转化和服务周期相对较长，呈现出"长线"的特征。技术转移过程中以上"低频、高难、非标、长线"的特征一方面制约行业发展，另一方面也是行业破题的关键。

（二）技术转移转化的服务项目盈利困难

技术交易和技术成果转移转化的过程相对复杂，服务涉及交易前期双方对接、信息分解、加工和整合，交易过程中谈判、商务、法律等诸多服务，交易后金融、财税财务等服务，整个服务周期相对较长；二是技术转移第三方服务机构收费模式难以实现，服务入股和股权投资模式难以实现，技术转移平台第三方服务机构收费一般采用需求方付费模式，也有平台通过佣金收入或者科技成果转化产业化获利两种方式，但总体上来说，企业付费转移转化服务的意识较弱，中小企业初创初期，资金较为困难，付费技术交易服务能力较弱；另一方面，科技成果服务入股困难，且知识产权评估和证券化评估价值困难，总体来说，技术转移服务项目盈利困难。

（三）普遍面临业务拓展困难，线下效率低线上落地难

技术转移转化机构除了面临项目普遍盈利困难，还面临业务拓展等诸多难题：一是对技术转移转化机构的背书要求较高，市场主导的运营管理困难重重，而技术转移转化过程又涉及多方参与主体、多个学科交叉、多个行业门类和多个相关领域，仅依靠单一机构、政府主体、企业主体或单方资源难以实现较好转化，但同时技术转移机构数量快速增长，市场主导由于盈利问题难以持续；二是商业流量难以集聚，用户黏性不足。同时，线下技术转移专业度高、不确定因素多，内容相对复杂，转化周期较长，涉及主体较多，而线上转移转化主要涉及技术拍卖或技术相关交易，缺乏第三方枢纽型平台融合多方资源，实现多方主体利益一致性和信息对称，项目真正落地转移转化仍需线下进行，线上转化项目落地困难。总体而言，线上线下相结合是未来发展趋势，但是枢纽型转移转化共享平台的缺失导致的平台没有活跃度，

浏览量低难以引流的问题任普遍存在,线下效率低线上落地难也是限制技术转移转化机构良性、可持续发展的重要原因。

(四)转移服务队伍专业能力不足,技术转移机构服务支撑水平不高

技术商品由于知识产权难以评估的特点,其商品价值在转移转化初期难以评估,且由于技术本身理解困难和技术交易周期较长的特征,因此要求技术转移转化从业人员对科技、金融、法律、财务、管理等各个领域都具有较强的专业性能力,对于跨国别、跨区域和各个领域的技术转移项目,具备较强市场甄别和分析能力、项目管理能力。当前,除枢纽型转移转化共享平台的缺失之外,技术转移专业化服务队伍数量不足,专业服务能力不强,一是新科技、先进制造业等重点领域技术型人才缺失,二是缺失对高科技转移转化项目具有很强前景判断、风险评估能力且熟络投资融资运营管理的人才较为缺失,而同时熟络科技和投资管理的人才更是极度缺乏。此外,技术转移转化过程涉及多方参与主体、多个交叉学科、多个行业门类和多个相关领域涉,高水平的技术转移机构服务需集成高校及研究机构的科学技术优势、政府部门的引导优势,金融资本的资源优势、技术转移转化部门的服务优势及企业运营管理优势,如何更好实现多方主体的参与积极性和利益一致性,优化转移转化过程,提升转移转化效率,对技术转移机构服务水平提出了很高的要求,而当下技术转移服务机构自身面临的盈利困难,枢纽型平台缺失,专业化能力不足等问题,导致技术转移机构的服务支撑能力无法满足当下日益发展的经济社会要求,未来需要多路径、多层次探索技术人才培养路径,枢纽型平台建设路径和专业化服务机构盈利路径。

四 对策建议

为实现高质量发展,积极协同港澳共建国家技术转移粤港澳大湾区中心,未来华南技术转移中心可从加强政产学研协作、打造粤港澳协同新格

局、加强服务平台建设、建设成果产业化试点基地和服务平台、引领技术经纪人行业规则制定、提升服务能力和水平等方面重点发力。

（一）加强政产学研协作，探索破解行业难点新模式

充分利用华南技术转移中心省、市、区共建优势，全面加强与发改、科技、工信、财政、南沙政府等主管部门之间的协同，建立职能部门工作对接机制和常态化对接协调机制，做好政府与高校院所、科技服务机构、创新园区之间的链接，促进各方形成推动科技创新发展的有效合力。以企业实际技术需求为导向，将高校、科研院所的研究能力和成果应用到企业实际研发和生产中。围绕技术转移过程中的关键环节，重点开展新型技术、关键技术和卡脖子难点技术。以全周期、大生态发展理念，探索破解"低频、高难、非标、长线"等四大行业难点新模式，打造以线上线下相结合、孵化器运营赋能、科技精准服务、科研众包悬赏、特派员支援等打破格局、引入创新、强化服务、链接资源的技术转移新模式。

（二）打造粤港澳协同新格局，加强与全球顶尖机构的合作

2022年6月14日，国务院印发《广州南沙深化面向世界的粤港澳全面合作总体方案》，明确提出加强华南技术转移中心等项目建设，以积极承接香港电子工程、计算机科学、海洋科学、人工智能和智慧城市等领域创新成果转移转化，建设华南科技成果转移转化高地。为此，华南技术转移中心可进一步加强与港澳特区政府、高校、科研机构及香港生产力促进中心、香港科技园、香港机电工程署和澳门生产力暨技术转移中心等重大科技转化孵化平台的合作，通过项目互联互通、机构创新机制互学共享、科技创新氛围打造、投融资深度对接等方式，加快推进国际技术转移中心建设。与此同时，加强与全球顶尖机构的深入合作，拓宽创新创业国际交流合作范围与内容，积极开展开展跨境、跨区域的科技成果转化服务，不断加强国际人才、技术、资金及项目等优质资源的集聚能力，全面提升国际化项目的孵化能力和运营能力，打造具有国际特征的技术交易及服务生态体系。

（三）加强服务平台建设，全面提升平台影响力

华南技术转移中心要聚焦粤港澳知识产权服务需求，构建知识产权一站式服务资源体系和数据资源体系，通过版权及地理标志导航、高价值专利转化、专利商标检索对比等大数据检索分析以及法律咨询、商标注册、专利申请、知识产权交易等知识产权领域专业服务，全面加强知识产权综合服务平台建设。紧跟互联网+大数据产业的发展，加强"华转网"的升级迭代，完善技术转移数据库平台，制定科技成果信息采集规范，完善信息共享机制，促进数据资源互联互通，不断完善平台功能，全面提升平台影响力。

（四）建设成果产业化试点基地和服务平台，探索概念验证中心发展模式

华南技术转移中心可加强与各产业园区的合作，建设产品体验中心，助力科技成果产业化，为科技成果提供测试与试验环境。具体来看，可依托粤港澳大湾区国家技术创新中心、重点的科研机构与企业，建设一批科技成果产业化试点基地和服务平台，精准匹配科技成果与产业需求。依托高校与科研院所资源，鼓励企业带头、政府引导、产学研协同，探索概念验证中心发展模式，对科技成果开展技术和商业可行性研究，建立适应产业发展的试点基地。

（五）引领技术经纪人行业规则制定，提升服务能力和水平

华南技术转移中心要进一步引领技术经纪人行业规则制定，加强技术转移服务联盟和国家技术转移人才培训基地建设，依托华转学堂开展技术转移人才培训，加强初、中级技术经纪人和高级技术经理人的培训和培养，为技术转移人才提供定制化培训服务。与此同时，实施线上线下科技金融服务工程，依托"8分钟"路演服务平台，加强与各大投融资机构的合作，为创业者和投资人提供全方位投融资服务。加强国家级科技孵化器和众创空间建设，依托华南技术转移中心总部大楼、华转粤东分中心、华转粤桂分中心等

众创空间和孵化器基地，秉承"有温度的创业社区"的核心理念，通过特色设计、智能系统以及社区运营，建立"众创空间—众服空间—孵化器—加速器—产业园"全生态孵化育成体系。

参考文献

孙进：《华南技术转移中心：打造科技成果转化华南大枢纽》，《广东科技》2021年第11期。

孙云杰、尹志欣、张文霞：《江苏省产学研融合与科技成果转化经验、政策诉求与相关建议》，《全球科技经济瞭望》2022年第3期。

王华、崔成敏：《加快科技成果转化的对策研究》，《上海商业》2022年第8期。

胡顺义：《粤港澳大湾区建设背景下中山新兴产业技术创新支撑体系优化策略分析》，《科技和产业》2020年第7期。

廖晓东、李奎：《粤港澳大湾区技术转移体系建设研究》，《决策咨询》2021年第4期。

B.16 广州香港科大霍英东研究院创新发展现状及对策研究

尹靖华 孙向林 钱 程*

摘 要： 本文首先从知识成果产出、创新平台建设、科技成果转化等多方面总结了广州香港科大霍英东研究院创新发展的概况，发现其知识成果丰富，创新平台建设成果凸显，科技成果转化效果显著，已基本建设成穗港科技合作枢纽、原始创新与商用技术的桥梁以及粤港澳大湾区青年科技创新创业基地。其次，从科技服务需求、地理位置及政策环境、自身发展优势等方面分析了影响其创新的主要因素。最后，从打造具有国际影响力的成果转化平台、延展科技创新服务链、打造知识产权跨境服务体系和提升创新创业软环境等方面提出了促进其创新发展的对策建议。

关键词： 广州香港科大霍英东研究院 应用科技研发 成果转化 南沙

广州香港科大霍英东研究院（以下简称"研究院"）是在香港爱国爱港知名人士、"改革开放先锋"霍英东先生的倡议下，由霍英东基金会捐资兴建，于2007年1月正式落户粤港澳大湾区的几何中心广州南沙，是广州市首家香港背景科研机构和广东省首批新型研发机构，是南沙面向港澳合作的窗口。研究院依托香港科技大学领先国际的科研及教育优势，与珠三角高

---

* 尹靖华，博士（后），广东金融学院保险学院讲师，研究方向为国际贸易、保险学；孙向林，暨南大学经济学院硕士研究生，研究方向为科技创新、能源经济；钱程，广州市社会科学院科技创新研究所助理研究员，研究方向为产业经济、科技创新。

校、机构和企业的发展需求相结合，重点布局物联网、先进制造与自动化、先进材料、绿色建筑与环境等领域。以科技创新为核心驱动，致力于粤港深度合作下的应用科技研发与成果转化，是香港科技大学面向内地最重要的技术成果转换平台。经过多年的持续经营，研究院科技创新表现亮眼，已初步建设成为穗港科技合作枢纽、原始创新与商用技术的桥梁以及大湾区青年科技创新创业基地。

一 创新发展概况

（一）材料科学、应用化学、能源燃料等是重点研究方向

从研究院SCI论文发表情况来看，2011~2022年，研究院SCI论文发表数明显增加，从2011年的3篇增加到2022年的36篇，合计184篇，2018~2021年增速相对较快（见图1）。从论文类别来看，材料科学是研究院最主要的研究方向，该领域的论文数量最多，达54篇，占比为29.35%，接近三成。应用化学和能源燃料领域论文数位列第2和第3，占比分别为26.63%、22.83%。此外，电子自动化和纳米技术领域的SCI论文数量占比也在10%

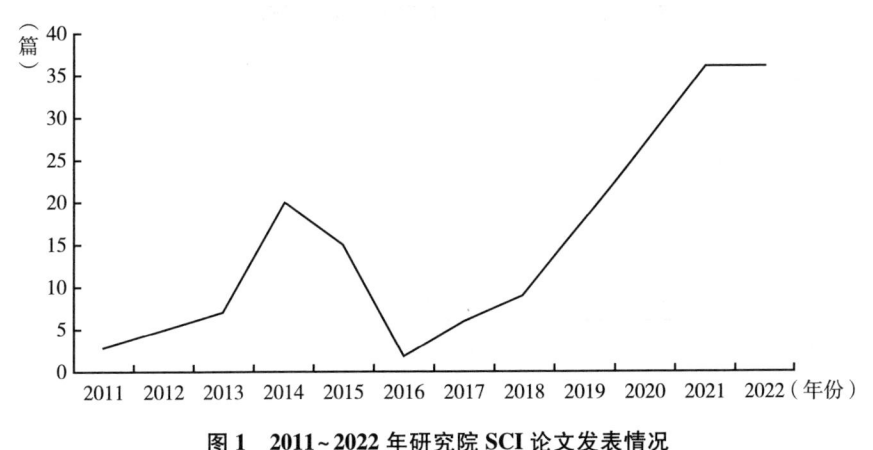

图1 2011~2022年研究院SCI论文发表情况

资料来源：笔者在Science Citation Index Expanded 数据库中检索得到，检索时间为2023年3月。

以上（见表1）。总体来说，材料科学是研究院的主要优势领域，应用化学、能源燃料、电子自动化以及纳米技术等也是重要的研究方向。

表1 2011~2022年研究院SCI论文Web of Science类别分布

单位：篇，%

排名	Web of Science类别	论文数量	占比
1	材料科学	54	29.35
2	应用化学	49	26.63
3	能源燃料	42	22.83
4	电子自动化	25	13.59
5	纳米技术	23	12.50

资料来源：笔者在Science Citation Index Expanded数据库中检索得到，检索时间为2023年3月。

从SCI论文的合作机构来看，由于研究院依托香港科技大学而成立，其与香港科技大学保持着密切的合作关系，SCI论文合作率达100%。除了香港科技大学，研究院合作最多的机构是华南理工大学，合作了33篇论文，占比达17.93%。此外，研究院与深圳大学、中国科学院、大连理工大学等均有合作（见表2）。

表2 2011~2022年研究院SCI论文主要合作机构

单位：篇，%

排名	SCI论文合作机构	论文数量	占比
1	香港科技大学	184	100
2	华南理工大学	33	17.93
3	深圳大学	19	10.33
4	中国科学院	13	7.07
5	大连理工大学	10	5.43
5	哈尔滨工业大学	10	5.43

资料来源：笔者在Science Citation Index Expanded数据库中检索得到，检索时间为2023年3月。

（二）承担各级科技项目，为企业提供技术服务

从承担的项目来看，截至2022年10月，研究院已累计获得各级各类科

研项目共834项，其中政府科研项目超过300余项，商业科研项目超过500余项，项目合同经费总额约7.7亿元，带动科研项目总投资超过14亿元。研究院已累计为300多家企业及事业单位提供技术服务和关键技术研发，该板块业务占比已经达到一半左右。[①] 从专利申请情况来看，截至2022年10月，研究院专利申请数量453件，其中有效专利328件，授权专利223件；发明专利申请335件，其中授权数量142件；实用新型专利申请96件，其中授权数量75件，国际专利20件。从获奖情况来看，研究院已获国家自然科学奖二等奖、广东省科学技术一等奖、广东省科学技术二等奖、中国产学研合作创新成果奖二等奖。[②]

（三）聚焦新材料等领域设立四大研发部门

研究院聚焦新材料、新一代信息技术、智能制造、节能环保与新能源以及可持续发展与碳中和领域，下设先进材料研发部、物联网研发部、先进制造与自动化研发部以及绿色建筑与环境研发部等四大研发部门（见表3）。具体来看，先进材料研发部的研究方向主要包括超轻高强先进工程材料、高性能碳纤维/环氧树脂复合材料等。物联网研发部承担了包括973项目（二级课题）、国家自然科学基金重点项目、广东省重大科技专项在内的一系列科技计划项目，被批准成立"广东省感知与计算工程技术研究中心"和"广州市数字生活工程技术研究中心"。与此同时，研发部依托其在传感器数据分析、传输、存储等方面的技术积累，为众多企业提供关键技术研发服务，并孵化公司探索大规模产业应用前景。先进制造与自动化研发部与香港科技大学清水湾本部实行一体化管理，由国际高分子成型及控制领域的领军人物、香港科技大学讲座教授高福荣领导，主要致力于高分子加工自动化、能源管理自动化技术研究。绿色建筑与环境研发部主要研究内容包括空气颗粒物检测与分析服务、大气污染模拟预报分析和空气质量管理平台开发、海洋动力与模拟等。

---

① 课题组通过调研所得。
② 专利、获奖情况等相关数据由研究院提供。

表3 研究院四大研发部门

（Ⅰ）物联网研发部	（Ⅱ）先进制造与自动化研发部
移动智能感知与计算国际联合研究中心 广东省感知与计算工程技术研究中心 广州市数字生活工程技术研究中心 国家超级计算广州中心南沙分中心	高分子成型过程及系统中心 高性能聚合材料加工及装备联合实验室 广东省间歇工业过程监测与故障诊断院士工作站 广州市塑料加工智能化行业工程技术研究中心 工业自动化国家工程研究中心（华南分中心）
（Ⅲ）先进材料研发部	（Ⅳ）绿色建筑与环境研发部
工程材料及可靠性研究中心 固体发光研究联合实验室 超轻高强工程材料国际联合研究中心 广东省先进材料与可靠性技术工程技术研究中心	建筑物能源研究中心 能源联合控制实验室 大气研究中心 珠三角大气环境研究联合实验室 海洋动力学和模拟专项 近海观测与模拟联合实验室 创新污水处理技术中心 电化学能源创新实验室 有机太阳能电池创新实验室 香港科技大学-北京师范大学-剑桥大学绿色创新联合实验室

资料来源：广州香港科大霍英东研究院。

（四）拥有高素质人才队伍，具备优越的科研条件

研究院现有团队共204人，其中科研人员为170人，占比超八成；硕士及以上学历职工90人，占比超过40%；外籍创新人才3人，长江学者2人，联合引进博士后28人，在站博士后11人，超过90位境外知名教授及团队依托研究院开展面向境内的科技成果转化工作[①]。从科研设备投入来看，研究院已投入超过人民币5000万元配置高端研发设备，设有28个干/湿研究实验室、配套中央设施及共享实验平台。在新材料、人工智能、传感器、纳米技术等优势领域已拥有X射线能量色散仪、大气化学形态取样器、能见度传感器、纳微米硬度测试仪等先进实验设备。此外，香港科技大学还提供

---

① 人才队伍相关数据由研究院提供。

可共享的中央实验室，如材料制备与表征实验所、先进工程材料实验所、设计与制造服务实验所、嵌入式系统实验所、纳米电子制造实验所、环境中央实验所等。总的来看，研究院拥有高素质人才队伍，配备了完备的实验场所以及具有国际领先水平的高端实验设备仪器，为创新研发提供了优越的条件。

（五）建成国家、省、市级研发平台体系

从研发平台来看，研究院已建设成以"国家级平台、广东省级平台、广州市级平台"为梯队的创新平台体系。其中，国家级平台包括863计划课题依托单位、973计划项目依托单位、国家自然科学基金依托单位、国家超级计算广州中心南沙分中心；广东省级平台包括广东省首批新型研发机构，广东省工程技术研究中心、广东省博士工作站，广州市级平台包括国际智能制造平台。其中，国际智能制造平台于2018年由广州市政府、南沙区政府与研究院共同打造，聚焦智能模塑及智能装备、新一代信息技术、智能化高性能复合材料和绿色能源等领域，开展技术产品研发创新。

（六）落户国家超级计算广州中心南沙分中心，为港澳及海外科研团队提供服务

国家超级计算广州中心南沙分中心落户研究院，成为全国首个通过"点对点"跨境专线联通内地和港澳地区的高性能计算和数据处理服务平台，为两地科研发展和成果转化提供关键技术支撑和服务，填补了香港无世界领先水平高性能计算的空白。南沙分中心从2016年运行至今已经服务超过200个科研团队，所完成的计算量相当于一台高性能家用计算机运算4000年。港澳及海外科研团队通过南沙分中心付费长期使用"天河二号"超级计算资源数已超过2.1亿核时，在材料化学、生物医药、工程机械仿真计算、气候模拟与海洋环境、金融计算等诸多领域开展科学研究。用户科研团队包括香港科技大学、香港大学、香港中文大学、香港理工大学、澳门大学、加拿大滑铁卢大学以及俄罗斯国立大学等港澳及海外院校。

（七）打造全国首家具有粤港深度融合特色的国家大学科技园

研究院以香港科技大学科技园为载体，通过发挥"港科大一体，双校互补"的优势，推动香港科技大学双校教师、学生、校友创新创业，吸引香港科技大学科创资源在广州集聚。通过发挥香港科技大学在计算机科学、电子工程学、机械工程学、生命科学等基础学科优势，以及香港科技大学（广州）建立的如人工智能、智能制造、大数据、先进材料等融合学术架构，探索全新的从原始创新到高新技术企业的创新创业孵化模式。科技园用于创业孵化的可自主支配场地超过1万平方米，其中提供给在孵企业面积超过7000平方米。科技园成立至今，在孵企业32家，涵盖新一代信息技术、智能制造、新材料、生物医药、新能源技术等战略性新兴产业领域，其中与依托高校有实质性联系的在孵企业19家。研究院构建"人才培养-技术创新-创业孵化"的生态体系，提供从学生阶段到创业阶段涵盖创新创业辅导、技术服务、市场对接、资金支持等全链条服务。

（八）建立粤港澳（国际）青年创新工场，汇聚创新创业青年人才

粤港澳（国际）青年创新工场是由南沙区与研究院合作共建，2015年挂牌成立。围绕研究院"大湾区青年科技创新创业基地"的定位，创新工场依托港科大在人才培养、知识转移、创新创业等方面的优势，通过创新粤港澳及国际科技合作机制，吸引港澳及国际青年到南沙创新创业，着力打造面向粤港澳大湾区青年的科技创新创业核心载体和人才聚集地。具体来看，其于2020年12月启动红鸟高端团队计划，依托研究院引入了一批香港等境外知名大学中拥有核心技术、成果转化能力强的高端团队及项目入驻，开展科技研发和创业孵化。第一年度共引进先进光学系统技术与服务团队、新型离子液体及其应用团队、有机光伏的材料研发及室内应用团队、电化学能源器件及关键材料研发团队、智能化微电网技术研究团队。近7年以来，创新工场共举办140余场创新创业培训交流活动，粤港澳青年参与人数超过5300人次。截至2022年6月，创新工场累计孵化108个

青年创新创业项目，其中港澳台团队 34 个，外国团队 3 个，在孵项目 46 个，涵盖生物医药大健康、新一代信息技术、人工智能、智能制造、绿色环保与新能源、微电子等创新创业领域。

二 影响因素分析

（一）粤港澳大湾区国际科技创新中心建设催生更强烈的科技服务需求

习近平总书记指出，当今世界正经历百年未有之大变局，全球科技创新进入密集活跃期，新一轮科技革命和产业变革对全球经济结构产生了深刻的影响。粤港澳大湾区要围绕建设国际科技创新中心战略定位，努力建设全球科技创新高地，推动新兴产业发展。综合来看，科技创新的快速发展催生了更强烈的科技服务需求，同时也对技术研发、创业孵化等服务提出了更高的要求。而粤港澳大湾区国际科技创新中心的建设离不开科技服务业的繁荣发展，需要更多在技术研发、成果转化等领域具有突出优势的机构提供支撑。面对更强烈和更高质量的科技服务需求，对于聚焦应用科技创新研究与成果转化的研究院来说，未来更要立足粤港澳大湾区，做强做大技术研发、成果转化等科技服务，进一步增强核心竞争力。

（二）《广州南沙深化面向世界的粤港澳全面合作总体方案》的出台带来重大机遇

2022 年，《广州南沙深化面向世界的粤港澳全面合作总体方案》（以下简称《南沙方案》）出台，从科技合作、青年创业、对外开放、规则对接、城市发展五大方面提出了 18 条具体举措，着力将南沙打造成为香港、澳门更好融入国家发展大局的重要载体。其中明确提出"要加强香港科技大学科创成果内地转移转化总部基地建设，进一步优化提升粤港澳（国际）青年创新工场平台环境，拓展服务内容"。这无疑将为研究院带来重大发展机遇。研究院自2007年落户南沙起，就承担着推动香港科技大学成果转移转化的职能，促进香港大量科技成果在南沙实现转移转化，是香港科技大学面向内地最为重要的成果转化平台。经过多年的发展和积累，研究院在技术研发服务和创业孵化方面已取得显著成效，在创新空间运营、科技成果转移转化、科技产业投资等方面具备突出优势，有能力承担香港科技大学科创成果内地转移转化总部基地建设的重任。

（三）优越的地理位置和政策环境提供广阔发展空间

研究院位于粤港澳大湾区地理几何中心，优越的地理位置为研究院与大湾区各高校、机构和企业之间的交流合作提供了便利，有利于其拓展业务，将技术研发服务和创业孵化服务辐射到大湾区其他区域。与此同时，南沙自贸试验区自设立以来，就已率先探索出一系列走在全国前列的创新制度，已累计形成789项制度创新成果，其中43项在全国推广。南沙创立了全国首个港澳工程专业人才职称评价标准体系和粤港澳团体标准服务模式，获批全国首批跨境贸易投资高水平开放试点，获批国家海外人才离岸创新创业基地。国际金融论坛（IFF）全球年会、首届亚洲青年领袖论坛、第20届亚洲科学理事会大会、CNBC全球科技大会、中国—太平洋岛国渔业合作发展论坛等高端国际会议活动纷至沓来，南沙知名度和影响力不断提升。尤其是《南沙方案》的出台，将在政策制度和体制机制的改革创新上加大支持力度。可以预见，在政策加持下，研究院将拥有更大的发展空间。

（四）具有链接港澳和国际创新资源的独特优势

研究院依托香港科技大学而成立，在链接港澳和国际创新资源方面具有得天独厚的条件。作为广州首家具有香港背景的科研机构，多年来，研究院发挥其链接港澳和国际创新资源的优势，已成为推动穗港合作的重要力量。可以预见，在《南沙方案》出台的大背景下，研究院将以香港科技大学科技园、粤港澳（国际）青年创新工场以及香港科技大学（广州）为重要抓手,进一步汇聚港澳和国际创新资源,促进更多香港科研团队和创新企业来南沙发展,推动穗港科技创新合作迈向新台阶。

三 对策建议

为了更好地促进研究院创新发展,发挥其链接港澳和国际资源的优势,未来可从打造具有国际影响力的成果转化平台、延展科技创新服务链、打造知识产权跨境服务体系和提升创新创业软环境等方面重点发力。

(一)充分发挥链接港澳和国际资源的优势,打造具有国际影响力的成果转化平台

研究院承担着应用科技研发与成果转化的主要功能,是香港科技大学面向内地最重要的技术成果转换平台。未来要充分发挥链接港澳和国际创新资源的优势,打造具有国际影响力的成果转化平台,进一步推动境外优质成果来广州落地转化。具体来看,加强香港科技大学科技园建设,进一步拓展粤港澳(国际)青年创新工场的服务内容,积极承接香港电子工程、计算机科学、海洋科学、人工智能和智慧城市等领域的创新成果。加强与国际科研机构的合作,承接国际优质科研成果。通过科技成果对接,融合产业链、创新链、科技服务链与资金链,将香港的科技成果辐射到广州各区。与此同时,探索与南沙区共同部署成果转化示范区,支持研究院开展国际科技成果转移转化应用示范,以示范区为核心推动成果转化应用示范项目在广州落地,为推动新技术、新产品、新模式创新提供广阔空间。

(二)延展科技创新服务链,创新科技服务模式

当前,研究院已聚焦技术研发、成果转化和创业服务等方面进行了业务布局,并取得了显著成效。未来,研究院可在做大做强现有科技服务的基础上,探索延展科技创新服务链,在知识产权、科技金融、检验检测等方面拓展业务,不断强化科技服务功能,推动科技服务朝着多样化、规模化、国际化和品牌化

的方向发展。与此同时，大胆创新科技服务模式，进一步提升科技服务能力。强化跨领域、跨区域、全过程的技术转移集成服务，开放应用场景、创新平台和市场渠道，开展投资孵化、场景孵化、渠道孵化、平台孵化等孵化服务。

（三）积极对接香港知识产权规则，打造知识产权跨境服务体系

研究院是穗港科技合作的枢纽，也是承接香港科技成果的重要平台之一。通过调研了解到，香港高校的知识产权制度不同于内地，由于重视专利价值，香港高校不鼓励知识产权买卖，通常由高校的知识产权委员会来判断是否可以进行专利买卖。广州应进一步对接香港高校知识产权规则，探索出台涵盖知识产权保护、运营转化以及知识产权贸易等方面的支持政策，推动穗港知识产权规则衔接和机制对接。与此同时，精准吸引香港知识产权人才来穗就业与提供服务，进一步促进香港知识产权在穗转化运用，打造知识产权跨境服务体系，共建穗港知识产权创新高地。

（四）提升创新创业软环境，保障人才服务质量与效率

研究院科技成果丰富，成果转化效果显著，对粤港澳大湾区科技创新及经济高质量发展做出了重要贡献。通过调研发现，在南沙创新创业的港澳人才对当地的医疗及教育服务满意度还有提升的空间，南沙人才政策落地效率还有待进一步提高。因此，政府层面要进一步提高政策落地效率，营造公平发展的政策环境，在人才认定及支持政策上做到公平公正，使驻穗单位的港澳及外籍人才与本地人才享受同等的医疗、教育等政策，增强外来人才的归属感。与此同时，加大政策宣传力度，主动对接需求，做好政务服务，提升服务效率的质量。

参考文献

刘肖勇：《"四链融合"探索港澳科技成果转化新模式》，《广东科技报》2022年9

月 23 日第 7 版。

潘慧：《香港科技大学霍英东研究院：夯实先进新材料的基础》，《广东科技》2018 年第 11 期。

王惠姗：《霍英东研究院：打造"模塑成型工业 4.0"助力产业发展》，《广东科技》2018 年第 8 期。

刘启强：《创数字生活　享智慧物联——专访广州香港科大霍英东研究院物联网研发部》，《广东科技》2016 年第 Z1 期。

潘慧：《广州香港科大霍英东研究院：打造粤港科技合作成功典范》，《广东科技》2014 年第 23 期。

社会科学文献出版社

皮 书
智库成果出版与传播平台

❖ 皮书定义 ❖

皮书是对中国与世界发展状况和热点问题进行年度监测,以专业的角度、专家的视野和实证研究方法,针对某一领域或区域现状与发展态势展开分析和预测,具备前沿性、原创性、实证性、连续性、时效性等特点的公开出版物,由一系列权威研究报告组成。

❖ 皮书作者 ❖

皮书系列报告作者以国内外一流研究机构、知名高校等重点智库的研究人员为主,多为相关领域一流专家学者,他们的观点代表了当下学界对中国与世界的现实和未来最高水平的解读与分析。截至2022年底,皮书研创机构逾千家,报告作者累计超过10万人。

❖ 皮书荣誉 ❖

皮书作为中国社会科学院基础理论研究与应用对策研究融合发展的代表性成果,不仅是哲学社会科学工作者服务中国特色社会主义现代化建设的重要成果,更是助力中国特色新型智库建设、构建中国特色哲学社会科学"三大体系"的重要平台。皮书系列先后被列入"十二五""十三五""十四五"时期国家重点出版物出版专项规划项目;2013~2023年,重点皮书列入中国社会科学院国家哲学社会科学创新工程项目。

权威报告·连续出版·独家资源

皮书数据库
ANNUAL REPORT(YEARBOOK) DATABASE

分析解读当下中国发展变迁的高端智库平台

所获荣誉
- 2020年，入选全国新闻出版深度融合发展创新案例
- 2019年，入选国家新闻出版署数字出版精品遴选推荐计划
- 2016年，入选"十三五"国家重点电子出版物出版规划骨干工程
- 2013年，荣获"中国出版政府奖·网络出版物奖"提名奖
- 连续多年荣获中国数字出版博览会"数字出版·优秀品牌"奖

皮书数据库　　"社科数托邦"微信公众号

成为用户

登录网址www.pishu.com.cn访问皮书数据库网站或下载皮书数据库APP，通过手机号码验证或邮箱验证即可成为皮书数据库用户。

用户福利

- 已注册用户购书后可免费获赠100元皮书数据库充值卡。刮开充值卡涂层获取充值密码，登录并进入"会员中心"—"在线充值"—"充值卡充值"，充值成功即可购买和查看数据库内容。
- 用户福利最终解释权归社会科学文献出版社所有。

数据库服务热线：400-008-6695
数据库服务QQ：2475522410
数据库服务邮箱：database@ssap.cn
图书销售热线：010-59367070/7028
图书服务QQ：1265056568
图书服务邮箱：duzhe@ssap.cn

社会科学文献出版社　皮书系列
卡号：669242396965
密码：

S 基本子库
SUB DATABASE

中国社会发展数据库（下设 12 个专题子库）

紧扣人口、政治、外交、法律、教育、医疗卫生、资源环境等 12 个社会发展领域的前沿和热点，全面整合专业著作、智库报告、学术资讯、调研数据等类型资源，帮助用户追踪中国社会发展动态、研究社会发展战略与政策、了解社会热点问题、分析社会发展趋势。

中国经济发展数据库（下设 12 专题子库）

内容涵盖宏观经济、产业经济、工业经济、农业经济、财政金融、房地产经济、城市经济、商业贸易等 12 个重点经济领域，为把握经济运行态势、洞察经济发展规律、研判经济发展趋势、进行经济调控决策提供参考和依据。

中国行业发展数据库（下设 17 个专题子库）

以中国国民经济行业分类为依据，覆盖金融业、旅游业、交通运输业、能源矿产业、制造业等 100 多个行业，跟踪分析国民经济相关行业市场运行状况和政策导向，汇集行业发展前沿资讯，为投资、从业及各种经济决策提供理论支撑和实践指导。

中国区域发展数据库（下设 4 个专题子库）

对中国特定区域内的经济、社会、文化等领域现状与发展情况进行深度分析和预测，涉及省级行政区、城市群、城市、农村等不同维度，研究层级至县及县以下行政区，为学者研究地方经济社会宏观态势、经验模式、发展案例提供支撑，为地方政府决策提供参考。

中国文化传媒数据库（下设 18 个专题子库）

内容覆盖文化产业、新闻传播、电影娱乐、文学艺术、群众文化、图书情报等 18 个重点研究领域，聚焦文化传媒领域发展前沿、热点话题、行业实践，服务用户的教学科研、文化投资、企业规划等需要。

世界经济与国际关系数据库（下设 6 个专题子库）

整合世界经济、国际政治、世界文化与科技、全球性问题、国际组织与国际法、区域研究 6 大领域研究成果，对世界经济形势、国际形势进行连续性深度分析，对年度热点问题进行专题解读，为研判全球发展趋势提供事实和数据支持。

法律声明

"皮书系列"（含蓝皮书、绿皮书、黄皮书）之品牌由社会科学文献出版社最早使用并持续至今，现已被中国图书行业所熟知。"皮书系列"的相关商标已在国家商标管理部门商标局注册，包括但不限于LOGO（ ）、皮书、Pishu、经济蓝皮书、社会蓝皮书等。"皮书系列"图书的注册商标专用权及封面设计、版式设计的著作权均为社会科学文献出版社所有。未经社会科学文献出版社书面授权许可，任何使用与"皮书系列"图书注册商标、封面设计、版式设计相同或者近似的文字、图形或其组合的行为均系侵权行为。

经作者授权，本书的专有出版权及信息网络传播权等为社会科学文献出版社享有。未经社会科学文献出版社书面授权许可，任何就本书内容的复制、发行或以数字形式进行网络传播的行为均系侵权行为。

社会科学文献出版社将通过法律途径追究上述侵权行为的法律责任，维护自身合法权益。

欢迎社会各界人士对侵犯社会科学文献出版社上述权利的侵权行为进行举报。电话：010-59367121，电子邮箱：fawubu@ssap.cn。

社会科学文献出版社